Phyllida Anam-Áire
Liebe als Weg in ein neues Bewusstsein

Phyllida Anam-Áire

Liebe als Weg in ein neues Bewusstsein

Übersetzung aus dem Englischen:
Bettina Heidsiek

ENNSTHALER VERLAG STEYR

Wichtiger Hinweis:

Die Übungen und Meditationen in diesem Buch sind nicht als Ersatz für eine professionelle medizinische oder therapeutische Behandlung gedacht. Jede Anwendung der in diesem Buch angeführten Ratschläge geschieht nach alleinigem Gutdünken des Lesers.

Autorin, Verlag, Berater, Vertreiber, Händler und alle anderen Personen, die mit diesem Buch in Zusammenhang stehen, können weder Haftung noch Verantwortung für eventuelle Folgen übernehmen, die direkt oder indirekt aus den in diesem Buch gegebenen Informationen resultieren oder resultieren sollten.

Titel des englischen Originals:
»Let Love Heal«

www.ennsthaler.at

ISBN 978-3-85068-882-6

Phyllida Anam-Áire • Liebe als Weg in ein neues Bewusstsein

Ennsthaler Gesellschaft m.b.H. & CO KG, 4400 Steyr, Österreich
Satz: DIE BESORGER Mediendesign & -technik, Steyr
Umschlaggestaltung: Christoph Ennsthaler

Inhaltsverzeichnis

Wie kam es zu diesem Buch?

Ich bin eine irische Frau, die in den letzten sechs Jahren die meiste Zeit in Deutschland gelebt hat. Seit drei Jahren lebe, liebe, schreibe und arbeite ich im schönen Bayern. Was zieht eine gälisch sprechende und singende Vollblut-Irin in diesen Teil der Welt, nahe dem Geburtsort Hitlers? Natürlich gibt es nur eine Antwort und die lautet: um zu heilen.

Nächste Frage: Um *was* zu heilen?
Und hier liegt das Mysterium meiner Seele. Ich weiß nur, dass ich in dieser Umgebung von grünen Wiesen, schönen Seen, hohen Bergen, seltsam sprechenden Einwohnern, biertrinkenden Männern in Lederhosen und tanzenden Frauen im Dirndl inneren Frieden, Freude, Schönheit und Aufnahme gefunden habe – und Freundschaften, die für immer in meiner Seele singen werden. Und ebenso habe ich große und wundervolle Heilung für mich selbst und meine Ahnen gefunden. Ich glaube an das kollektive Bewusstsein und an das kollektive Unbewusste. Ich glaube, dass wir miteinander verwoben sind wie die Fäden einer bunt gemusterten Steppdecke und dass wir alle – jede(r) Einzelne von uns – unsere Rolle dabei spielen, ob und wie wir diese Decke schöner machen. Ich hoffe, etwas zur Schönheit ihres Musters beizutragen, denn ich weiß, dass ich auf die Erde gekommen bin, um in die bedingungslose Liebe hineinzuheilen. Anscheinend ist es ausgerechnet hier in Bayern, wo ich herausgefordert bin, genau das zu tun. Und bis jetzt ist diese Herausforderung voller Erkenntnisse, Liebe und Freude!

Dieses Buch ist an sich nicht in einer Reihenfolge geschrieben, deshalb kannst du als Leser entscheiden, welches Thema zu einer bestimmten Zeit zu deinem Herzen spricht. Dann öffne die entsprechende Seite und mach einfach deine Erfahrungen.

Die Wahrheit ist: Obwohl ich physisch die Worte eintippte und in Sätze fasste, die sich flüssiger lesen lassen, kommen die meisten Inhalte dieses Buches direkt von einem inneren Tutor, dessen Weisheit mich in den vergangenen Jahren gelehrt hat. Die Lektionen, die ich lernte, kamen in alltägliche Herausforderungen verpackt und ich hatte sie vergessen, bis sie durch das „Herunterladen" spiritueller Wahrheiten wieder auftauchten. Dieses Buch ist das äußere Gefäß, das einige Inhalte dieser Wahrheiten fasst. Als Psychotherapeutin habe ich in die Kapitel einige Fäden Psychologie eingewoben, wie ich sie interpretiere – in der Hoffnung, damit „Wasser auf die Mühlen" des Verstehens zu bringen. Ich habe vor langer Zeit erkannt, dass Therapie allein nicht heilen kann. Ebenso wenig kann eine nicht geerdete Spiritualität im eigentlichen Sinne heilen. Es braucht die Kombination von beidem, zusammen mit der Wahrnehmung, wie wichtig unsere Körperlichkeit ist, damit wir die Schönheit einer kongruenten Persönlichkeit wertschätzen. Ich dachte einmal, dass ich Heiligkeit erlangen würde, indem ich eine sogenannte „gottesfürchtige" Nonne war. Aber ich hatte am falschen Ende angefangen! Anstatt vom Wurzel-Chakra aus hinaufzuarbeiten, begann ich am obersten und arbeitete mich nur bis zur Hüfthöhe hinunter! Ich war sehr „heilig", aber keine heile, keine „ganze" Frau. Die abgesplitterten Teile zeigten sich in den Entscheidungen, die ich in meinem Leben traf.

Um ehrlich zu sein, entstand dieses Buch in kurzen täglichen Zeitabschnitten über insgesamt ca. zwei Monate hinweg. Manchmal kamen die Worte während einer Zugreise, beim Warten am Flughafen oder mitten in einem Konzert zu mir. Einige Inhalte empfing ich auch während Workshops. Natürlich wollte ich für meine Leser diese „Downloads“ in leicht verständliche Zusammenhänge bringen und fügte deshalb zu den meisten meine eigene Auffassung hinzu.

Liebe Freundinnen und Schülerinnen wie Janet Caranas Cobb, die von Anfang an mit dabei war; Cailianna Silvia Lange, Bettina Heidsiek und Alannu Hogger waren immer in der Nähe, um ins Deutsche zu übersetzen. Auch Patricia Ploss schenkte ihre kostbare Zeit, um bei den Übersetzungen zu helfen. Die Texte wurden dann zum Lesen an alle Schüler verteilt. Dann sagte Alannu eines Tages: „Warum machst du kein Buch daraus?“ Hier bitteschön also, lieber Leser: das Ergebnis dessen, was ich gelernt habe – zu meiner eigenen Heilung. Ich war herausgefordert, meinen Worten Taten folgen zu lassen oder mit dem Reden aufzuhören. Nicht einfach für eine Irin! Mein innerer Sekretär oder Tutor war streng mit mir, denn ich musste wirklich verstehen, dass ich diejenige bin, die die Lektionen zuerst lernen muss, bevor ich sie an andere weitergebe.

Wenn es dir so vorkommt, als wiederholten sich hier viele Themen, vielleicht in unterschiedliche Worte gefasst: So lerne ich.

Durch Wiederholung gelange ich zu einem tieferen Verständnis. Bitte verzeih mir das Wiederaufbereiten bestimmter Inhalte. Liebe Freundin, lieber Freund, ich bin noch immer dabei, selbst die Lektionen zu lernen – und nun, da du also dieses Buch in Händen hältst, können wir vielleicht gemeinsam lernen … du auf deine Art und ich auf meine, während wir zusammen ein neues Halleluja erschaffen.
In Freude darüber, mit deiner Seele verbunden zu sein, sende ich dir alle Liebe und große Heilung für dein äußerst kostbares Leben und für deine Ahnen. Erinnere dich daran, dass wir der *„spirituelle Kompost“* für die nächsten Generationen sind.

Wir veranstalteten im November 2011 in Bayern eine Konferenz mit dem Titel „Ein Neues Halleluja erschaffen“, auf der wir gemeinsam ein Bewusstsein der Dankbarkeit und Liebe visualisierten. Meine Bezugnahme in diesem Buch auf ein „Neues Halleluja“ bezieht sich auf diese Vision.

Phyllida Anam-Áire

(Anam-Áire ist gälisch und bedeutet Seelenpflegerin)

Danksagungen

Meine tiefe und ewige Liebe und Dankbarkeit an Alannu Hogger für alles, was sie durchgestanden hat, als sie mir unermüdlich dabei half, dieses Buch niederzuschreiben. Du bist ein Computerguru, der geduldig wartete, wenn ich den Unterschied zwischen den deutschen Wörtern „speichern“ und „löschen“ zu verstehen versuchte. Manchmal mit katastrophalen Ergebnissen, während du bemüht warst, verlorenes Material zu retten! Du bist eine so erstaunliche Frau, voller Gnade und, wie ich glaube, ein wahrer Bodhisattva. Mögest du die Weisheit deiner eigenen Seele kennen.

Ich danke auch Geraldine Ennsthaler für deine unendliche Schönheit und für dein Zuhören mit Liebe und ganz herzlichen Dank Dorothea vom Ennsthaler Verlag für deine Geduld mit meinem schrecklichen Deutsch und für dein freundliches Verständnis.

Danke Bettina, dass du dies ins Deutsche übersetzt, ich bin so geehrt, dass du „Ja“ gesagt hast.

Dieses Buch ist einigen großartigen Menschen in meinem Leben gewidmet, meinen erwachsenen Kindern Anthea und Richard Templeton und ihren Partnern Martin und Mel, dafür dass sie mich ermutigt haben. Nicht zu vergessen mein Enkelsohn Riley Templeton, der mir in kurzer Zeit die pure Fülle der Lebenskraft gezeigt hat.

Ebenso möchte ich Dank sagen an all meine Schüler, wo immer ihr seid. Ihr alle seid meine Lehrer gewesen.

Möget ihr, liebe Freunde in Deutschland, wissen, wie groß die Freude ist, die ich erfahre, indem ich unter euch allen lebe. Mögen wir noch viele prächtige Jahre zusammen haben. „Ich bin mit euch, damit ich heile“ … das Lied meiner Seele.

1.

HALLELU-JA!

Ein „Neues Halleluja" für ein neues Bewusstsein

Was meine ich mit einem „Neuen Halleluja"?
Die Frage müsste zunächst sein, was wir unter dem alten Halleluja verstehen.
Das Wort Halleluja drückt Lobpreis an Gott aus. Viele christliche Hymnen und Gebete enden mit der Ausrufung „Halleluja" – „Lob sei Gott". Es deutet auf Jubel und Feierlichkeit hin. Ich übersetze es als „begeisterte Dankbarkeit"!
Warum sollte es eine neue Bedeutung bekommen, wenn es seit so langer Zeit besteht und in Zeremonien des Lobpreisens gebraucht wird? Daran kann doch nichts Falsches sein?
In den letzten ca. 5000 Jahren haben wir unter der Führung und mit den Lehren des Patriarchats gelebt. Das heißt, dass all unsere Konditionierung seitdem aus dem kollektiven Männlichen oder der männlichen Dominanz stammt. So war es einfach. Wir haben männliche Philosophien, männliche religiöse Unterweisung und männliche soziale Verhaltensweisen verinnerlicht. Jetzt schauen wir auf eine andere Möglichkeit, nicht auf die Rückkehr des Matriarchats, sondern eher auf die Möglichkeit, aus der Asche des alten Bewusstseins gemeinsam ein neues Bewusstsein zu schaffen, das weibliche und männliche Weisheit einschließt.

Es ist Zeit, dem Heiligen, dem Göttlichen in unserem täglichen Leben wieder einen Namen zu geben – als ein Weg, bewusster einbezogen zu sein in das Mysterium, das in jedem kostbaren Aspekt unseres Lebens liegt. Können wir die Heiligkeit von Kinderstimmen feiern, von Tanz, die Heiligkeit unseres fühlenden Herzens, unserer Emotionen, des Liebesaktes? All das ist Teil des „Neuen Halleluja" des Lebens und des Liebens.

Das „Neue Halleluja" sagt: *„Richte deinen Dank nicht an ein ätherisches Wesen im Himmel, sondern an das Heilige, an die Schönheit in uns und anderen, in der Natur, im Leben mit seinen Triumphen und seinen Kümmernissen."* Es sagt: *„Warte nicht bis Ostern, um Halleluja zu singen – singe es jetzt, heute! Und gib dem wieder einen Namen, das heilig ist in deinem Leben."* Es sagt: *„Du musst nicht an Gott glauben, um zu singen; glaube an deine eigene Fähigkeit, etwas Schönes und Erhebendes mitzuerschaffen und Mit-Schöpfer zu sein mit allen."* Unser kollektives Bewusstsein ist der mystische Körper des Göttlichen. Das neue Halleluja sagt: *„Umarme dein eigenes Herz und bringe die noch ungeliebten, ungelebten Teile hervor."*
Wenn wir in der Vergangenheit Halleluja sagten, boten wir dem Gott unserer Väter Lob dar. Ich habe vielen Menschen die Frage gestellt: „Glaubst du an Gott? Erzähle mir von deinem Glauben." Einige der Antworten kamen aus dem christlichen Katechismus, wie: „Ich glaube an Gott, weil Er seinen Sohn gesandt hat, um mich zu retten" oder „Ich glaube an Gott, weil Er mir hilft" oder „Ich glaube an Gott, weil Er mein Vater im Himmel ist" usw. Jedes Mal war ich erstaunt darüber, wie die alte Religion mit ihrer Art, das Geschlecht zu betonen, und mit einer auf Angst beruhenden Beziehung zum Göttlichen noch immer das Leben der Menschen des 21. Jahrhunderts durchdringt. Es machte mich traurig, dass

der alte patriarchale Gott immer noch Macht über uns hat. Andere, die ihre angestammte Religion verlassen hatten, antworteten, dass Gott ein Wesen der Liebe sei, eine Quelle der Heilung usw. Ich war überrascht, als ein 7-jähriger Junge mir die Antwort gab: „Gott schickt uns Liebe vom Himmel und manchmal ist sie schon weg, bevor sie bei uns ankommt." Seine Mutter war gestorben und er versuchte, Sinn zu machen aus dem Glauben, dass Gott Liebe sei. Was ich heraushörte, war: Gott ist Liebe, aber wenn diese Liebe durch die vielen Interpretationen und Konditionierungen gefiltert wird, verwässert sie.

Ich glaube nicht an den Gott des Patriarchats, weil dieser Glaube weder mir noch der Menschheit weiterhin dient. Uns wurde beigebracht, dass Er, Gott, den Übeltäter bestraft und den Aufrichtigen liebt. Das klingt der menschlichen Liebe mit all ihren Konditionen sehr ähnlich.

Woran ich glaube, hat keinen Namen, und so spreche ich von „Es". Ich lasse alle meine Konzepte los, um herauszufinden, was mich unterstützt und meinem Leben und meiner spirituellen Entwicklung dient.

Beim Blick auf die soziale und religiöse Geschichte sehe ich, dass wir uns alle immer noch in der Entwicklung befinden und dass dieses Neue Zeitalter radikale Veränderungen mit sich bringt, die völlige Transparenz und Verantwortlichkeit erfordern in allen Bereichen des Lebens, von der Industrie bis zu den Finanzen, von den Unternehmenskonzernen bis zu der Art, wie wir unseren Nachbarn lieben. Die Wissenschaftlerin Louise B. Young sagt in ihrem Buch *„The Unfinished Universe"* (Oxford University Press, 1993): *„Wir sind noch nicht fertig."* Sie meint damit, dass wir, als uns weiterentwickelnde Menschen, mit einem sich weiterentwickelnden Universum kooperieren müssen, um vergangenen Erfahrungen zu erlauben, in ein neues Bewusstsein integriert zu werden, in eine intensivere und größere Wertschätzung des Universums, wie es sich entfaltet – und wir uns mit ihm. Die Überseele der Schöpfung schwingt nun in einer höheren Frequenz und wir sind davon betroffen, weil wir Teil des Ganzen sind. Es gibt keinen Grund zur Panik, denn dies ist natürlich und es geht dabei um Harmonie und Gleichgewicht. Es geht darum, zentriert zu bleiben, wenn alles im Chaos zu sein scheint.

Was hat ein „Neues Halleluja" mit alldem zu tun? Ich glaube, es ist Zeit, auf alte Überzeugungen und Werte zu schauen und darauf, was uns nicht mehr dient. Wenn wir nur nach den alten Regeln und Traditionen leben, können wir nicht zu den lebendigeren Aspekten unserer Seele gelangen. Bleiben wir unter der alten Regentschaft der Religion und Psychologie, können wir nicht ganz in die Fülle des Lebens kommen, weil Schuld und dysfunktionale Verhaltensmuster als Barrieren unserer eigenen Verwirklichung und der anderer wirken. Wenn wir glauben, dass wir Teil eines ganzen Universums sind, dann müssen wir unseren Part in seiner Evolution spielen. Wir sind nicht die Speichen im Rad der Institutionen, wir sind diejenigen, die es antreiben. Religion und Staat haben uns gesagt, alles Leben sei kostbar und nur Gott habe das Recht, Leben zu nehmen, aber wir schicken noch immer junge Männer hinaus, um zu töten – mit dem Segen sowohl der Religion als auch des Staates. Uralte Weisheit legt uns nahe, dass unsere innere Welt der Unterscheidung unsere äußere Welt der Realität erschafft. Religion erlaubt keine Autonomie und so bleiben wir Opfer Gottes, anstatt dafür Verantwortung zu übernehmen, wie wir leben.

Wenn wir glauben, dass wir über unsere Überzeugung hinaus machtvoll sind, wird sich vieles in unserer persönlichen und kollektiven Welt ändern und soziale und religiöse Reformen werden bevorstehen. Wir können weiter wie Kinder sein, die geführt und manipuliert werden von alten Werten und Normen, sowohl sozialen als auch religiösen, oder wir können aufstehen und uns zu denen zählen, die erklären:

Etwas Neues ist da.
Etwas Wesentliches will geboren werden.
Etwas Lebenssprühendes sehnt sich danach,
zum Vorschein zu kommen.
Wenn wir uns entscheiden, dann kann es,
dann wird es so sein.
Wir alle müssen unsere Rolle spielen bei dieser neuen Geburt.
Dieses Neugeborene gehört uns allen und wir alle
müssen uns darum kümmern.

Wir haben ihm noch keinen Namen gegeben. Wir wissen aber, dass wir machtvoll sind, und das erschreckt uns mehr als das Überwältigtsein von unserer Schwäche. Dieses neue Erwachen oder die neue Schöpfung gehört denen, die es müde sind, vor der verinnerlichten Politik des Patriarchats das Knie zu beugen und keine Macht zu haben, und die nun bereit sind, Verantwortung zu übernehmen. Die alten feministischen Kämpfe für Freiheit und Gleichheit waren als neuer Durchbruch für die Frauen wichtig, aber sie sind Teil der im Patriarchalen üblichen Reaktion und halten uns alle, Frauen und Männer, in institutionalisierten Werten fest, die missbräuchlich sind.

In diesem Buch schaue ich einige der Wege an, wie wir uns alle verändern – ob wir das wissen oder nicht. Es ist besser, wenn du dabei mitredest, was sich wie verändert, damit du dir deines eigenen Glaubenssystems, der Verschiebungen in deinem eigenen Wesen und deiner Transformationen bewusst werden kannst. Eines ist sicher: Wir alle brauchen einander jetzt, denn „The Times

They Are a-Changin" (Bob Dylan, 1964) („Die Zeiten, die ändern sich") – nicht in der Zukunft, sondern im Hier und Jetzt.

Bei der Idee eines „Neuen Halleluja" geht es um persönliche Transformation, Kooperation und globales Bewusstsein, nicht darum, Hindernisse gegen die Ausdehnung zu schaffen. Es geht um die Kraft des kollektiven Bewusstseins, darum, an Fülle zu glauben statt an Mangel, mit großer Dankbarkeit für alles, was wir in unserem prachtvollen Universum erfahren. Wenn wir mit den inneren Augen der Unschuld und Liebe sehen statt durch die Augen des Urteils und der Angst, sehen wir mit den Augen der Schöpfung.

Das „Neue Halleluja" zu leben heißt nicht, sich tief vor einem übermächtigen Gott zu verbeugen, sondern die Wunder dieser großartigen Schöpfung zu sehen, mit ausgebreiteten Armen zu stehen in Dankbarkeit und Freude, voller Ehrfurcht für das Wunder der Moleküle und Lichtteilchen, aus denen alle Wesen, die ganze Welt der Erscheinungen gebildet sind. Wenn wir bei einem prächtigen Sonnenuntergang erlauben, dass Tränen der Freude unser Gesicht nässen, und laut „Hallelu-ja" singen, werden wir die Bedeutung wahrer Demut und wahrer Religion verstehen.

Dieses Buch handelt von Lob und Dank, nicht an einen projizierten Gott mit einer Persönlichkeit oder einem Geschlecht, sondern an eine wunderbare, heilende Energie, eine grenzenlose Intelligenz, ein weites Meer unendlichen Bewusstseins. Es ist diese Liebe, in der alles lebt, sich bewegt und sein Sein hat.

Wir sind diese Liebe.
Wir sind diese heilende Energie.
Wir sind Mitschöpfer einer großartigen Intelligenz.
Wir verwirklichen uns in jedem Augenblick selbst.
Und wir erwachen gemeinsam.

Und darum singen wir ein neues Hallelu-ja (komponiert für die Konferenz zu diesem Thema im November 2011 in Laufen, Deutschland):

„Wir singen ein neues Hallelu-ja
Wir kommen zusammen, Hand in Hand
Wir singen ein neues Hallelu-ja
Bewusstsein erklingt durch das ganze Land

Wir singen ein neues Hallelu-ja
Die alten Leiden sind vorbei
Wir singen ein neues Halleluja
Unsere Seelen sind nun frei
Hallelu-, Hallelu-, Hallelu-ja"

(Phyllida Anam-Áire, „We'll sing a New Hallelu-ja")

Zeit aufzuwachen – jetzt!

Was bedeutet „aufwachen"? Müssen wir aufwachen?
Aufwachen bedeutet ganz einfach, wach zu sein. Aber sind wir denn nicht alle wach? „Wir tun alle unser Bestes, um anderen und der Erde zu helfen", höre ich dich sagen. Und das stimmt in vielen Fällen. Aufwachen ist kein Phänomen, das ein für alle Mal geschieht, ich muss jeden Tag ein bisschen mehr aufwachen, denn leicht falle ich wieder in altgediente Gewohnheiten. Viele liebe Menschen erleben im Moment radikale Veränderungen: das Zerbrechen von Beziehungen, finanzielle Misserfolge, Drogenprobleme bei den Kindern, Alkoholprobleme und Ähnliches. In der

Gesellschaft bröckeln die alten Mauern der Macht und niemand fühlt sich mehr sicher. Man könnte meinen, das sei erschreckend. Vom äußeren Erscheinen der Dinge her mag das so sein, aber man kann ebenso glauben, dass nur die Große Überseele der Schöpfung selbst solch radikale Transformation rundum zu erschaffen in der Lage ist.
Eines meiner Lieder erzählt uns von dem sogenannten Chaos um uns in der jetzigen Zeit:

„Alles transformiert sich,
die Erde muss ihre Knochen brechen.
Lodernd brennen Wälder und
reißende Wasser überfluten das Land.
Energien werden beschleunigt,
die Propheten sagten uns dies voraus.
Was wir unser Eigen nannten, wird
durch Chaos und Wirren zerschlagen.
Doch wir gehören zum Licht,
die Dunkelheit ist unser Freund.
Zeit, unsere Funken anzufachen,
denn wir gehören zum Licht.

Alte Überzeugungen bröckeln,
während die Hierarchien fallen.
Das alte Halleluja steht an der Wand
und selbst die Wand kann nicht halten.
All unsere Schranken müssen gehn,
Bewusstsein bricht aus uns hervor
und jetzt endlich verstehen wir.

Wir gehören zum Licht …

Wir fühlen unsere Wiederkunft,
eine neue, herrliche Geburt.
Wir bereiten uns alle vor
für den Himmel hier auf Erden.
Es ist eine Zeit der Heilung,
die Vergangenheit zählt nicht mehr.
Erheb deine Stimme und sing es,
unsere Zeit ist endlich gekommen.
Denn wir gehören zum Licht."

(Phyllida Anam-Áire, „Everything's transforming",
von der CD „Sounds of the Heart", 2010)

Es ist wahr, worauf der Mayakalender hinweist – dass in diesem Übergang, während wir alle in ein neues Zeitalter eintreten, Verwirrung und Transformation ein natürliches Phänomen sind. In der Hindureligion beendet dies das Kali Yuga, die Zeit der Dunkelheit. Die neue Ära bringt die spirituelle Vereinigung von Yin und Yang, von Animus und Anima zurück, die in jedem und jeder von uns als weibliche und männliche Kräfte zusammenwirken.

Wir haben lange genug dem Intellekt als dem hauptsächlichen Lenker unserer Psyche Ehre erwiesen. Nun ist es an der Zeit, dass die kreativen Säfte der Seele in jeder sozio-religiös-psychologischen Struktur, die auf Menschen Einfluss hat, ein neues Halleluja singen. Wir werden in ein neues Erwachen geführt werden, eine goldene Ära, bekannt als das Neue Jerusalem, eine Ära, die uns allen mit mitfühlender Energie dienen kann. Jetzt aber sind wir zunächst Zeugen unseres Sturzes aus dem alten Garten Eden. Wir müssen vom Baum der Erkenntnis essen dürfen, Frauen und Männer gemeinsam. Wir müssen Nein sagen können gegenüber dem Vater, dem Patriarchat und keine Schuld empfinden oder Angst haben, dass wir bestraft werden. Die Menschen müssen sehen, dass die soziale Elite, die hierarchischen Kontrollstrukturen für die gewöhnlichen Leute nicht funktioniert haben, sondern dazu dienten, eine soziale Struktur des Habens oder Nicht-Habens aufrechtzuerhalten. Auch Gesetz und Ordnung waren in ihrer Maßgebung verächtlich, denn es gab ein Gesetz für die Armen und ein anderes für die Reichen. Überall in der Geschichte sind leicht die vielen Situationen zu erkennen, in denen soziale Gesetze in Wahrheit missbräuchlich waren, z. B. die Erlaubnis der Sklaverei oder Zwangsverhöre von Kriegsgefangenen. Friedvolle Demonstrationen in Nordirland endeten als Blutbäder infolge der übereifrigen Kontrolle durch Polizei und Armee. Wir hatten beizeiten Gesetze, die mitnichten legal waren, und Ordnungen, die nicht umsetzbar und widersprüchlich waren. Man kann das Gleiche für die anderen sozialen Systeme sagen, die dem Volk zu dienen schienen, aber in Wirklichkeit nur dem dienten, was Lucia Rene die „globale Elite" nennt. Die patriarchale Religion hat das Weibliche nicht geehrt, sondern stützte zum Nachteil der Frauen das männlich bestimmte Weltbild.

Genauso wenig hat die Erziehung jungen Menschen wirklich die ganze Bandbreite an Information und praktischer Erfahrung gewährt, die ihren Lehrplan hätte bereichern können. Hüter der Weisheit gehören in der Regel nicht zum Personal an Hochschulen oder Universitäten, aber Professoren, die eine Anhäufung an intellektueller Information besitzen, werden bereitwillig angestellt. Wenn Erziehung einmal mehr das lebt, was sie bedeutet, nämlich aus dem Schüler Wissen hervorzubringen, das schon da ist, dann werden wir Lehrer der Weisheit und weise Professoren haben. Vielleicht wird dann die Freude am Wissen wieder an unsere Schulen zurückkehren.

Jeder hat seine eigene Geschichte von Unstimmigkeiten hinsichtlich der bestehenden Weltordnung. Solange wir Regierungen unterstützen, die Menschen versklaven, solange wir einverstanden sind, dass der Geist unserer Kinder durch Werbung missbraucht wird, solange wir stillschweigen inmitten von Pornografie, tragen wir zum Erhalt des Status quo der Ignoranz bei. Aber wir können nicht in den Krieg ziehen, wie unsere Ahnen das taten. Das war der Weg der Angst. Wir haben nun mehr Wissen und mit diesem großen Vorteil können wir die Wertesysteme außer Kraft setzen, die die letzten Jahrhunderte bestimmt haben. Wenn jeder von uns ganz die Verantwortung übernimmt für seine Rolle bei der Manifestation von Frieden und Wohlwollen auf der Erde, dann können und werden wir sie bewirken. Doch unser Denken muss sich ändern. Jeder Mensch kann in den Archiven seiner eigenen Erfahrung forschen und Geschichten hervorziehen, die die Theorie stützen, dass die Zeit für eine radikale Änderung gekommen ist. Dass es Zeit ist, jeden Tag zu neuem Bewusstsein zu erwachen, damit unsere gegenwärtigen Herausforderungen wirklich der nächsten Generation zugute kommen. Es ist ebenfalls an der Zeit, nicht mehr der vergangenen Ära die Schuld zu geben, in der Konflikt, Kontrolle, Konfrontation und Verurteilung regierten, sondern Platz zu machen für Verbindung, Übereinstimmung und eine deutliche Anhebung des Bewusstseins.

Mögen wir alle aufrichtig darauf schauen, wo wir aufwachen müssen, sodass unsere Kindeskinder bis zur siebten Generation auf uns, ihre Ahnen, stolz sein können.

Eine neue Sprache für ein neues Bewusstsein

Sprache ist ein erstaunliches Werkzeug der Verständigung. Lass uns einfach einmal darauf schauen, wie sie uns und unsere Welt beeinflusst. Konfuzius sagte: „Wenn die Sprache nicht korrekt ist, ist das Gesagte nicht, was gemeint ist. Wenn das Gesagte nicht ist, was gemeint ist, bleibt das, was zu tun ist, ungetan." Obwohl die verbale Kommunikation nur einen möglichen Weg darstellt, um sich miteinander zu verbinden, ist sie eine starke und wichtige Fähigkeit.

Ihre Funktion ist es, dass wir einander verstehen, wenn wir unsere Ansichten, Überzeugungen, Gefühle usw. mitteilen. Sind die Worte klar, können wir Anweisungen besser folgen und es gibt weniger Missverständnisse. Wie Konfuzius uns sicher beipflichten würde, werden auf diese Weise Dinge erledigt, die getan werden müssen. Menschen mit Sprachstörungen wissen nur zu gut, wie schwierig es ist, Gedanken und Gefühle auszudrücken gegenüber jemandem, der diese Schwierigkeit nicht hat. Die Zeichensprache für Gehörlose war hier eine große Innovation, genauso wie Braille für Menschen mit Sehproblemen.

Es ist interessant, einmal zurückzuschauen, welche Entwicklung die menschliche Sprache seit den ersten nachahmend-grunzenden Tierlauten, symbolischen Zeichnungen und Gesten der Höhlenmenschen durch die Jahrhunderte nahm, und zu erkennen, wie die Sprache sich entsprechend der Evolution des Bewusstseins weiterentwickelte. Es heißt, wenn wir die Sprache eines Volkes ändern, ändert sich auch seine Kultur. Sprechen hat also mit kultureller Zugehörigkeit zu tun. Das irische Sprichwort „Du kannst dich nicht kundtun in einer Sprache, die nicht von deiner eigenen

Zunge kommt“ birgt Wahrheit in sich. Es bedeutet, du kannst in einer Sprache, die nicht deine Muttersprache, die Sprache „der Deinen“ ist, nicht wirklich als der erkannt werden, der du bist. Sprache beschreibt unterschiedliche Stadien des Seins. Es gibt z. B. die Sprache der Liebe, der Trauer, des Krieges, der Versöhnung, der Heilung. Es ist, als hätten verschiedene Bewusstseinsstadien jeweils ihre eigene Ausdrucksweise. In den vierziger Jahren des 20. Jahrhunderts „wütete“ die Sprache des Krieges durch ganz Europa und sie hatte Mangel und Armut, Tod und Zerstörung zum Inhalt. Das Alltagsvokabular enthielt Worte wie Angriff, Tote, Terror, Bomben, Munition, brutal, hassen, schrecklich, hoffnungslos, Opfer, sterben, Hunger, Hilflosigkeit, Übermacht, Leiden. Wenn wir annehmen, dass Worte energetische Wesen sind und verschiedenartige Impulse enthalten, die zur Atmosphäre beitragen, dann kann man verstehen, wie deprimiert Menschen sich in den Regionen fühlten, die vom Krieg verwüstet waren, und wie auch Menschen von diesen Gefühlen betroffen waren, die überall auf der Erde die Nachrichten hörten. Wir wissen, dass Worte des Mitgefühls und der Liebe einen anderen Einfluss auf unsere Psyche haben als Worte der Verurteilung und Beschämung.

Probiere selbst die folgende Übung aus:

Schreibe alle negativen Worte auf, die dir einfallen. Lese sie dir selbst langsam und laut vor und spüre, welche Wirkung diese Worte auf deine Gefühle haben.

Danach schreibe alle positiven, liebevollen Worte auf, die du dir vorstellen kannst. Lese sie dir selbst laut vor und beobachte den Unterschied in der Art, wie du dich fühlst. Es könnte interessant sein, für den Rest des Tages weiter zu beobachten, wann du oder jemand anderer Worte wie diese benutzt, ob negativ oder positiv – ohne Urteil, nur als Übung.

In den fünfziger Jahren wurde unser Sprachschatz zum großen Teil geprägt von Befreiung und Rebellion. Die jüngere Generation führte ein neues Vokabular ein, das Begriffe enthielt wie „echt cool", „fantastisch", „mir stinkt's", „abstrakt", „Freiheit für alle", „Nein zum Krieg", „Jukebox", „Pop Fans", „da steh ich drauf" usw. Anscheinend hatten junge Leute der älteren Generation etwas zu sagen und sie trauten sich, es zu sagen. Ich erinnere mich an die Worte meines Vaters 1959: „Das wird alles noch böse enden, diese Jugend geht zu weit." Er bezog sich auf die Popsänger, die gegen die Kriegspolitik rebellierten. Der Satz war schwarzmalerisch, weil mein Vater, wie die meisten Erwachsenen seiner Zeit, sich noch von den Auswirkungen des Krieges erholte. Es gab keinen Raum für ein erweitertes Denken in Europa, denn die Menschen versuchten, über das bloße Überleben hinaus wieder zu leben, und ihre Reden waren natürlich ein Widerhall dieser Gedanken. Ihre Philosophie war: „Die Jungen sollten das tun, was man ihnen sagt, anstatt eine Meinung zu haben. Wir hatten es schwer, warum sollten sie es leichter haben?" Die geistige Haltung aus den Vierzigern wurde weitergetragen und es war schwierig für die ältere Generation, zuzugeben, dass es etwas zu lernen geben könnte von Cliff Richards „Young ones".

Die Politik begann ebenfalls, ihre Sprache zu ändern – in den sechziger Jahren z. B. durch J. F. Kennedy. Seine Wahl zum Präsidenten und die Reden, die folgten, hatten tief greifende Auswirkungen auf die ganze Welt. Wie Martin Luther King machte auch J. F. Kennedy visionäre Aussagen, die das Boot des Patriarchats, welches den Status quo einer hierarchisch-dualistischen politischen Sprache des „Wir und die anderen" beibehalten wollte, erheblich ins Schaukeln brachten. In seiner Wortwahl ging es um Einbeziehen statt Ausschließen – ganz anders als die wütenden Reden Hitlers zwanzig Jahre zuvor, als Hassgebrüll und Terrorismus die Straßen und politischen Bühnen in Deutschland und Österreich erfüllte. Ich lebte während der sogenannten „Troubles" in den Siebzigern in Nordirland, als die Sprache des Hasses Menschen dazu aufstachelte, zu töten und zu zerstören. Eines Tages fragte mich meine damals sechsjährige Tochter: „Mami, bist *du* von der *anderen* Seite?" Ich war Katholikin und hatte einen protestantischen Mann geheiratet. In seinem Stamm waren die Katholiken die Feinde, genauso wie im katholischen Stamm den Protestanten die Schuld zugeschrieben wurde. Es schmerzte mich, meiner Tochter erklären zu müssen, dass es bei uns keine Seiten gab. Sie hatte einen Protestanten sagen hören: „Die andere Seite gehört umgebracht."

Frauen ist ihre eigene Art zu sprechen am Arbeitsplatz und in den Kirchen seit Jahrhunderten verweigert worden. Unsere Sprache ist natürlicherweise keine des Krieges und Schreckens (obwohl viele Frauen, die das Patriarchat verinnerlicht haben, gewalttätige Worte verwenden). Wollen wir eine Gesellschaft kultivieren, die seelenvoll ist und das menschliche Leben ehrt, müssen wir eine Sprache gebrauchen, die das unterstützt. Wenn wir schöner Poesie zuhören, erkennen wir, wie sie die Stellen in uns berührt, wo seit langem Mauern sind. Dichtkunst bringt in uns das Mysterium und die Gnade der Symbolik wieder zum Leben und stillt unseren Durst nach einer spirituellen Sprache. Meine eigene gälische Sprache ist eine Erdsprache und lässt eine kreative Saite in unserem Zellgedächtnis anklingen. Sie öffnet das Herz und lässt uns wieder dessen Wärme spüren, die wir glaubten, vergessen zu haben.

In den vergangenen Jahren hat auch die Wissenschaft begonnen, sich die Art näher anzusehen, in der sie ihre Theorien in Worte fasst. In den frühen neunziger Jahren brachte John Wheeler seine Überzeugung zum Ausdruck, dass wir als Menschen nicht nur Beobachter der Welt, sondern gänzlich Beteiligte und als solche Mitschöpfer sind. 2007 wurde diese Annahme von dem amerikanischen Wissenschaftler Gregg Braden auf seiner Konferenz in Italien wiederholt („The Divine Matrix"). Er ging sogar so weit, zu behaupten, dass Bewusstsein Form transzendiert und dass Gedanken Materie manifestieren. Seine Studien zeigten, dass die alten Religionen Dinge kannten, wie den Einfluss von Gedankenprojektionen auf die materielle Welt und das Herz als das wahre Instrument der Transformation. So können wir vielleicht auch sagen, dass die Worte, die wir benutzen, unsere Realität sprachlich formen. Worte wie „Mitgefühl, Heilung, Spiritualität, Mitschöpfer, Formlosigkeit, Bewusstsein über den Tod hinaus" sind Beispiele aus der Sprache, die Gregg Braden in seinen wunderbaren Vorträgen verwendet. Mit solch seelenvollem Sprechen können wir ein anderes Konzept der Wissenschaft formen und aus einer anderen Perspektive leben. Man könnte sagen, es ist eine Sprache der Spiritualität. Die Sprache eines bestimmten Bewusstseinszustandes kann vielleicht mit dem eines anderen zusammenpassen, wenn wir unsere frühere, strikt kognitive Sprechweise loslassen.

In seinem Buch „Die Wissenschaft der Einheit" sagt mein Freund Malcolm Hollick: „Es sind nicht die Atome, aus denen unser Körper gemacht ist, die das Leben für uns real machen, es ist unser Bewusstsein, unsere Wahrnehmung der Welt um uns und der Welt unseres eigenen inneren Selbst." Wir haben uns von der wissenschaftlichen Sprache des Materialismus zu einer Sprache hinbewegt, die das Bewusstsein mit einbezieht, und schaffen damit eine freundlichere Koexistenz zwischen Religion und Wissenschaft.

Diese engere Kommunikation hilft uns, unsere Welt von einem tiefen universellen Blickwinkel aus zu verstehen, einem der Ehrfurcht und des Wunders. Wenn wir die Stufe erreichen, auf der der Poet und der Mathematiker, der Wissenschaftler und der Mystiker, der Heiler und der Professor der Medizin, der Gelehrte und der Geschichtenerzähler zusammensitzen können und miteinan-

der teilen, was sie wissen, finden wir vielleicht eine Seelensprache, die jeder wirklich verstehen kann.
Auch die Religionen müssen sich anschauen, auf welche Weise die Sprache der Schriften nicht mehr länger der Seele der Menschheit dient. In den Sechzigern entschied die katholische Kirche, dass die Liturgie in der Umgangssprache sein sollte, und so wurden die Gebete und Evangelien geändert, um sich dem neuen Bewusstsein anzupassen. Es war eine Bewegung in Richtung der Menschen und eine, die auf die Bedürfnisse der Kirchenmitglieder einging, statt den alten Enzykliken zu entsprechen, die nur den analytischen Verstand fütterten und die Seele hungern ließen. Die alte Geschichte der Verdammnis, die von Unheil und Höllenfeuer spricht, befreit die Seele nicht, sondern bindet sie weiter. Es ist interessant, dass die Sprache Jesu eine der Ermutigung, Liebe, Vergebung, des Mitgefühls und der Toleranz war – die Sprache des Herzens.
In den späten sechziger Jahren bekamen wir auch die Sprache der Selbsterfahrungsgruppen – sie waren die Anfänge der „Workshop- und Selbstentwicklungskultur".
Psychologen wie A. Maslow, F. Perls, Timothy Leary, Ram Dass und andere erklärten, dass wir alle fähig sind zur Selbstverwirklichung und Selbstheilung. Von dieser Zeit an schien die Sprache der Heilung sich in das Universum zu ergießen wie eine Flutwelle, ein Gespür für kreative Frische und Hoffnung, für Autonomie und Kraft mit sich bringend. Wir konnten unsere Traumata aus der Vergangenheit heilen und in einen Raum von größerer Kongruenz in uns selbst und anderen eintreten. Es schien, als sei die humanistische Psychologie die neue Religion, die Vergebung, Heilung von der Sünde der Selbst-Schuld und der Scham anbot. Wir konnten diese himmlische Erlösung hier und jetzt erfahren durch das Medium der seelenvollen Zusammenkünfte, die Worte wie Transformation, Selbstverwirklichung, Sharing, Selbstliebe,

das höhere Selbst, die Vergangenheit heilen, karmische Auflösung, Seelenrückholung usw. beinhalteten.
Seitdem haben wir uns alle an Begriffe wie Selbstmitgefühl, Innere-Kind-Arbeit, die Vergangenheit transzendieren, an den Egomustern arbeiten, kreatives Malen, in die Heilung tanzen, das Alte sterben lassen usw. gewöhnt.
Nun scheinen wir in ein ganz neues Feld des sprachlichen Bewusstseins einzutreten und unsere Sprache verfeinert sich wiederum mehr und mehr. Obwohl meine Eltern nicht damit einverstanden wären, wie ich meine Welt heute sprachlich gestalte – die Tatsache, dass ich meine Überzeugungen verändert habe, zog nach sich, dass ich meine Ausdrucksweise ändern musste. Indem ich mir meiner selbst und anderer mehr bewusst werde, öffnen sich mein Herz und mein Geist für eine expressivere Sprache, die diese innere Transformation widerspiegelt. Zusammen können wir eine neue Art des Miteinander-Kommunizierens beginnen, einen Weg des Sich-Mitteilens vom Herzen, vom Gefühl aus, mit Freude und Begeisterung für das Leben. Während wir mehr und mehr das Wunder des Lebens wertschätzen und wirklich dankbar sind für diese Chance, an der Transformation unseres Planeten teilzuhaben, lass unsere Sprache das äußere Zeichen sein für innere Veränderung und Heilung. Mit dem Wissen, dass unsere Worte sich zu Wesen materialisieren, können wir eine liebevollere und tolerantere Gesellschaft erschaffen und unterstützende Liebe reicht hinaus in das ganze Universum.
Mögen wir alle die Sprache des Neuen Halleluja hervorbringen – für uns selbst, die Welt und den Planeten.
Während wir alle das Neue Halleluja singen, erinnern wir uns der Menschen, die die Sprache des Krieges und Schreckens leben mussten und die glorreich wieder aufstanden, um ein neues Lied zu singen und in einer anderen Sprache zu sprechen.

2.
Bewusst werden

Warum bin ich hier auf der Erde?

Und was ist die Aufgabe meiner Seele? Das ist eine sehr wichtige Frage, die viele Menschen stellen, es ist *die* Frage überhaupt: „Warum bin ich *diesmal* hier auf der Erde?"
Die Antwort ist ganz einfach, doch wenige verstehen sie wirklich und noch weniger leben diese Antwort.
Kannst du dir vorstellen, dass du auf der Erde bist, um mehr und mehr bewusst zu werden und so göttliche Liebe zu leben? Das ist alles – und doch braucht es Leben um Leben, um das zu verwirklichen. Warum?
Die christliche Religion lehrt, dass wir auf der Erde sind, um Gott zu dienen und später mit ihm im Himmel glücklich zu sein – wenn wir es gut gemacht haben und nicht in Todsünde gestorben sind. Das ist nicht die Wahrheit, sondern eine Form menschlicher Manipulation. Es suggeriert, Gott sei ein Gott der Verdammung, der Vorlieben hat und Bedingungen liebt, wie Sterbliche es tun. Kannst du dir ein Evangelium vorstellen, das sagt: „Du bist zur Erde gekommen, um voll dein kostbares Leben zu leben. Um all deine Lebens-Erfahrungen zu machen und schließlich dahin zu gelangen, wo du dir mehr und mehr deiner Gedanken und Handlungen bewusst wirst, an einen seelenvollen Ort der göttlichen Liebe, von dem aus du dann lebst"?

Du entscheidest, wann du auf die Erde kommst, und du entscheidest auch, wann du zur Formlosigkeit zurückkehrst, um nicht mehr wiederzukommen. Du hast die Macht, in jedem Moment voll zu leben, ohne Urteil über dich selbst und andere. Du hast die Macht, göttliche Liebe hier und jetzt zu leben. Wenn du bewusster wirst, kommen all deine Handlungen aus der göttlichen Liebe, weil du nur Liebe *bist.*

Stell dir vor, der Priester oder Pfarrer hätte zu dir gesagt, als du zum ersten Mal in die Kirche gingst: „Du bist ein wundervolles Wesen reiner Liebe und alles, was du tust, kommt aus der Liebe selbst." Stell dir vor, man hätte dir die Wahrheit gesagt – dass du vollkommen unschuldig bist und tief geliebt und geschätzt. Wie anders wäre dein Leben vielleicht gewesen!

Stell dir vor, du hättest immer geglaubt, der Grund, warum du auf die Erde gekommen bist, sei einfach, alles mit vollem Bewusstsein zu tun. Du hättest dich niemals anstrengen und abstrampeln müssen, um jemand ganz Großartiger zu sein, denn du wüsstest, dass du das schon bist. Du würdest damit aufhören, dir unerreichbare Ziele zu setzen. Wie anders könnte dein Selbstbild sein, wäre das deine Überzeugung gewesen. Das universelle Gesetz selbst fordert dich auf, in dem Gewahrsein zu leben, wer du bist. Nämlich ein göttliches Wesen, das einen unglaublichen Vertrag zu erfüllen auf sich genommen hat, den die Engel zu schwierig fanden: sich zu verkörpern, auf der Erde zu sein in einem Körper mit all seinen Schmerzen, seiner Anspannung und Beengtheit. Deine Arbeit ist gewaltig; du hast eine vertragliche Vereinbarung getroffen, in *deinem* Körper und Geist göttliche Liebe auf Erden zu leben.

Noch leben die meisten von uns nicht dementsprechend. Tatsächlich leben wir das Gegenteil, weil wir aus den Augen verloren haben, warum wir hierhergekommen sind. Der Erden-Geist hat die

Macht übernommen und wir verirren uns oft in Machtkämpfen und Manipulation. Dies kann von religiösen Menschen genauso behauptet werden wie von Leuten, die aus selbstsüchtigen Gründen andere benutzen und missbrauchen.
Es gibt keine Verdammnis, keine Verurteilung. Wenn wir den physischen Körper verlassen, werden wir unseren Irrtum und die Schmerzen, die wir in anderen verursacht haben, erkennen. Ich habe mich jetzt bewusst dazu verpflichtet, jeden Tag ein kongruenteres Leben zu leben. Das aufsteigende Bewusstsein in Tausenden von Menschen der heutigen Zeit erschafft Welle um Welle göttlichen Ergießens über die Erde, und wir – ja, wir – sind für diese Transformation verantwortlich. Weil du dabei bist, deinen Erden-Geist in den Geist des Christus, in die universelle Liebe zu transformieren, bist du ein Helfer bei der Transformation deiner Welt hier und jetzt. Das ist die Arbeit von spirituellen Kriegern der göttlichen Ordnung.

Warum also bist du auf die Erde gekommen?
Für diesen Moment. Jeder Atemzug, jeder Gedanke, jede Bewegung wird zu einem Akt der Gnade und Liebe. Ob du lachst oder weinst, spielt keine Rolle – die Absicht, dein Bewusstsein zu erhöhen, zählt. Egal, was du tust, es kommt nur darauf an, in welchem Zustand der Bewusstheit es geschieht. Deine Absicht ist alles. Je bewusster du wirst, desto mehr wirst du die Wesen wahrnehmen, die durch deine Gedanken in dir erschaffen werden. Wenn du bewusste, liebevolle Gedanken hast, ist alles, was von dir fließt, Liebe, und so trägst du zum kollektiven Liebes- und Lichtbewusstsein der Schöpfung bei. Wenn du also gerade ein schönes Essen genießt, sei dir einfach bewusst: *Für diesen Moment* bist du hier. All unsere Handlungen werden zu spirituellen Übungen, wenn sie mit Bewusstheit ausgeführt werden.

Unser kostbares Leben ist der Freude und des Lachens wert. Und natürlich wird dein eigener, sogenannter dunkler Schatten immer heller, je mehr du mit Liebe auf ihn schaust. Je mehr du an deinen erdenden Energien arbeitest und sie an den Ort der Liebe befreist, desto mehr hilfst du dabei, das Bewusstsein anzuheben. Stell dir vor, je größer deine Bereitschaft ist, deine Angst und Wut anzunehmen und ihren Ursprung zu erkennen, desto mehr hilfst du dem ganzen Universum bei dem heilenden Reinigungsprozess, der momentan im Gange ist.

Freu dich also mit mir und wisse, dass wir in jedem Moment heilen. Geh liebevoll mit dir selbst um und sei dir gewiss, dass du die Arbeit der Seele tust, wenn du die Liebe auf der Erde verankerst. *Dafür* sind wir alle geboren worden – diesmal und alle anderen Male.

„Wir sind zusammen, damit wir heilen."

(Von der CD „Touched", Phyllida Anam-Áire, 2007)

Heilung durch Inkarnation

Allem Anschein nach haben wir beim Verlassen des Mutterleibes eine tiefe, energetische Welle der Trauer erfahren. Diese sogenannte Trauerenergie resultiert aus der Einsamkeit, welche die Psyche erfahren hat, nachdem sie zunächst den Ort der bedingungslosen Liebe in der Formlosigkeit und später die Wärme und Geborgenheit der Gebärmutter – den Ort, an dem alle irdischen Bedürfnisse erfüllt waren – verlassen musste, um menschliche Emotionen zu erfahren und zu heilen. Natürlich blieb diese tiefe energetische Sehnsucht des Neugeborenen von den Menschen in seiner Umgebung unbemerkt, weil spirituelle Wahrheiten nicht beachtet wurden. Mit zunehmendem Bewusstsein für solche Zusammenhänge wie starke Geburtstraumen und dem nachfolgenden emotionalen Stress fingen wir an, genauer auf diese wichtige und einflussreiche Reise des Kindes zu schauen, auf der es einmal mehr die verschiedenen Komponenten der Physikalität kennenlernt und die dazugehörigen Stadien des Verlustes. Persönlich glaube ich, dass wir alle das erfahren, was ich die primäre, die Ursprungs-Trauer nenne, das Herabsteigen vom reinen Bewusstsein zur Anpassung an eine Form – in der wir lernen, uns selbst und andere zu beurteilen. Vor der Geburt wurden große Wunder in Gang gesetzt, die all die komplexen Eigenschaften formten, welche unsere menschliche Biologie, Emotionalität und Mentalität ausmachen. Wir waren spirituelle Wesen, die freiwillig den Wintermantel der Form anzogen, um den Geist zu erden, und das erforderte viel Anpassung. Diese Reise auf die Erdenebene anzutreten ist keine leichte Entscheidung für eine Seele, obwohl sie nicht auf emotionaler Intelligenz beruht, sondern vielmehr auf der Weisheit aus der Vollendung der vorhergehenden Inkarnation. Deren Ausgang bestimmt, wie sich die Seele auf die jeweilige begrenzte Form vorbereitet, in der sie leben, sich bewegen und ihr Sein haben muss. Da die Seele oder Lebenskraft des Individuums eine Komponente der großen Überseele der Schöpfung ist, ist sie in ihrer Essenz heilig und besitzt sowohl maskuline als auch feminine Energie. Materie hat eine viel dichtere Frequenz und Schwingung, also lässt die großartige, unendliche Form- und Raumlosigkeit der großen Überseele es zu, sich selbst auf die Schablone der Form zu beschränken, in der sie Gestalt annimmt. Somit wird der menschliche Körper auf eine Art geschaffen, bei der die individuelle Seele – ein Teilchen der großen Überseele – ein Zuhause finden und seine Reise beginnen kann. Ein buchstäbliches Sich-Weiten in das zellulare System

des Physischen hinein, der Form dadurch Lebendigkeit und Bewegung gebend.
Die individuelle menschliche Seele nimmt die Reise auf sich, göttliche Liebe zu erden, und das stellt das höchste Selbstopfer dar. Weil die große Überseele jede Form bedingungslos liebt, ob Baum oder Blume, Sonne oder Berg, Tier oder Pflanze, beatmet sie alles immer mit Leben. Die Seele in uns ist die Mittlerin zwischen reiner Liebe und menschlichem Ausdruck und hilft uns, Gleichgewicht und Harmonie durch das Medium der spiralisierenden Erdenleben zu finden. Sie arbeitet daran mit, wie unser Wesen geheiligt und geweiht wird. Am Ende vereinigt sich der individuelle Ausdruck der Großen Überseele ganz mit der Formlosigkeit und erdet sich nicht wieder in Physikalität. Das wird die heilige Hochzeit genannt, das Bewusstsein der Einheit kehrt zum Einen zurück. Die Seele ist überdies nicht auf Zeit beschränkt – sie lebt im ewigen Jetzt.
Wenn im Moment der Empfängnis die individuelle Seele in die menschliche Form tritt, erdet sich das Göttliche. Schon auf dem ganzen Weg des Spermiums bei seiner von Liebe bewegten Wanderung auf der Suche nach der Vereinigung mit dem Ei ereignen sich große Wunder. Doch die Verschmelzung von Spermium und Ei ist das wichtige Phänomen, ohne das die Seele nicht verankert werden kann. In dem Augenblick, in dem die Seele sich mit Form vereint, beginnt für den emotionalen Körper das Trauma. Obwohl die Seele ohne Emotionalität ist – sie fühlt keinen Schmerz – lenkt sie alle Emotion zum Körperzentrum und von dort kann das heilige Herz des Kindes Gefühle ausdrücken. So ist das Gerüst für den weiteren Aufbau der Form aufgestellt, damit im Laufe von neun Monaten ein schönes, wohlgeformtes menschliches Wesen entsteht. Das ist die Arbeit eines genialen, höchst intelligenten und geordneten Geistes in Verbindung mit den Seelenwünschen eines Menschen.

Von dem Moment an, in dem eine Seele Form annimmt, beginnt sie, ihre eigene Präsenz und Selbstwerdung auf der Erde zu spüren. Ihre Form ist als elektromagnetisches Muster potenziell schon vorhanden, bevor sie durch die Bildung von Millionen von Neuronen, Photonen, Molekülen und Teilchen materialisiert wird, ausgelöst durch die Übertragung elektrischer Impulse.
Später, während die Seele sich in die Form hinein ausdehnt, werden die Gefühle der Mutter auf das Kind übertragen. Der Zustand der Mutter hat Auswirkungen auf das emotionale Wachstum des Babys und das physische Wachstum wiederum wird beeinflusst durch des Babys eigene Reaktionen. In diesem Stadium ist die Emotionalität des Kindes eine Sache von Reiz und Resonanz, im Prinzip instinktiv, weil es noch nicht mit den inneren Mechanismen der Unterscheidung und Individuation ausgerüstet ist. Von der Seele geführt, beginnt das Kind zur Erforschung seiner inneren Welt die Fähigkeiten seiner Sinne zu gebrauchen, weil es zwischen seinen eigenen emotionalen Impulsen und denen der Mutter noch nicht unterscheiden kann.
Viele Menschen, die sich einer Regressionstherapie unterziehen, versichern, dass sie sich während der Zeit in der Gebärmutter der Gegenwart von Energie um sie herum bewusst waren. Ein Mann erzählte mir, dass er eine Traurigkeit und Hilflosigkeit erlebte, die „nicht seine“ waren. Als er später seine Mutter befragte, wie sie sich gefühlt habe, als sie mit ihm schwanger war, sagte sie: „Ich war sehr traurig und hilflos, weil ich mir nicht vorstellen konnte, dass ich fähig war, dich zur Welt zu bringen.“ Merkwürdigerweise verwendete sie dieselben Worte wie ihr Sohn, um ihre Gefühle zu beschreiben. Auch meine eigene Geschichte der Verkörperung ist hinsichtlich der nicht-unterscheidenden emotionalen Bindung zur Mutter interessant.

Die Geschichte meiner Mutter, meine eigene Geschichte

Drei Monate, nachdem zwei ihrer Kinder innerhalb einer Woche gestorben waren, wurde meine liebe Mutter schwanger mit mir. Ihr kleiner, acht Monate alter Sohn starb in ihren Armen. An seinem Grab weinte meine Mutter ihre Tränen des Kummers, bis der Priester zu ihr sagte: „Keine Tränen mehr jetzt oder Gott wird dir noch ein Kreuz schicken!“ Danach besuchten meine Eltern für sechs Tage die Schwester meines Vaters und als sie zurückkamen, sagte man ihnen, dass ihre kleine, zweieinhalbjährige Tochter zwei Tage zuvor gestorben sei. Keiner hatte es ihnen früher gesagt, weil niemand es auf sich nehmen wollte, Übermittler dieser weiteren traurigen Nachricht zu sein.

Meine Mutter erzählte mir, dass sie nicht eine Träne weinte, weil sie sich der prophezeienden Worte des Priesters erinnerte. Sie hatten noch eine vierjährige Tochter und ihre Angst war zweifellos, dass Gott auch sie nehmen würde, hätte sie geweint. Was für eine tiefe Wunde für diese beiden lieben Menschen, mit gebrochenem Herzen und hilflos in ihrem Schmerz! Gott war kein Tröster, sondern ein Tyrann, der ihnen ihre Menschlichkeit verweigerte. Ich kann mir nicht vorstellen, dass meine Mutter eine weitere Schwangerschaft willkommen hieß. Die katholische Kirche jedoch erwartete von Müttern, dass sie jedes Jahr schwanger wurden, also war sie eine „gute Mutter“ und gehorchte. Sie erzählte mir, dass sie in ihrer Schwangerschaft mit mir viele Schmerzen hatte. Diese liebe Frau, voller unterdrückter Trauer und tiefer Traurigkeit, die später zu Depression und Gewissensbissen, zu unangemessener Schuld und Selbstbestrafung wurden. Als ich geboren wurde, konnte meine Mutter keine Bindung mit mir eingehen. Es war in ihrer Angst, dass Gott auch mich von ihr nehmen könnte, zu schmerzhaft für sie, ihre Liebe auszudrücken. Die Lektion, die sie gelernt hatte, war: „Liebe ist emotional nicht sicher.“ Die Botschaft, die

sie über Gott erhielt, war, dass ER Gefühle nicht guthieß – und ganz sicher nicht die Tränen einer Mutter. Laut der Kirche war alles Gottes Wille und musste in Schweigen und Gebet ertragen werden. Gott wurde das Liebes- und Angst-Objekt ihres ungelebten Lebens, mit dem Ergebnis, dass sie süchtig nach Religion wurde. Vater war nicht in der Lage, sie emotional zu unterstützen, und so wurde er melancholisch und trank zeitweise, um seinen Schmerz zu betäuben. Arme Menschen mit eingesperrten Gefühlen, die zu sehr weh taten, sie sich auch nur vorzustellen, die zu schmerzhaft waren, sie auszudrücken. Als ich ein Jahr alt war, nahm Mutter mich mit zu einer Kapelle und bot mich Gott dar, sie wollte emotional nichts mit mir zu tun haben. Ich gehörte Gott und sie würde nicht weinen, wenn er mich zu sich nahm.
Offensichtlich begann meine eigene Geschichte mit der Übertragung der Gefühle von meiner Mutter, als ich in ihrem Bauch war. Ich kannte seitdem Trauer und Traurigkeit. Anscheinend wollte ich nicht in diese Welt kommen, denn für lange Zeit kämpfte ich mit Leben und Tod. Am Ende schaffte ich es und ich anerkenne meinen eigenen Mut dazu. Offenbar war es mein spezieller Vertrag für dieses Erdenleben, die Trauer ganz zu leben, sodass ich anderen helfen konnte, damit umzugehen, anstatt wie meine lieben Eltern zu versuchen, allein damit fertig zu werden. Es war die einzige Weise, die sie kannten. Es war auch die einzige Art, die der Priester kannte, ihnen zu helfen – indem er sagte, es sei Gottes Wille gewesen. Ich staune wirklich über die Vollkommenheit der Wahl, die ich traf, bevor meine Mutter mich empfing. Ich wählte genau die Eltern, die mich ihr ganzes trauriges, ungelebtes Leben hindurch lehren würden, es zu riskieren, ganz zu leben und alles zu fühlen, was mein Herz fühlen und ausdrücken musste.
Für all die Geschenke, die ich von ihnen erhalten habe, bin ich auf ewig dankbar.

Ein Nahtoderlebnis im Jahr 1973 bestätigte Jahre später meine Annahme, dass Leben nicht abhängig ist von Form und dass Bewusstsein oder Seele das Materielle transzendiert. Als ich 1983 Dr. Elisabeth Kübler-Ross begegnete, erkannte ich, dass sie die wichtigste Lehrerin in meinem Leben werden würde, und so war es. Ich arbeitete mit ihr in den USA und in Europa und ich war diejenige, die meistens mit Müttern und Vätern arbeitete, deren Kinder gestorben waren. Dank dessen, was meine lieben Eltern mich von Anfang an gelehrt hatten, konnte ich die Botschaft vermitteln, dass Trauer ein ganz grundlegendes Gefühl ist, das neben Stadien der Wut, der Depression, des Verhandelns, der Angst, der Eifersucht, der Verweigerung und der Akzeptanz zum Ausdruck gebracht werden muss.
Zweifellos begegnete ich über die Jahre noch anderen weisen Lehrern, die mir etwas über Verlust und Zurückweisung beibrachten durch meine Beziehung zu ihnen. Ich hoffe, ich habe diese Lektionen gut gelernt!
Für den Rest ihres Lebens war meine Mutter bei schlechter Gesundheit und litt an Isolation. Ich konnte ihr niemals nahe kommen, weil sie menschliche Nähe ablehnte. Mein Vater versuchte, die Verwundung still zu tragen, aber seine Trinkperioden offenbarten unterdrückten Schmerz, wenn er seine Lieder mehr weinte, als dass er sie sang. Während mein Vater sich freute, seine fünf Kinder um sich zu haben, als er seinen letzten Atemzug tat, bat meine Mutter darum, allein sterben zu dürfen, ohne ihre Familie. Sie sagte, es sei zu schmerzhaft für uns alle, sie sterben zu sehen. Die betreuende Pflegerin erzählte uns, dass sich unsere Mutter, kurz bevor sie starb, im Bett aufsetzte und sagte, sie hätte die Mutter Gottes gesehen und dass diese sie willkommen heiße. Dann legte sie sich nieder, lächelte und verließ die Erde, den Ort des Leidens und der Einsamkeit für 71 Jahre. Vielleicht ist sie zurückgekommen, um Selbstliebe und Vertrauen in die Weisheit ihrer eigenen

Gefühle zu erfahren. Das wünsche ich ihr über alles. Mögen alle Wesen gesegnet sein in ihrem Kommen und Gehen.
Manchmal ist es nicht einfach, zu erkennen, dass es bei der Erdenreise immer um Stadien der Liebe geht. Doch wenn wir den Schleier des Verstandes wegziehen und mit den Augen der Wahrnehmung zu schauen beginnen, statt mit den Augen des Urteils und der Ignoranz, dann fangen wir an, die Schönheit und das erstaunliche Netz von Bewusstsein um all unsere Erfahrungen herum zu sehen. Wir gehen in diesem Netz ein und aus, von Inkarnation zu Inkarnation, während wir jedes Mal tiefer in die Liebe zur Liebe hineinwachsen, bis es am Ende nur die Liebe gibt, die am Anfang war, die ist und immer sein wird, Liebe *ohne* Ende.
Im vergangenen Jahrhundert wurde die spirituelle Reise des Geborenwerdens nicht hervorgehoben. Die Physikalität war von äußerster Wichtigkeit. „Mutter und Kind sind wohlauf" bedeutete, dass beide das Trauma der physischen Geburt überlebt hatten, und das war ein Segen – alles, worauf man nur hoffen konnte. In vielen Fällen wurde das Neugeborene, das gerade den Bauch der Mutter verlassen hatte, sofort an den Beinen nach unten gehalten und man gab ihm einen Klaps auf den Rücken, um damit die Atmung auszulösen und Schleim aus dem Hals herauszubringen. Stell dir die Tortur vor für ein kleines, unsicheres Wesen, das versucht, Vertrauen in diese neue Welt zu lernen! Doch in den Ohren der Hebamme war ein schreiendes Baby ein glückliches Baby! Dann wurde das Kind, in ein Handtuch gewickelt, auf einer kalten Edelstahlwaage gewogen. Es gab einen strikten Ablauf für das Füttern des Kindes. „Alle vier Stunden" wurde uns als jungen Müttern gesagt. „Füttert nicht öfter, sonst wollen sie immer mehr!" Als wäre es falsch, den Kindern zu geben, was sie wollen, weil sie sich sonst daran gewöhnen! Das kleine Kind musste kämpfen, laut weinen, viel Aufhebens machen und möglicherwei-

se hörte dann der Erwachsene und tat etwas – aus Erbitterung und Verärgerung. Wie konnten wir Vertrauen oder Sicherheit finden, wenn unsere ersten Erfahrungen durch die Abgestumpftheit der Personen, die uns pflegten, so schmerzhaft waren? Viele Babys gaben am Ende einfach auf, weil niemand ihr Schreien hörte. Ich habe in der Psychotherapie mit Erwachsenen gearbeitet, die als Babys weinten und weinten und später zu hilflosen Menschen wurden und für den Rest ihres Lebens „unsichtbar". Sie fanden es schwierig, jemanden an ihrem Leben teilhaben zu lassen. Ihre Gewohnheit war es, still zu bleiben, weil sie niemals genug Beachtung gefunden hatten, um gehört zu werden.

Wie ist es möglich, zu einem selbst-bejahenden Wesen heranzuwachsen, wenn unser erstes Selbst-Empfinden ist, unangemessen und wertlos zu sein? Physisch haben wir überlebt – die meisten von uns bei einigermaßen guter Gesundheit – doch manche von uns haben emotional nicht überlebt.

Manche von uns leiden noch immer unter dem emotionalen Trauma der „ersten Trauer", der psychischen Einsamkeit. Wir sind noch immer von unseren Seelen abgetrennt, noch immer still für uns trauernd. Die tiefe Sehnsucht nach Hause, nach bedingungsloser Liebe, erschafft solche Leere! Uns selbst für unser Inkarnieren zu vergeben ist, wie ich glaube, ein wichtiger Schritt für die Heilung dieses tiefen Gefühls der Isolation. Es zu betrauern, dass unsere Akzeptanz und Zustimmung notwendig waren, ist für viele nicht leicht, weil die Erinnerung der Seele an die Liebe des reinen Bewusstseins noch präsent ist. Einige von uns haben diese frühen instinktiven Ego-Erfahrungen niemals geheilt und suchen heute noch immer nach diesem spirituellen Zuhause, dem Ort, wo wir in die Heilung und Freude geliebt werden. Dadurch sind wir nicht völlig präsent im Hier und Jetzt, wir sind meistens außerhalb unseres Körpers. Wenn wir aus der reinen Liebe gekommen sind und

Liebe das letztendliche Ziel unserer Seelenreise ist, wie können wir dann diesen Glauben dafür anwenden, unseren Körper-Geist zu heilen, anstatt uns ständig wegzuträumen? Ich glaube, da Einsamkeit die erste Emotion ist, die wir heilen müssen, sollten wir auch am Anfang beginnen.

Heilungsvisualisierung

Ich schlage die folgende Visualisierung vor, die mithilfe einer anderen, einfühlsamen Person erfahren werden kann. Diese sorgt dafür, dass man bequem liegt und dass es keine Störungen gibt. Sie liest dann die folgende Anleitung langsam, mit angemessenen Pausen und einer sanften Stimme vor.

„Atme tief in deinen Solarplexus.

Atme für drei Atemzüge so weiter. Während du mit dem vierten, fünften und sechsten Atemzug beginnst, stell dir vor, dass du einen Speicher für deinen Atem aufbaust. Diese tiefen Atemzüge helfen dir, tiefer in dein eigenes Herz zu reisen. Atme weiter so für die nächsten vier Atemzüge und entspanne dich dann in eine langsame, ruhige Atmung, noch immer tief in deinen Solarplexus hinein.

Erlaube dir allmählich, an einem Ort tiefen Friedens und der Stille anzukommen.

Eine ruhige, sichere, sanfte Dunkelheit erfüllt diesen Ort mit Frieden.
Du fühlst dich sicher und bist von Sicherheit umgeben.
Die Sicherheit der Liebe umgibt dich hier.
Du bist so sicher hier. (Pause)

Stell dir vor, du kannst hier völlig sicher liegen.
Du hast es warm und es ist für dich gesorgt.
Atme in diesen Raum mit langsamen Atemzügen hinein.
Beobachte, welche Bilder von hier zu dir kommen. (Pause)

Atme in diese Bilder mit sanften, tiefen Atemzügen.
Alles ist gut.
Alles ist gut.
Atme noch tiefer in die Bilder hinein.
Sieh sie klar und werde mit ihnen eins.
Geh in sie hinein.
Jetzt.
Beurteile weder die Bilder noch dich.
Bleib einfach in diesem Raum, in dem du dich und die Bilder annimmst. (Pause)

Stell dir jetzt vor, dass du hochgehoben wirst.
Hoch hinaus über den Ort, an dem du gelegen bist.
Atme weiter tief und ruhig.
Lass mit jedem Ausatmen los ... lass es los.
So ist es gut, lass es los.
Langsame Atemzüge der Sicherheit und des Friedens.
Du wirst behutsam und sicher hochgehoben. (Pause)

Jetzt siehst du klar einen bestimmten Ort.
Er ist voller Licht und Sanftheit.
Sanftheit, solch sanftes, sanftes Licht und Sicherheit.
Fühle die Sanftheit dieses Lichts.
Atme in sanfter Sicherheit, während du auf der Sanftheit dahintreibst.
Sie trägt dich tiefer und tiefer hin zu einem Ort, wo sie dich ablegt; ganz sachte wirst du abgelegt auf einer weichen Wolke, die sich anfühlt wie Seide.
Atme in dieses Gefühl von Seide.
Alles ist gut. Du bist hier sicher. (Pause)

Höre jetzt eine Stimme, die von diesem Ort kommt ...

Horch, sie ruft deinen Namen.
Sanft ruft sie deinen Namen.
Sie sagt:
Jetzt ist es Zeit, du Liebe(r).
Jetzt ist deine Zeit gekommen, in der Welt der Form zu sein.
Jetzt, Liebes, unterstützen wir dich dabei, zu gehen.
Fortzugehen von diesem Ort der Liebe und Sicherheit,
diesem Platz des Lichts und der Freude.
Du hast gewählt, auf die Erdenebene zu gehen.
Und ein weiteres Mal den Mantel der Dunkelheit anzuziehen.
Gut gemacht, Liebes. (Pause)

Wenn du gehst, wenn du dieses Bewusstsein der Liebe verlässt,
wirst du mehr und mehr die Freude und reine Liebe vergessen,
die dich jetzt umgibt.
Du wirst mehr und mehr vergessen, mit welcher Absicht du gegangen bist.
Du wirst bald alles über diesen Raum der puren Liebe vergessen.
Das ist der Weg des Inkarnierens.
Das ist natürlich. (Pause)

Spüre, wie du von Lichtwesen umgeben bist.
Schöne, heilende Musik erfüllt den Raum
und du bist so sicher und geliebt.
Atme so sanft weiter wie möglich.
Und nun, Liebes, mach den Schritt –
den Schritt in dein neues Leben ... alles ist Leben ...
Und wisse, dass du nicht allein bist.
Wesen von hier werden dir beistehen.
Und indem sie das tun, werden sie ihren eigenen Vertrag erfüllen. (Pause)

Deine Mutter wartet.
Sie, die du gewählt hast, dich zu gebären,
die dich deine erste Lektion in deinem Erdenleben lehren wird –
die Lektion in Trauer und Schmerz der Trennung.
Denn du kannst nicht auf der Erde leben, ohne zuerst ein Teil deiner Mutter zu sein
und dich dann von ihr zu trennen.
Genau wie in diesem Moment, der dir jetzt zuwinkt,
der Moment des Abschieds. (Pause)

Auch dein Vater wartet auf dich.
Er, der dich die zweite Lektion des Erdenlebens lehrt.
Die Lektion der Unterstützung oder der fehlenden Unterstützung – je nachdem, was dein bestimmtes Thema ist.
Denn du kannst nicht nur durch seinen Halt leben, du musst für dich alleine stehen.
Genau wie in diesem Moment, der dir zuwinkt – der Moment der Einsamkeit. (Pause)

Andere liebevolle Wesen sind auch an der Türschwelle und warten darauf, dir auf deiner Erdenreise zu dienen. Du weißt, dass sie deshalb mitkommen. Doch wenn du sie wiedertriffst, wirst du nicht immer in der Lage sein, durch ihre Verkleidungen hindurchzuschauen.
Manche wirst du Freund nennen, manche Feind.
In diesem Raum der wahren Liebe aber weißt du, dass es keine Feinde gibt.
Alle bieten sich an, dir ganz zu dienen und auf diese Weise auch ihre eigenen Geschichten durch dich zu lösen. (Pause)

Nun, Liebes, wirst du das annehmen müssen, was „Atem" genannt wird, um in der Dichte der Erdenexistenz zu leben.

Während du zu atmen lernst, wirst du eines Tages verstehen, dass dies die verbindende Kraft zwischen deinem Erden-Geist und -Körper und deiner Seele ist, welche direkt mit mir, dem Heiligen Geist, kommuniziert.
An dem Tag, an dem du dies erkennst, wirst du anfangen, dich zu erinnern und vom Schmerz deiner Sehnsucht zu heilen.
Wenn du in diese ursprüngliche Trauer hineinatmest, wirst du allen anderen Kummer heilen können, der in deinem Herzschlag gefangen gehalten wird. (Pause)

Deine Sehnsucht nach Hause wird deine Krankheit sein.
Dein Leben in einem Raum, den du Nicht-Liebe nennst, wird deine Krankheit sein.
Dein Bestehen darauf, dich nur um weltliche Dinge zu kümmern, wird deine Krankheit sein.
Deine Unfähigkeit, darauf zu vertrauen, dass du nicht allein bist, wird Krankheit schaffen.
Deine Ängste vor dem Leben werden Krankheit schaffen.
Jede Krankheit trägt eine Angst.
Öffne jetzt dein Herz für die Liebe, die dich umgibt.
In der Natur.
In Freundschaften.
In deinem Atem.
Und in dem Leben, das du gewählt hast. (Pause)

Erinnere dich – du hast die Freiheit, in jedem Moment zu wählen.
In jeder deiner Inkarnationen ist dies dein Geschenk.
Du erschaffst dein Leben durch deine Entscheidungen.
Du kannst dich immer wieder neu entscheiden. (Pause)

Jetzt, Liebes, nimm einen weiteren tiefen Atemzug.
Halte den Atem in deinem Körper an und zähle bis 4.
Lass ihn langsam wieder los in den Äther.
Halte auch den nächsten tiefen Atemzug an und zähle bis 4.
Lasse ihn los in den unteren Bereich des Körpergeists.
Während du das tust, nimm dich selbst ganz an. (Pause)

Ich nehme ganz an, wer ich bin und wer ich jetzt gerade werde.
Ich nehme an, dass dieselbe Liebe, die mich erschuf, mich weiterhin ins Leben atmet.
Ich nehme die Liebe an, die mich jetzt umgibt.
Ich nehme die Tatsache an, dass ich ein Wesen des Lichts und der Freude bin, unbegrenzter Freude.
Ich atme jetzt all diese Geschenke.
Ich befreie mich jetzt selbst von allen Verträgen des Leidens.
Leiden ist eine Wahl, die ich treffe.
Ich befreie mich selbst vom Leiden.
Ich richte meinen Willen darauf aus, mehr mit der reinen Fülle meines Lebens hier auf der Erde zu leben. (Pause)

Bringe langsam deine Aufmerksamkeit wieder zu deinem Atem.
Erlaube ihm, aus deinem Mund heraus in den ganzen Raum zu strömen.
Du bringst dich selbst ins Licht, hier und jetzt.
Atme sanft und mit Freude in deinen ganzen Körper.
Erinnere dich an die Worte:
Ich bin nicht allein.
Alle sind hier, um mir zu helfen.
Ich muss nur mein Herz öffnen und alles empfangen.
Alle Wesen in allen Welten der Schöpfung segnen mich jetzt.
Ahhh!
Bleib hier an diesem Ort der Segnung. (Pause)

Höre, wie die ganze Schöpfung ein neues Halleluja für dich singt.
Die Erde heißt dich willkommen.
Der Atem heißt dich willkommen.
All deine Freunde heißen dich willkommen.
Sieh, wie die Seelen der sogenannten Feinde dich willkommen heißen.
Und du bist nun in das Leben auf der Erde initiiert.

Willkommen, schöne Form der Liebe.
Atem der Liebe.
Ausdruck der Liebe auf Erden.
Sei willkommen. (Pause)

Nun komm behutsam herunter.
Herab, hinunter in die Dichte des Körpers.
Fühle deine Füße, Beine, Hände, deinen Kopf und deinen Rumpf.
Ohne sie zu öffnen, rolle mit deinen Augen.
Atme ganz sanft, rhythmisch, mit Mitgefühl für dich selbst.
Fühle, wie die Liebe deiner Seele dich völlig umgibt.
Fühle, wie das Mitgefühl des ganzen Universums dir dient.
Fühle die Wärme deines eigenen Blutes, wie es mit liebevoller Güte durch dein gesamtes Körper-Geist-System zirkuliert.
Wie wundervoll du gemacht bist!
Du bist ein Wesen voller Licht!
Wie seelenvoll bewusst du bist!
Gut gemacht. (Pause)

Präge dir nun dieses Bild ein, als würdest du eine Kopie davon auf deinem Computer speichern.
Sieh dich selbst die Seite markieren und wie du die Speichertaste drückst.
Speichere es so auf dem Computer deines Verstandes.
Du weißt, du kannst es jederzeit wieder abrufen. (Pause)

Wenn du dich wieder ganz in deinem Körper-Geist spürst, fange an, dich LANGSAM zu bewegen. Atme in deinen ganzen Körper hinein und setze dich ganz langsam auf.
Nimm dir Zeit, aufzustehen und gehe langsam herum, als würdest du deine ersten Schritte auf der Erde tun."
Trink Wasser und sprich für eine Weile nichts.
Für den Rest des Tages achte auf deine Gefühle und spüre Veränderungen in deinem Körper-Geist nach.

Mögest du gesegnet und ein Segen sein.
Möge deine Inkarnation deiner Seelenreise dienen,
dieses Mal und für alle Zeiten.

Vom Stammesbewusstsein zum Bewusstsein der Einheit

Nachdem wir bis zu einer gewissen Stufe unser Ego-Selbst geheilt haben, ist es eine natürliche Entwicklung für unser Seelen-Selbst, dass wir intuitiv ein Bedürfnis oder einen Ruf spüren, uns mit dem Kollektiven zu verbinden und für uns alle ein höheres Bewusstsein mitzuerschaffen. Wir haben dann einen höheren Grad der Individuation erreicht, fühlen uns mehr individuell verantwortlich für unsere eigenen kreativen Kräfte und wollen mit anderen teilen, was wir erfahren und geheilt haben. Man überlässt sich mehr und mehr der inneren Führung und inneren Autorität. Dieses authentische Selbst will sich jetzt ausstrecken und ein Teil des universellen Heilungsprozesses und der Ganz-Werdung sein. Um alte Botschaften loszulassen, mussten wir uns individualisieren und selbst-bewusst werden. Wir mussten den Unterschied entdecken zwischen uns und „dem Anderen". Dies war ein wesentlicher Teil des Heilungsprozesses. Jetzt sprechen wir von „wir" und „uns", der Zusammengehörigkeit, der Einheit. Alles, was uns vereint, ist jetzt wichtig, da dieses globale Ziel nicht allein zu erreichen ist.

Wir dürfen uns jedoch nicht im Einswerden verlieren – wir bleiben immer ein Individuum, während wir gleichzeitig zunehmend mit der größeren Geschichte unserer Inkarnationen eins werden. Wir werden im Prozess des Werdens mehr zu dem, wer wir sind, und das ist das Mysterium unseres individuellen Seelen-Selbst. Der Schöpfer erfreut sich auf ewig an seinem differenzierten Selbst, wie an der Vielfalt aller erschaffenen Phänomene zu sehen ist.

Wir sind nun mehr selbst-geordnet und selbstverantwortlich innerhalb dieser inneren Veränderung des Kollektiven. Wir werden zu Helfern in der Evolution des Bewusstseins. Dein Platz ist jetzt da, wo ein neues Sein geformt wird – das neue Halleluja einer weiterentwickelten Spiritualität, die auch die Psychologie und Philosophie durchdringen wird.

Einst waren die Wissenschaftler in einer eigenen empirischen Welt mit ihrer eigenen Sprache, die sie von den Künstlern und vom Religiösen trennte. Jetzt sind sie eingeladen, am Tisch der Metaphysik und der Seele zu sitzen, sodass die Sprache als solche nicht mehr die Kluft herstellen muss, die uns alle zu lange trennte. Jetzt können alle Disziplinen – Physik, Astrologie, Geologie usw. eingeschlossen – an dieser Geschichte der menschlichen Evolution teilhaben, wobei jede als ein eigener Juwel zur Krone eines tieferen Verständnisses beiträgt. Um ein höheres Bewusstsein zu erschaffen, müssen wir Teil einer neuen Kultur werden, in der sich Sprache und Gewohnheiten ändern, dann können wir dieses neu auftauchende Sein auch ganz aufnehmen.

Wir werden sehen, wie aus den Trümmern der alten eine neue Welt erschaffen wird.
Wenn wir die Veränderungen mit Integrität und Liebe angehen wollen, brauchen wir einander.
Ob es uns bewusst ist oder nicht – wir kommen alle zusammen und Ego und Seele sind am Ende fähig, nebeneinander zu existieren und etwas Schönes, völlig Neues und Innovatives zu erschaffen, etwas, das Separatismus nicht erschaffen kann. Das ist großartig und nur Angst kann uns davor zurückhalten, vollkommen wundervoll und mächtig zu sein. Wir mit-erschaffen zusammen mit einer mächtigen Kraft, die wir uns nicht vorstellen mögen, weil sie uns erschreckt, und doch hat sie uns gewählt als Mitarbeiter bei der Ernte auf dem Feld, das „Erwachen" heißt.
In dieser Zeit werden auch unsere Stammeswerte infrage gestellt werden und es wird nicht leicht für uns sein, denn die Stammesgewohnheiten werden sich gegen alles stemmen, das neu und transformativ ist. Wir werden als diejenigen betrachtet werden, die mit den Ideologien der Vergangenheit brechen, und das ist sehr bedrohlich für die „Sippe", die im Gegenzug versuchen wird, jegliche Neuerungen ihrer fundamentalistischen Überzeugungen zu verweigern. Je bewusster wir werden, desto mehr werden wir über die Angst erfahren, die im Clan oder der Sippe herrscht. Die alten Fundamentalisten fürchten die Veränderungen in Familienbelangen. Der Stamm hat Angst, dass wir uns verirren oder zu weit von zu Hause entfernen und sie alle zurücklassen. Dies kann für ein Familienmitglied oder einen Freund ein großer, unausgesprochener Schmerz sein und oft wird er gegenüber demjenigen, der die Sippe verlässt, als Ärger zum Ausdruck gebracht. Wenn wir einen solchen Menschen dazu ermutigen können, seinen Schmerz in die Offenheit des liebevollen Miteinander-Teilens zu bringen, ist das für alle heilsam.

Für jene, die sich noch auf einen einzigen wahren Gott berufen, auf *eine* wahre Religion, *einen* wahren Weg des Lebens, *eine* Ideologie für die Massen, repräsentieren wir den Anti-Christen. Wir leben mehr symbolisch und spontan und das ist für den Stamm schwierig, weil er noch immer wortgetreu lebt, gemäß dem Wort und Gesetz. Es braucht Zeit, bis sich die Geisteshaltung einer solchen Kultur verändert. Wir müssen geduldig sein mit denen, die „zu unserem Besten" versuchen, uns in den alten Überzeugungen sicher zu bewahren. Es ist nicht nötig zu versuchen, diese lieben Menschen zu verändern, denn anscheinend ist unser Weg im Moment nicht ihrer. Und alles ist gut, wir brauchen nicht zu urteilen.
Unsere Aufgabe ist es, uns selbst neu zu erschaffen, hier und jetzt, in jedem Moment. Auf unsere Sprache zu achten hilft dem Stamm, ruhig zu bleiben. Wenn wir eine für sie fremde und unakzeptable Sprache verwenden, setzt wieder die Angst ein und wir kreieren eher Krieg als Frieden. Wir müssen jederzeit respektvoll sein gegenüber der Kultur, die uns erzogen hat und uns half, zu überleben. Wir sind nicht besser als sie, wir sind nur auf einem anderen Pfad. Es gibt in der Spiritualität keine Hierarchien.

Die Vergangenheit zu integrieren heißt, sie zu ehren.
Die Vergangenheit zu ehren bedeutet, sie zu heilen.
Die Vergangenheit zu heilen bedeutet,
die Anstrengungen unserer Ahnen zu respektieren.

Wir brauchen Einschließlichkeit statt elitärem Denken. Alles möchte geehrt werden, denn alles sehnt sich danach, wieder heilig gemacht zu werden. Es liegt an uns, das Heilige in unserem täglichen Leben wieder zu benennen. Das ist eine mächtige Gnade – das wieder zu benennen, was heilig ist, und es in unserem Leben

zu segnen. Wir sind nicht mehr abhängig von einer Religion, die für uns entscheidet.
Stämme müssen das Gefühl haben, dass sie mächtig sind und autonom, und das wird durch unsere wachsende Kraft bedroht. Unsere Kraft kommt aus unserer inneren Autorität, die keine Angeberei oder äußeres Zurschaustellen braucht. Es ist gut, für Diskussionen offen zu sein, die die Stammeswerte betreffen, und wir müssen sichergehen, dass nicht die Sprache des Krieges vorherrscht. Wenn eine Auseinandersetzung zum Streit wird, hat ganz sicher das Ego die Führung übernommen. Eine Abwehrhaltung setzt ein, wenn wir uns bedroht fühlen, und wir wenden Verteidigungsstrategien an, um uns sicher zu fühlen. Sippen verhalten sich genauso und wenn eine Institution ihre Werte infrage gestellt sieht, re-agiert sie und kann dabei jemanden, der in seinem Prozess ist, übermächtigen. Denk daran, das Patriarchat hat seine Macht in den letzten 5000 Jahren auf keine gute Art genutzt. Davor gab es die matriarchalen Gesetze, bei denen es mehr um ehrliches Zusammenarbeiten und Einschließlichkeit ging als um Club-Mentalität. Wir sehen nun, dass der Grundstein, auf dem das Patriarchat aufgebaut war, Angst ist. Institutionelle Hierarchien sind wegen ihrer stammesinternen Wertesysteme alle auf Angst gebaut. Man muss sich über die Auswirkung solcher Angst im Klaren sein. Sowohl politische als auch religiöse Hierarchien fallen; sie *müssen* fallen, um Teil der Transformation zu werden, die sich überall vollzieht.
Du bist Teil eines neu entstehenden Bewusstseins. Jetzt ist es an der Zeit, aus deinem Kämmerchen herauszukommen und die Seele in dir zu aktivieren. Um ein starkes, spirituelles Selbst aufzubauen, war es gut und notwendig, für einige Zeit unerkannt zu bleiben. Jetzt ist es Zeit, als die erstaunlichen, mächtigen Wesen, zu denen wir geworden sind, in die Welt zu gehen und überall der Unterschied zu *sein*.

Wie Gandhi sagte: „Sei die Veränderung, die du sehen möchtest." Wir müssen zu dem werden, das wir erstreben, nicht nur davon träumen. Wir werden es mit Freude und großer Liebe für alle Wesen tun, weil wir nicht allein wirken.

„Wir kommen heraus aus der Vergangenheit
Endlich heilen wir
Mit dem Segen des Stammes
Wir werden gewaschen in den Gezeiten
Der Liebe."

(Aus dem Lied „Coming out of the Past" von Phyllida Anam-Áire)

Überlebensbewusstsein

Was ist mit Überlebensbewusstsein gemeint und wie erkenne ich, ob ich noch von einem Ort der Machtlosigkeit und aus der Opferhaltung heraus lebe?
Als Kinder haben wir alle zu überleben gelernt, sonst wären wir heute nicht hier. Das ist gut und es ist erstaunlich im Falle der vielen Menschen, die großen Missbrauch und ernste Krankheit erlitten. Unser lieber Ego-Geist half uns zu überleben, indem er uns das Geschenk der Abwehr machte, damit wir den Schmerz nicht fühlen. Manche verließen ihren Körper, wenn das Leben zu schlimm für sie war, um ganz im Hier und Jetzt präsent zu sein. Manche schweiften in Tagträume ab, um nicht gegenwärtig zu sein. Das ist in Ordnung, denn wir brauchten dieses Rüstzeug und es diente uns gut – bis heute. Jetzt wollen wir mehr vom Leben, das „Mehr" des Lebens. Jetzt wollen wir über das bloße Überleben

hinaus in den Tanz des Lebens eintreten und voll leben. Es ist nicht falsch, das zu verlangen – es ist großartig, dass wir die Möglichkeit sehen, das zu erreichen.
Bevor wir über das Überlebensmuster hinausgehen können, bevor wir die Rüstung ausziehen können, müssen wir sehen, woraus die Rüstung bestand. Wir müssen auf die Mechanismen schauen, die wir benutzten und vielleicht immer noch benutzen, um nicht zu fühlen.

Hier nur einige der Überlebensmechanismen, die wir benutzen:
Ich bleibe bei dem, was bekannt und sicher ist, anstatt für eine Veränderung ein Risiko einzugehen.
Angst beherrscht meine Entscheidungen. Ich tue etwas oder tue etwas nicht aus Angst.
Ich beziehe mich auf die Vergangenheit, wenn ich eine Entscheidung für die Zukunft treffen muss.
Ich gebe anderen die Schuld für meine Fehler und für meine Gefühle.
Ich kann bestimmte Wahrheiten über mich selbst oder eine Beziehung nicht sehen.
Ich bin süchtig nach bestimmten Substanzen oder bestimmten Denkweisen.
Ich sehe mich selbst meistens als klein und unbedeutend.
Ich gebe primitiven Impulsen nach, wie beispielsweise Zorn.
Ich höre anderen nicht zu, wenn sie mit mir nicht einer Meinung sind.
Ich wähle, ein Opfer zu bleiben, anstatt den „Platz des Siegers“ einzunehmen.
Ich werde defensiv, wenn ich denke, jemand hat etwas gegen mich.
Ich habe Gefühle, die der Vernunft widersprechen, wie z. B. „Alle sind immer gegen mich“.

Ich habe eine angst-kontrollierte Beziehung zu Geld. Es kontrolliert immer meine Entscheidungen.
Ich halte mich versteckt, damit ich unsichtbar bin. Ich traue niemandem.
Ich treffe keine Entscheidungen für die Liebe, es sei denn, sie garantieren mir, dass ich glücklich sein werde.
Ich kann meine Arbeitsstelle nicht aufgeben, obwohl sie mich krank macht, weil ich Angst habe, dass ich keine andere Arbeit finde.
Ich glaube immer, dass andere entweder besser oder schlechter sind als ich.
Ich brauche meine Familie immer nahe um mich, weil ich geliebt werden möchte.
Ich glaube, das Leben ist für manche gut und für manche nicht, und es ist nicht fair.
Gott kontrolliert alles. Ich habe ihm meine Macht gegeben. Ich werde erst glücklich sein, wenn ich sterbe … hoffe ich.

Dies sind einige der Stadien des Unbewussten, die viele von uns gelernt haben, um in der Welt zu funktionieren, aber sie bringen uns keine Freude und Lebendigkeit. Es ist eine gute Idee, die obige Liste durchzugehen, und wenn du andere Arten findest, auf die du persönlich gelernt hast zu überleben, diese anzufügen. Dann achte darauf – ungezwungen und ohne Urteil – auf wie vielen Wegen du dich vor dem Leben versteckst, das doch beständig da ist und auf dich wartet.

Eines meiner Lieder, das ich 1989 schrieb, zeigt, wie wir unser ganzes Leben lang Opfer bleiben können.

„Ich war ein Opfer mein Leben lang.
Ans Dunkle gewöhnt und nicht an das Licht.

„Überleben“ war der Name des Spiels.
Jetzt weiß ich, das Leben ist mehr
als diese halb geschlossene Tür.
Jetzt bin ich mir sicher, irgendwie …
es gibt noch einen anderen Weg.

Solang ich nur überlebe,
schmeck‘ ich die Freuden des Lebens nicht.
Mein eigener Ton kommt nicht heraus.
Und solang ich nicht flieg wie ein Adler
hoch in den Himmel hinaus,
bleib ich hier unten, einsam und kalt.

Und obwohl die Zellentür aufgeht,
bleibe ich hier auf meinen Knien.
In die Sonne zu gehen, das wage ich nicht.
Was mich zurückhält? Ich weiß es:
Es fehlt mir an Kraft,
das Leben herauszufordern,
und an Gewissheit, dass Wandel geschieht.“

(Phyllida Anam-Áire, „I‘ve been victim all my life“)

Dies war für lange Zeit meine eigene Geschichte, bis ich erkannte, dass es mir nicht diente, auf meinen Knien zu bleiben. Das Leben ist eine Reise, die in jedem Moment gelebt werden will. Ich hoffe, du wirst dich ausstrecken und dem Leben erlauben, dich zu berühren.
Mögest du gesegnet sein, während du für das Leben gehst und das Über-leben dort lässt, wo es hingehört: in die Vergangenheit.

Kämpfen

Zu kämpfen bedeutet, Widerstand zu leisten gegen das, was hier und jetzt *ist.* Aber du sagst: „Mir tut das weh, was hier und jetzt ist, und ich versuche, es zu *verändern,* damit ich nicht kämpfen *muss.*"

Ich glaube, dass wir nicht heilen können, was wir nicht fühlen. Das Kind strengte sich an, die Dinge zu verändern, aber hatte nicht die Mittel dazu. Seine äußere Welt war von den Erwachsenen, die es umgaben, vorgegeben. Wir müssen also zu diesem fühlenden Kind-Selbst zurückgehen, um wirklich zu heilen. Als Erwachsene haben wir dann Zugang zu unserer Rationalität und von dort aus können wir aus dem Vergangenen Sinn machen. Du musst nicht deine äußere Umgebung verändern, um das Kämpfen zu beenden. Das Einzige, das sich verändern muss, ist deine eigene Einstellung gegenüber dem Schmerz. Du wirst dies immer wieder lesen in diesem Buch. Alles, wogegen wir uns wehren, verursacht Schmerzen im emotionalen Sein und wird auf das Physische übertragen. Wogegen sträubst du dich gerade? Widerstand ist eine Re-Aktion. Re-Agieren bedeutet, ich bin mit einer Wunde der Vergangenheit verhakt.

Geh an den Ort der Re-Aktion. Was an dieser Situation verursacht, dass sich etwas in dir zusammenzieht, dass dein Atem stockt, dass du eine Belastung spürst? Ganz sicher ist es eine Verletzung aus der Kindheit, die Aufmerksamkeit braucht. Wahrscheinlich wirst du herausfinden, dass das, wogegen auch immer du dich gewehrt hast, einfach nach Integration sucht – danach, von dir angenommen und geliebt zu werden.

Setz dich für einen Moment einfach hin und fühle das Bedürfnis des Kindes, das nicht erfüllt wurde. Wenn du erst einmal mit dem unerfüllten Bedürfnis in Kontakt gekommen bist, den Schmerz fühlst, den du abgelehnt hast, musst du nicht mehr gegen ihn kämpfen. Es ist der Widerstand, ihn näher anschauen zu wollen, der diese Anspannung in dir verursacht, und du kämpfst mit allen möglichen Ablenkungen dagegen an. Doch sie bleibt bestehen wie der Stein, den der gute alte Sisyphus versuchte, den Berg hinaufzurollen! Natürlich stürzte der Stein jedes Mal wieder herunter, sobald Sisyphus oben ankam. Genauso schiebst du das Problem von dir weg und doch kommt es immer wieder hinter dir her. Wenn du dir Zeit nimmst und mit dem verletzten inneren Kind in Berührung kommst, wirst du feststellen, dass es nicht in der Lage war, seine Gefühle auszudrücken, und diese deshalb verdrängt wurden. Über die Jahre hast du selbst sie dann unterdrückt, sodass sie noch tiefer hinuntergestopft wurden. Jetzt bist du zumindest so weit, dass du endlich den Kampf beenden willst.

Vielleicht kämpfst du gerade mit einem Mangel an Geld, einem Mangel an Kraft oder einer zerbrochenen Beziehung. Dies sind Situationen, die uns aufrufen, auf unser Leben zu blicken und zu sehen, wo die wahren Schwierigkeiten liegen. Bei deinem Problem mit Geld kann die Schwierigkeit für dich sein, zu akzeptieren, dass du es verdienst, Geld oder Macht zu haben. Es kann eine alte Botschaft aus der Vergangenheit sein, Geld sei „die Wurzel allen Übels", und so ziehst du es nicht an. Vielleicht hast du sogar unbewusst den Gedanken, ein spiritueller Mensch sollte kein Geld benötigen, und so hast du aus dem Unterbewussten heraus einfach nichts mit Geld zu tun. Gefühle der Machtlosigkeit haben ihren Ursprung immer in der Vergangenheit und suchen nach Heilung. Das Gleiche gilt für Beziehungs-, Kontroll-, Sucht- und andere Themen. Sie fordern dich heraus, jetzt an die Wurzel zu gelangen, tiefer zu schauen als nur auf das offenbare Problem, denn die eigentliche Wunde liegt darunter. Dein erstaunliches Seelenselbst benützt eine Krise – hervorgebracht durch dein unbewusstes Selbst, das Ego – um dich erkennen zu lassen, wie frühere Verwundungen noch immer stark in deinem Leben wirken. Die Seele gebraucht alle schmerzlichen Situationen, um dir zu zeigen, wo die Wunde ist, damit du heilen und frei sein kannst.

Das Problem einladen

Mit etwas zu kämpfen bedeutet, damit in den Krieg zu ziehen. Das gibt nicht etwa Kraft, sondern ist kraftraubend. Es gibt einen Krieg zwischen „mir" und „ihm". Ich will „Es" nicht in „meinem" Leben haben, weil „Es" mir weh tut. So wird „Es" zum Feind.

Atme, sieh das Objekt deines Kampfes. Es bedroht dich, du versteckst dich vor ihm, es verfolgt dich und ist unerbittlich. Du fühlst dich klein und hilflos. Je mehr du davonläufst, desto stärker verfolgt es dich, bis du am Ende hinfällst. Du kannst nicht mehr. Das ist der Augenblick der Erkenntnis, der Heilung – auch wenn es sich noch nicht so anfühlt. Es ist der Moment, in dem du atmen kannst und auf die Verletzung schauen, die hinter diesem Kampf steht.

Am Ende musst du „Es" erkennen und sehen, warum „Es" hier ist. Du musst das mit einschließen, was nicht leicht ist, anzunehmen. Wenn „Es" nicht integriert wird, wird „Es" die Macht übernehmen. Woher kommt „Es" also, dieses Gefühl der Ohnmacht, das Gefühl, keine Kontrolle über dein Leben zu haben? Das Gefühl, dass andere für dich das Drehbuch schreiben, und du liest es nur und nennst das dein Leben. Dieser Schmerz geht zurück auf vergangene Situationen, in denen du übermächtigt und hilflos wurdest. Die Situation heute fordert dich dazu auf, in persönliche Seelenautorität zu heilen, hier und jetzt. „Es" ist hier, um dir zu zeigen, dass du gelernt hast, deine Macht an andere abzugeben

und wie du in deinem Leben keine Autorität haben kannst, solange die anfängliche Wunde nicht geheilt ist.
Wer übermächtigte dich als Erstes, als du ein Kind warst? Warum hast du Mühe, mit Autorität umzugehen, mit Beziehungen? Warum sagst du dir immer wieder, du seist nicht gut genug? Du wirst bald sehen, dass es in deinen Kämpfen um keine dieser Situationen geht, sondern um eine bestimmte Verletzung aus der Vergangenheit, die um Hilfe ruft, nach deiner Aufmerksamkeit und Liebe. Alle Situationen, alle Erfahrungen deines Lebens sind Hebammen für neue Erkenntnisse und Freiheit. Wenn du Lebenssituationen so betrachten kannst, musst du nicht mehr kämpfen. Du musst nur die Geschenke sehen, die in allem verborgen liegen, womit du kämpfst, und es in die Gegenwart dieses Moments hinein heilen. Dann kannst du dein ganzes kostbares Leben lieben und aus der Freude leben statt aus dem Kampf. Überlasse den schweren Stein dem Sisyphus und lass dich selber aus Spaß den Berg runterrollen!

Stadien des Bewusstseins

Es ist nicht immer einfach, Bewusstseinsstadien richtig zu definieren, weil Energie sich fortwährend in Bewegung, ständig im Fluss befindet. Das muss so sein, denn es ist das Leben selbst, das sich auf unergründlichen Wegen in vielerlei Phänomenen der Schöpfung manifestiert, von den Wirbellosen zu den Wirbeltieren, vom Einzeller zur Vielseitigkeit komplizierter Zellsysteme. Das Bewusstsein einer Qualle zum Beispiel ist anders als das eines Grashalms und das Bewusstsein eines Baumes anders als das eines Tieres. Wenn es um das menschliche Bewusstsein geht, erforschen

wir noch komplexere Manifestationen und beanspruchen daher ein komplexeres Verständnis.
Man könnte beispielsweise sagen, dass ein Baum nicht mehr sein kann als ein Baum. Er kann sich nicht aussuchen, was er ist, und er kann auch nicht wie ein Mensch fühlen. Obwohl er in einem Prozess natürlicher Transformation seine äußere Form verändert, wird diese von der Natur selbst kontrolliert. Biofeedback hat jedoch laut einiger Biologen wie Rupert Sheldrake in seinem Buch „Rebirth of Nature" gezeigt, dass Bäume tatsächlich auf liebevolle menschliche Berührung sowie menschliche Schwingungen und Klang positiv ansprechen. Dorothy Maclean von der Findhorn Foundation behauptet, Bäume und Pflanzen reagierten positiv auf menschliche Liebe (siehe „An Ordinary Human Mystic", Dorothy Maclean 2010, ebenso „Trees for Life" von Alan Featherstone B.S.).
Kann man dann annehmen, dass Geschöpfe wie Bäume, Blumen oder Tiere nicht nur von menschlichen Interaktionen beeinflusst werden, sondern sogar innerlich auf sie ansprechen, auf günstige oder ungünstige Weise? Es gibt eine alte irische Redensart:
„Tä croi mör na gcloiche ag canadh dom", was sich übersetzen lässt mit „Das große Herz der Steine singt mir zu". Das deutet darauf hin, dass selbst sogenannte unbelebte Natur einen bestimmten energetischen Puls, ein bestimmtes Bewusstsein besitzt. Wir haben natürlich schon davon gehört, dass Steine und Kristalle pulsieren und somit als lebendig angesehen werden können. Damit stellt sich die Frage: Wenn nicht-menschliche Wesen wie Tiere oder Bäume wirklich auf Frequenzen oder elektromagnetische Felder von Menschen ansprechen, ist es dann auch wahrscheinlich, dass sich ihr eigenes Bewusstsein durch die Verbindung mit liebevollen Menschen erhöhen kann? Lass uns noch weitergehen und fragen:

Wenn Menschen einander durch ihre elektromagnetischen Felder beeinflussen können, ist es dann wahrscheinlich, dass sie positiv auf Energien höher entwickelter Wesen ansprechen?
Es hat den Anschein, als sei die Menschheit nie zuvor in der Geschichte der Schöpfung mit solch hoher spiritueller Energie durchdrungen worden wie jetzt. Wir bereiten uns sogar vor auf eine noch stärkere und tiefere Durchdringung. Indem die Erde sich selbst verändert und transformiert, um mehr Lichtenergie aufzunehmen, wird es uns ermöglicht, mehr und mehr Licht zu ver-körpern. Dieses göttliche Ergießen von höchster Energie bringt natürlich unser sogenanntes „persönliches Gleichgewicht" durcheinander. Wir werden im großen Kessel der Bronwyn (In der keltischen Mythologie die Tochter des Lir, der in ihr Stärke und die Weisheit des Chaos erkannte) herumgerührt und in diesem Aufgewühltsein werden wir wach für unsere innere Unruhe, unser inneres Chaos. Das ist natürlich. Aber wir mögen es nicht! Während wir dann immer weniger vom Erden-Geist gesteuert sind, werden unsere Angst und Verwirrung im Herzen der Liebe willkommen geheißen und unsere emotionale Energie durch die Gnade unseres spirituellen Immunsystems gestärkt.
Wir können im Verlauf eines Tages durch viele Bewusstseinsstadien gehen. Am Morgen erwacht der physische Körper durch seine biologischen Funktionen und die Psyche kommt zum normalen Bewusstsein. Möglicherweise erinnern wir uns an die Zeit des veränderten Bewusstseinszustandes zwischen Einschlafen und Aufwachen. Später am Tag sitzen wir vielleicht im Garten und bewundern die Natur in all ihrer Schönheit. Wir finden Schönheit in Bäumen, in Flüssen. Das hilft uns, mit unserer kreativen Seele in Verbindung zu kommen. Solche Zustände natürlicher Verbundenheit mit der ganzen Natur sind wirklich wichtig für die Menschen, weil sie unsere Schwingungsimpulse steigern. Auch helfen

sie, unsere Energie zu bewahren, statt sie in zu vielem Reden und zu viel Aktivität zu verlieren. Zudem sind wir durch solch angehobene Bewusstseinszustände in der Lage, unsere Verantwortung für die Natur und unsere eigenen inneren Landschaften wahrzunehmen. Wenn ich mir meiner eigenen inneren Landschaft nicht bewusst bin, d.h. meiner Handlungen und Reaktionen, werden alle veränderten Bewusstseinsstadien, alle Visualisierungen über die Schönheit der Natur mir nicht helfen, eine gefestigte Spiritualität aufrechtzuerhalten. Veränderte Bewusstseinszustände können dann als Flucht aus meinem täglichen Leben benützt werden. Das Anheben unserer Schwingung ist aber nicht dazu da, den Kontakt mit unserer Erdigkeit zu verlieren, vielmehr dient es dazu, uns in ein innigeres Gewahrsein der Verbundenheit zwischen uns selbst und allen Wesen von Moment zu Moment zu bringen. Wir meditieren nicht, um uns vom Erdbewusstsein zu entfernen, sondern um mehr innige Bewusstheit hineinzubringen.

Viele Yogimeister sagen, dass wir die Fähigkeit besitzen, das gewöhnliche Bewusstsein zu transzendieren. Das erleben viele Menschen in der Meditation, wenn sie über den gewöhnlichen Verstand hinausgehen und in einen Raum ohne Gedanken eintreten. Wissenschaftler wie Dennis Dale Purcell, Kalifornien, in seiner Schrift „Detecting the Astral Body", Pim van Lommel, Holland, in „Consciousness and the Material", J. Kenneth Arnette PhD in „The Mind Body Problem" betrachten das Phänomen der „Nahtoderfahrung" genauer und es werden zur Zeit Untersuchungen angestellt, die das ganze Thema des Bewusstseins über den Tod und den Körper hinaus betreffen. In der Wissenschaft erkennt man jetzt, dass Bewusstsein nicht von der Hirnfunktion abhängt (siehe A. Goswami, „Self Aware Universe" 1995). Wir haben aus unseren Verbindungen mit der Erde, solange wir verkörpert sind, viel zu lernen.

Die Kenntnis verschiedener Bewusstseinsstadien stattet uns mit dem inneren Gewahrsein aus, wie wir uns entwickeln können. Doch ebenso wunderbar ist es, zu wissen, dass wir umso klarer die Kontrolle des Verstandes transzendieren, je mehr wir unsere Energiezentren von Unbewusstem aus der Vergangenheit freimachen und uns so, mit großer Freude, auf natürliche Weise und ohne das Hilfsmittel formeller Übungswege, spirituell weiterentwickeln. Wir müssen nicht lernen, wie wir mit unseren höheren Energien in Berührung kommen – das ist das natürliche Ergebnis, wenn wir unsere unteren Kanäle freigeräumt haben, so dass Gnade und Freude ohne Blockierungen hindurchkommen können. Das Liebesbewusstsein durchdringt unsere DNA und die Zellkerne unseres Körpers werden heller. Nur das Bewusstsein der Liebe kann den Erden-Geist, das Ego transformieren. Wenn unsere Körperzellen sich so mit Licht füllen, werden wir zu dem, was Buddhisten erleuchtet nennen. Mit anderen Worten, wir haben die dunklen Stellen unserer Persönlichkeit in das Licht der göttlichen Liebe geheilt.

Ich glaube, es ist ratsam, jeden Tag in Stille zu sitzen und sich mit der leisen Stimme des innewohnenden göttlichen Bewusstseins zu verbinden. Transzendentale Musik zu hören hilft auch. Bestimmte Klänge und Töne in höheren Oktaven können unser Bewusstsein anheben. Wir tun gut daran, still zu werden und uns unserer Göttlichkeit zu erinnern. Ich glaube auch, dass unser eigenes Unbewusstes uns offenbart wird durch das Medium der Meditation, durch Klang, Kunst, Tanz, Farben, Symbole u.Ä. Der Körper ist das Vehikel für diese Art Heilung, denn im Körper ist die Information der Verwundung gespeichert. Es reicht nicht, über die Wunden zu meditieren, der Körper muss sie fühlen und die Gefühle zum Ausdruck bringen, damit die Heilung in den Körperzellen ankommt.

Uns allen wurde von Natur aus das großartige Geschenk des Tons gegeben und zu allen Gefühlen gehört ein bestimmter Laut. Diese Laute sind natürlich und müssen durch den Körper ausgedrückt werden. Wenn wir Ohren haben, um den Schmerz zu hören, Augen, um das Opfer in unserem Inneren zu sehen, und Töne, um uns vom Schmerz zu erlösen, ehren wir damit unseren irdischen Körper. Dann werden wir durch die Augen der Liebe und des Nicht-Urteilens auf das Universum blicken und es wird keine Vergebung nötig sein, denn wir werden nur Liebe und Harmonie sehen. Und schließlich wird alles aus der Seele heraus sozusagen „Seelen"-Sinn machen.

Vom Unbewussten zum Bewussten

Wir sind nicht zur Erde gekommen, um spirituelle Wesen zu werden – das sind wir schon. Wir sind gekommen, um in der Schule der Liebe zu lernen, was es ist, das wir wieder in diese Liebe hinein heilen sollen. Lass uns einmal anschauen, was uns helfen kann, mehr und mehr Offenheit für unsere eigene Heilung zu erfahren. Ich habe schon darauf hingewiesen, dass wir unsere Vergangenheit natürlicherweise heilen, indem wir täglich an unseren Re-Aktionen arbeiten, uns unserer inneren Zustände der Unruhe bewusst sind und deren Ursprung finden.

Das ist von äußerster Wichtigkeit. Ich habe jedoch oben auch angedeutet, dass die Begleitung durch seelenvoll weiter Vorangeschrittene uns in unserer Evolution des Bewusstseins fördern kann. Um Hilfe zu bitten durch die Energie von höher entwickelten Wesen wie Jesus, dem Christus, C. G. Jung, Hildegard von Bingen, Maria Magdalena, Jean Huston u. a., kann uns hier und jetzt dabei unterstützen, die Stellen in uns zu sehen, die sich noch im Schatten befinden. Diese Wesen können Zeugen unserer Erleuchtung sein, während wir weitere Bewusstseinsstufen erreichen und dabei noch in dieser Form verkörpert sind. Ich glaube an das Kollektive und weiß, was immer wir tun und denken, hat eine Auswirkung auf uns alle. Ich glaube ebenso, dass jemand, der hier und jetzt den Mut hat, vergangene Unbewusstheit in Bewusstheit zu heilen, uns allen hilft. Auch die große Erdmutter geht durch starke Veränderungen im Bewusstsein und wir können ihr dabei helfen durch unsere Bereitschaft, in unserem Leben „die Schlacken in Gold zu verwandeln".

Wenn ich von Stadien des Unbewussten spreche, meine ich solche, die noch nicht von der reinen Liebesenergie aus wirken. Lass uns einmal die Stadien in uns ohne Urteil ansehen.

1. Stadium – Überlebensbewusstsein zur Sicherung der Existenz

Dies ist hauptsächlich das erstaunliche Stadium des instinktiven Bewusstseins, mit dem das Tierreich gesteuert wird. Wir erfahren es als das Bedürfnis zu überleben. Es ist ein großartiger, göttlich inspirierter, lehrreicher Mechanismus, der sicherstellt, dass wir als Menschheit die Existenz auf der Erde überleben, dass wir uns „halten" können. Mit diesem „Anfänger-Bewusstsein" ist unsere innere Welt auf uns selbst konzentriert, noch nicht auf ganzheitliche, sondern auf selbst-absorbierte und nicht-emphatische Weise. Es ist eine Existenz des „Leben-für-Leben", in dem auch die Physis noch unverfeinert ist. Der innere Dialog kann Sätze beinhalten wie: *Ich muss wissen; ich muss sicher sein; ich fürchte, dass andere mehr haben als ich; ich muss überleben; ich brauche viel Essen und Trinken und mein eigenes Revier.* Die Betonung liegt auf dem Überleben des materiellen Wesens und wir nehmen, soviel wir können. Wir wachen über das, was uns gehört, mit Angst.

Wir entwickeln uns in unserem Bewusstsein, wenn wir beginnen, das unsichere Selbst und seine Wunden, die aus der Verunsicherung in der Kindheit herrühren, zu heilen. Wenn wir wahrhaft sagen können: *Ich überlasse mich einem schönen, über-reichlichen Universum, von dem alles kommt, was ich brauche*, spüren wir unsere Heilung in das Bewusstsein hinein. Wir fangen an zu teilen, weil wir wissen, dass es immer genug gibt. Hingabe geschieht von allein, wenn wir die innere Zerbrechlichkeit des Überlebensbewusstseins geheilt haben.

2. Stadium – Überlebensbewusstsein zur Befriedigung der Bedürfnisse

Die Betonung liegt auf dem Bedürfnis, sich mit anderen zusammenzutun, Teil eines Anderen zu sein, jedoch um der eigenen Befriedigung willen. Solange der oder die andere meine Bedürfnisse erfüllt, beziehe ich ihn oder sie gerne mit ein. Sobald es aber dem anderen nicht gelingt, mich glücklich zu machen, übermächtige ich ihn, bis er sich mir fügt. Das innere Gespräch kann so lauten: *Du bist dazu da, mich glücklich zu machen, und wenn du das tust, mache ich dich auch glücklich. Manchmal machst du mich traurig und das ist deine Schuld. Ich bin auch schuld daran, wenn du traurig bist.* Es gibt hier auch Schamgefühle bezüglich des Geschlechts oder der Sexualität oder einer Neigung zur Promiskuität. Das Selbstbild, unwert zu sein, wird hier geboren. Wir wissen, dass wir eine neue Bewusstheit erreicht haben, wenn wir wahrhaft sagen können:

Ich bin jetzt ein voll verantwortlicher Mensch und werde von einem Universum voller Gnade unterstützt. Wir laden andere ein, weil wir miteinander teilen können, ohne einander zu besitzen oder zu überwältigen und ohne Opfer.

3. Stadium – Verteidigungsbewusstsein

Ich habe Angst, dass jemand sich in mein Leben einmischt, und bin deshalb defensiv, obwohl mich niemand bedroht. Ich fürchte die unbekannten Orte in mir selbst und schütze mich durch Isolation und höchste Alarmbereitschaft. An diesem Ort der Unbewusstheit herrscht innerer Schrecken. Hier sind wir ständig dabei zu kämpfen und wissen doch nicht warum. Wir empfinden, dass wir nichts tun dürfen, das die Aufmerksamkeit auf unsere Fehler lenken könnte, deshalb erzählen wir anderen entweder, was wir alles erreicht haben, oder verleugnen unsere eigenen Talente aus Furcht, als mangelhaft angesehen zu werden. Die Heilung liegt darin, das Leben zu wagen und voll in der Gegenwart zu leben. Dann sind wir nicht verhaftet mit dem, was andere über uns denken, und brauchen nicht ihren Beifall. Wir können auf dem Wasser gehen und nehmen das Boot! Wir können uns öffnen für uns selbst und andere und gehen das Wagnis ein, in Beziehung zu sein.

4. Stadium – Bewusstsein der Über-Emotionalität

Dies ist der Ort des unreifen Herzens, das über-emotional und über-re-agierend ist. Es hat kein Behältnis. Hier wird die Liebe durcheinandergebracht. Nur die sentimentale und romantische Liebe wird akzeptiert. *Du liebst mich, also tu, was ich sage.* Wir lieben andere für das, was sie uns geben. Es ist der Ort des jungen, gebrochenen Herzens, des Herzens, das empfänglich ist für die Liebe, die es zu brauchen meint, und re-agierend gegenüber der Liebe, die es als Nicht-Liebe ansieht. Man kann nicht verstehen, dass ein „Nein" auch ein Ausdruck von Liebe sein kann. Man dramatisiert entweder jede Erfahrung oder verschließt für alle Erfahrungen sein Herz. In diesem unreifen Zustand kann die innere Stellungnahme sein: *Wenn du mich genug liebtest, wür-*

dest du alles für mich tun; ich würde alles tun, um deine Liebe zu behalten. Im geheilten Zustand können wir ganz lieben, ohne dass wir eine Belohnung brauchen. Wir handeln aus Liebe um der Liebe willen. Wir machen unser Leben nicht vom geliebten Menschen abhängig. Das über-emotionale Herz kann noch kein Mitgefühl für sich selbst und andere erfahren, sondern es stellt Bedingungen. Es gibt nicht wirklich, sondern sorgt für andere, um etwas zu bekommen. Es benützt Erpressung als Mittel, um andere zu kontrollieren, wenn es um Liebe geht: … *Nach allem, was ich für dich getan habe!* … Dieses Herz ist immer in der Subjektivität und noch nicht uneigennützig in seinen Handlungen. Ein weises Herz ist bereit, gebrochen und geweitet zu werden durch Trauer und Ekstase. Das liebes-bewusste Herz öffnet sich allem, ungeachtet dessen, was es vielleicht zurückbekommt. Es hat sich von der persönlichen Liebe zum universellen Mitgefühl bewegt.

5. Stadium – Bewusst werden

Dies ist der Ort der göttlichen Kommunikation, an dem wir beginnen, uns mit unserem intuitiven Selbst zu verbinden und mehr und mehr auf sie zu vertrauen statt auf äußere Tatsachen. Es ist ein Zustand der Erkenntnis, wir erkennen die reine, uns innewohnende Liebe. Dem Erden-Geist wird mit Mitgefühl begegnet und der Körper-Geist ist ein Kanal, durch den die Gnade frei fließen kann. Die Vereinnahmungen durch das Kind-Selbst und die emotionalen Re-Aktionen heilen in das weise Herz hinein und so kommt es in dieser Phase zur bewussten Begegnung mit dem Seelen-Selbst ohne zu große Einmischung vonseiten des Ego. Die Gewohnheit zu urteilen lässt nach und man beginnt, sich selbst in allen Wesen widergespiegelt zu sehen.

6. Stadium – liebevolle Bewusstheit

Dies ist die Phase, in der wir uns dem universellen Bewusstsein öffnen, das Stadium der Kommunikation mit anderen göttlichen Wesen auf anderen Stufen höheren Bewusstseins. Dieser Zustand liebevoller Bewusstheit kann nicht dauerhaft sein, weil zu diesem Zeitpunkt die Materie zu dicht ist, um der starken Energie der göttlichen Liebe Raum zu geben. Doch unsere Energien verfeinern sich und wir werden mehr von Licht erfüllt, d. h. erleuchtet. Infolgedessen lässt sich dieses Einssein mit allen Wesen für eine Zeit lang erfahren, dann aber leert sich die „spirituelle Batterie" und wir können den Strom nicht aufrechterhalten. In der nicht allzu weit entfernten Zukunft werden wir jedoch in der Lage sein, die gesamte hohe Ladung an Energie zu halten. Diese Ausweitung geschieht jetzt bei vielen in zunehmendem Maße, weil sie ihre sogenannten „niederen Stufen" des Unbewussten freiräumen und angefangen haben, aus der Liebe zu leben.

Mehr Menschen kommen nun zusammen, um ihre Inspirationen miteinander zu teilen, die kollektiv zunehmen. Wir bewegen uns weg vom Materialismus und hin zum Herzen der Schöpfung, und als weitere Folge davon tragen wir auch gemeinsam Sorge um die große Erdmutter.

7. Stadium – Evolutionsbewusstsein

In diesem Stadium geht es um unsere Evolution als Wesen, die von Gnade erfüllt sind. Es ist eine schwierige Phase für uns Menschen, weil sie die Augen der Wahrnehmung so öffnet, dass wir durch die Schleier der Illusion hindurchsehen können. Es kann passieren, dass wir anderen als gleichgültig erscheinen, während wir klar das Wirken der Seele in Aktion erkannt haben und deshalb nicht ins Chaos stürzen oder bei den Nachrichten über Katastrophen in der Welt keine Über-Emotionalität zeigen. Als solch tief blickender Mensch sind wir nicht in die Dramen des Lebens verstrickt und das ermöglicht uns, zentriert zu bleiben. Es kann sogar sein, dass wir das ganze Leben komisch finden und über das lachen, was alle anderen eine Tragödie nennen. Der Tod bereitet uns keine Schmerzen, die materielle Welt wird in ihrer Bedeutung kleiner, die Welt des Geistes größer. In diesem Stadium ist der Mensch in der Lage, schneller zu manifestieren, was er braucht, denn die sogenannte Kundalini-Energie steigt schnell an. Die elektromagnetischen Impulse des Gehirns können die Einflößung des Bewusstseins nicht halten und man findet es schwer, geerdet zu sein, wenn man nicht geübt darin ist und keine Hilfe bekommt in dieser Phase der Offenheit. Solange die anderen Kanäle frei sind und das Ego kein Drama oder Ablenkungsmanöver kreiert, um noch etwas Ruhm zu erlangen, ist alles in Ordnung. Das Ego behauptet gerne von sich: „*Ich* habe das und das gemacht … seht, was *ich* Tolles zustande gebracht habe!" Manchmal bedient es sich des Archetypus des spirituellen Melodramatikers bei seinem letzten Ringen um Anerkennung und gibt eine Vorstellung mit dem Titel: „Welch großartige Leistung ich vollbracht habe!" Wenn Menschen sich aufgrund tiefer Meditation oder außerkörperlicher Erfahrungen, vielleicht durch den Gebrauch von Drogen, zu schnell für dieses Stadium öffnen, ist es schwer für sie, ihre Mitte wiederzufinden. Sind die anderen Kanäle nicht gereinigt worden, üben diese Menschen Macht auf andere aus und handeln aus spiritueller Arroganz. Sie fallen dann buchstäblich wieder hinunter in die unteren Stadien.

8. Stadium – Erleuchtung

In diesem Stadium ist die Veränderung für den Rest des Lebens unumkehrbar. Es wird manchmal das universelle oder Christus-Bewusstsein genannt. Nicht viele Menschen haben zu diesem

Zeitpunkt der menschlichen Evolution diese Stufe erreicht, aber viele tun eine Menge, um ihre alte konditionierte Opferrolle aus der Vergangenheit zu heilen, und sind so eindeutig auf dem Weg, anderen von einem Ort der heilen, liebenden Energie aus wahrhaft zu dienen. Diese Menschen bringen natürlicherweise Licht und Liebe in alles, was sie tun, und scheinen ein Gefühl der inneren Ruhe zu bewahren, egal, was im Äußeren geschieht. Sie wirken in allen Dimensionen und leben göttliche Kreativität und Inspiration.

9. Stadium – Bewusstsein des Ursprungs

Auf dieser Stufe vereinigt sich die Seele mit dem Geist noch vor dem physischen Tod. Es ist das Stadium, das die christliche Kirche Heiligkeit nennt. Der Erden-Geist geht völlig in der Liebe auf. Im Buddhismus wird es die Buddha-Natur genannt. Der Erdenkörper ist hier viel leichter geworden. Oft spüren wir die Unterstützung und Führung von unbeschreiblich liebevollen Wesen, die „verstorben“ oder noch auf der Erde sein können und höher entwickelt sind. Sie besuchen uns in der Traumzeit. Sie können an zwei Orten gleichzeitig sein und Heilung bringen – einfach, indem sie gerufen werden. Da Seelen nicht an Zeit oder Raum gebunden sind, ist solcher Wechsel leicht für sie.

Diese radikale spirituelle Evolution findet in vielen Teilen des Universums statt. Da die Menschen mehr an die Kraft des kollektiven Bewusstseins glauben, können wir mehr Liebe und Freude auf dieser Erde erschaffen. Natürlich ist auch das Gegenteil wahr – wir erschaffen auch Angst und Kriege durch das Medium unseres kollektiven Unbewussten. Jetzt ist es Zeit, zu wählen zwischen reiner Liebe und Angst, Kampf oder Frieden, die Entscheidung liegt heute bei uns. Wir werden deshalb von den Großen gedrängt, die re-aktiven, urteilenden Kräfte in uns JETZT zu beseitigen, damit wir dazu beitragen können, HEUTE eine liebevolle, schöpferische und freudvolle Gemeinschaft auf dieser Erde zu bilden – mit anderen Worten: einen Himmel zu erschaffen, während wir noch auf der Erde sind.

10. Stadium – Sich mit der Formlosigkeit verbinden

In diesem Bewusstseinsstadium ist die Menschheit nicht mehr auf der Erde, wie wir sie kennen.

Die Energien sind buchstäblich leichter, lichter geworden und alles ist in einer feineren Einstimmung. Um Menschen zu ermöglichen, dass sie auf der Erdenebene Mitschöpfer sind, muss die Erde selbst sich transformieren. Das bedeutet, dass auch die Erdenergien lichter werden müssen. Durch uns werden die Energien der Erde beeinflusst. Angst und Urteil halten die Erde im Unbewusstsein fest. Wenn man sich unsere erste Inkarnation als die Note des tiefen Do (C) vorstellt, so ist dieses 10. Stadium wie das Mi (das hohe E). Auf dieser Stufe mit-erschaffen wir aus Liebe, aus reiner göttlicher Liebe. Wir können diese Liebe noch nicht verstehen, weil wir uns auf unsere Gehirnaktivität als die Hauptsteuerung verlassen. Wenn wir den Punkt erreichen, an dem wir uns ausschließlich auf die intuitive Wahrnehmung verlassen, nicht auf Reaktionen des Egos, werden wir mit weniger schweren Schritten über die Erde gehen und in der Lage sein, durch die Galaxien zu reisen und auch dort zur Evolution beizutragen. Wir werden mit dem Geist des Schöpfers in Kontakt sein und den Code der universellen Weisheit entschlüsselt haben.

11. Stadium – Spirituelle Erfahrenheit

Dies hat mit den Mysterien der Schöpfung selbst zu tun. Jesus oder Issa wurde nach seiner sogenannten Todeserfahrung zum Christus. Er war in der Lage, auf der Erdenebene als aufgestiegenes Wesen mit reinem Liebesbewusstsein zu wirken, weil er nach seinem Erwachen einen neuen Körper hatte. Er hätte das nicht tun können mit dem Elektromagnetismus der alten Form. Er musste nicht mehr essen oder trinken noch schlafen. Als er nach seiner Auferstehung auf dem Weg nach Emmaus den Aposteln begegnete, erkannten sie ihn nicht in seiner neuen Körperform. Auch bat er Maria Magdalena, ihn nicht zu berühren, weil er noch nicht ganz seine neue Form angenommen hatte. Weil Jesus die Fähigkeit besaß, über die Grenzen der Form hinauszugehen, konnte er durch die Tür des oberen Raumes hindurchgehen, in dem seine Freunde sich nach seinem Tod in ihrer Angst versammelt hatten. Er war nicht mehr von einer Form abhängig oder auf sie angewiesen. Obwohl die Erde sich noch nicht transformiert hatte, weil die Menschen unbewusst waren, zeigte uns der Christus, was möglich ist, während wir noch in einer körperlichen Form sind. Auch wir werden eine verfeinerte Form annehmen, wenn wir die Energetik der unteren Formen gereinigt haben. Dieser neue Körper wird uns in die Lage versetzen, uns dem Leben in einem Universum anzupassen, das von Licht erfüllt ist.

12. Stadium – Der Schöpfergeist

Dieses wunderbare Stadium ist erreicht, wenn wir in reine Liebe und Energie transformiert sind.

Mögen wir alle, du und ich, einander helfen, weiter die Wunden der Vergangenheit zu reinigen, damit wir zum freien Kanal für Liebe und Licht werden.

Bewusstsein –
Der Stoff, aus dem die Wunder sind

***Was ist das für ein „Stoff", fragen wir uns,
und woher kommt er?***

Viel wird in diesen Tagen über Bewusstsein und das Ansteigen von Bewusstsein gesprochen. Nach meiner Überzeugung ist Bewusstsein alles, was ist, und alles, was es nicht zu sein scheint. Das mag verwirrend klingen und doch ist es wahr. Der wichtige Teil des Satzes ist: „… alles, was es nicht zu sein scheint", denn nichts (engl. „no-thing", „kein Ding") ist tatsächlich leer oder ohne Energie. Wenn ein Wissenschaftler sich ansieht, was wir „Nichts" nennen, findet er es voller Kraft und Energie. Mit anderen Worten, es ist voll mit dem Stoff, aus dem das Universum gemacht ist. Voller Licht. Die Natur kennt kein Vakuum. Ein altes taoistisches Gedicht erzählt uns über das Tao oder das, was Jung den „prima causa" nannte. Ich glaube, dass es ebenso Seele genannt werden kann, dieses Teilchen des Hologramms der Lebenskraft selbst.

„Formlos war es, doch in sich vollkommen
und existierte vor Himmel und Erde noch,
klanglos und ohne Substanz.
Gebunden an nichts,
unveränderlich, alles durchdringend.
Seinen wahren Namen kennen wir nicht;
Tao ist der Name, den wir ihm geben."

(Phyllida Anam-Áire, „There was something formless yet complete")

Heute, im 21. Jahrhundert, geben wir ihm den Namen „Bewusstsein". Es ist formlos, jedoch vollkommen und alles durchdringend. Diese Formlosigkeit, die schon vor der Schöpfung selbst existierte, ist so etwas wie elektrisch-magnetische Energie, die, obschon in sich selbst vollständig und von nichts anderem abhängig, mit diesem Anderen interagiert und es beeinflusst. Die Uralten wussten um diese Lebenskraft, sie gebrauchten nur eine andere Sprache, um sie zu beschreiben. Auch der Sufidichter Rumi sprach in einem seiner Gedichte von Bewusstsein:

„Da draußen, jenseits der Grenzen
von Vorlieben und Abneigungen,
da ist ein Feld.
Wir treffen uns dort."

Er sagt, wenn wir uns von Urteilen und Schuldvorwürfen lösen, sind wir in der Lage, uns im Feld des Bewusstseins zu begegnen, an dem Ort, wo das Selbst die Begegnung mit dem Selbst bewirkt. Als der großartige Wissenschaftler Vladimir Poponin 1992 eine durchsichtige Glasröhre nahm und etwas menschliche DNA hineingab, war er überrascht, was er herausfand. Seine Frage war gewesen, ob die DNA einen Einfluss auf die umgebenden Photonen hatte oder nicht. Um genau zu sein, fragte er sich, ob wir als Menschen unsere äußere Umgebung beeinflussen. Als er die DNA aus der Röhre entfernte, beobachtete er, dass die Photonen sich auf diese ausgerichtet hatten. Tatsächlich verlagerten sie sich in der Präsenz der DNA. Wurde sie entfernt, verhielten die Photonen sich, als wäre sie noch da! Wir können daran sehen, dass wir Menschen eine Wirkung haben auf unsere Welt. Das bedeutet, das elektrische Feld einer Substanz wird beeinflusst durch die elektrische Energie einer anderen, und hat diese Beziehung einmal begonnen, endet sie nicht. 1993 führte das Institute of Heartmath in den USA Experimente durch, die zeigten, dass es um das Herz herum ein Energiefeld gibt, das sich über Meilen erstreckt. Ändert das Herz seine Gefühle, ändert sich auch das Feld. Positive Gefühle wie Liebe und Mitgefühl oder Lachen dehnen das Feld aus, während sogenannte negative Gefühle wie Neid, Hass und Angst Einschränkungen verursachen. Positive Gefühle entspannen also die DNA, während negative sie zusammenziehen. Es ist offensichtlich, welche Emotionen gesünder sind. Uns der Wirkung auf unsere Umwelt bewusst zu sein ist eine Sache, doch wirklich zu glauben, dass wir unseren eigenen Körper durch unsere Gefühle beeinflussen, eine andere, ganz erstaunliche. Vor einiger Zeit sagte ein Mann zu mir: „In meinem Leben ist nichts, es ist einfach nur langweilig und fade." Das erinnerte mich an ein Gedicht von T.S. Eliot:

„Wo Gestern und Morgen sich sammeln,
kein Kommen da her und kein Gehen da hin,
wo weder Aufstieg noch Fall ist.
Wär dieser Punkt nicht, der ruhende Punkt,
da wäre kein Tanz.
Und es gibt nur den Tanz."

(T.S. Eliot, „Where past and future are gathered")

Ja, es gibt nur den Tanz, den alles erfüllenden, unermüdlichen Tanz. Wissenschaftler zeigen uns heutzutage auf, dass wir unser Leben durch die Gedanken erschaffen, die wir gewohnheitsmäßig denken. Die Gedanken werden zu Emotionen, die weitergehen zum Herzen – oder eben nicht – damit dieses ein Gefühl ausdrückt. Es geschieht also vom Herzen, dem weisen Herzen aus, dass wir mit-erschaffen. 1952 schrieb Neville Goddard in seinem Buch „Power Of Awareness“: *„Nicht, was wir mit unserem Verstand glauben, sondern was wir im Herzen fühlen, erschafft unsere Welt.“* Trotzdem braucht es den Gedanken, bevor das Gefühl im Herzen aufsteigen kann. Der liebe Mann beispielsweise, der seine Welt als langweilig und stumpfsinnig ansah, war der Schöpfer genau dieser Situation.

Wenngleich unsere Kulturen der Wissenschaft und Industrie jünger als 500 Jahre sind und unsere Zivilisation seit 5000 Jahren existiert, gibt es für uns von der Größe der Zivilisationen und Kulturen anderer Welten, die uns eigentlich hier und jetzt nahe sind, viel zu lernen. Wir wissen heute natürlich mehr über das Universum als unsere Vormütter und so entwickeln wir uns beständig weiter, fortwährend in und mit der Stille tanzend. Die große Göttin Brigit soll gesagt haben: „Nil muid criochnaich go foill“ – „Wir sind noch nicht fertig!“ Wir haben ein begrenztes Verständnis von der Komplexität dessen, was uns umgibt und wie wir immerzu Mitschöpfer sind. Wir werden zu Tänzern des großen Tanzes. Was ist dann das Andere, mit dem oder mit dessen Energie wir Menschen an der Erschaffung beteiligt sind, und welches Ergebnis erträumen wir uns? Und noch wichtiger ist die Frage, die auch der Poet sich stellt: „Was, wenn der Traum sich erfüllt?“

Einstein glaubte, wir seien nur Beobachter des Universums und nähmen keinen Einfluss darauf. Anders ausgedrückt: Wir sehen dem Tanz nur zu, ohne daran beteiligt zu sein. Dr. Wheeler, der bekannte Wissenschaftler von der Princeton Universität in den USA, glaubt eher das Gegenteil, nämlich dass wir Mitwirkende sind. Ich zitiere aus dem Buch von Malcolm Hollick, Ph.D „The Science of Oneness“: *„Sinn erfolgt aus einer tiefen Anteilnahme am kosmischen Prozess. Er findet sich in Aufgabe und Zweck des Ganzen. Der tiefste Sinn lässt sich demnach finden in unserer Kapazität,* *unseren Planeten und den Kosmos mitzugestalten.*" Das klingt ganz anders als Einsteins Auffassung vom Beobachter. Es gibt uns Bedeutung, eine Art Macht und damit Verantwortung. Wenn wir alle miteinander verflochten und verbunden sind, bewusst oder unbewusst, wie wäre es dann, das auf positive und heilsame Weise zu gestalten? Nehmen wir an, wir könnten uns dafür entscheiden, mit Freude zu tanzen und für Frieden einzutreten, anstatt die Wut- und Kriegstänze der alten Ära der Konfrontation und Übermacht aufzuführen. Erwäge die Möglichkeit, bewusst Mit-Schöpfer zu sein, wenn es darum geht, Krankheit zu heilen.

Seit Jahrhunderten besteht die alte Überzeugung, dass Krebs tötet, weil die Wissenschaft noch kein Heilmittel dafür gefunden hat. Wenn wir glauben, dass wir einander beeinflussen, dann sollten wir nicht fragen, warum die Wissenschaft und moderne Medizin Krebs nicht heilen kann, sondern warum wir ihn nicht selbst heilen können! Und die grundlegende Frage wäre: „Warum ‚bewohnen' Krebsgeschwüre Menschen?" Das ist ein ganzes Thema für sich. Mit unserem Festhalten an dem Glauben, Krebs könne nicht geheilt werden, beeinflussen wir das Resultat. Eine Überzeugung besitzt starke Energie, die aus Gedankenmustern, Emotionen und Gefühlen entstanden ist. Das englische Wort „believe" kommt von den Wörtern „by" und „live" (dt. „durch, nach" und „leben"), das heißt, ich lebe danach, ich bringe es in mein tägliches Leben. Um an etwas zu glauben, müssen wir zunächst einen Gedanken darüber haben. Dieser wird dann durch unsere fest installierten kulturellen, religiösen und gesellschaftlichen Glaubensfilter gesendet. Schnell bildet sich ein Urteil und Überzeugungen, die seit Jahrhunderten bestehen, verwerfen den neuen Gedanken mit Gespött und Zweifel. Als Nächstes verschließt sich das Herz schon für die Möglichkeit, mehr darüber zu erfahren, die Emotionen sagen „Auf keinen Fall!" und die Gefühle bleiben unbeteiligt. Sind die Gefühle nicht beteiligt, kann der neue Glaube nicht durchsickern. Die vom Herzen kommenden Gefühle haben die Macht, Veränderungen auszulösen oder sie zu blockieren. Eine Überzeugung, die den Prozess vom Gedanken bis zu den Gefühlen nicht durchlaufen hat, schafft keine Veränderung. Meine persönliche Überzeugung ist, dass wir nur heilen können, was wir wirklich fühlen.

Solange unsere Gedanken sagen, etwas kann nicht sein, unterstützen unsere Energien, unsere inneren lebenswichtigen Komponenten diese Gedanken und stimmen ihnen zu. Ein Gedanke setzt sich aus Teilchen elektrischer Energie zusammen, die zu einer Masse an Molekülen werden, wenn Muster des gleichen Gedankens auftreten. Der Gedanke „Es geht nicht" bekommt Unterstützung von allen anderen Gedanken und Überzeugungen, die sagen „Das kann nicht sein", „Das ist nicht richtig", „Das ist irrational" usw. – wenn die Mehrheit der Gedanken dem beistimmen, regiert diese Mehrheit.

Angenommen, es gibt da nur einen kleinen Gedanken, der sagt: „Vielleicht ist es möglich, aber jetzt noch nicht", dann geht dieser zwischen den anderen, führenden Gedanken, die das bestreiten, unter. Wenn er sich jedoch mit anderen Glaubenssätzen zusammenfindet, die sagen: „Weißt du, ich habe niemals gedacht, dass ich mich wieder verlieben könnte, und doch ist es passiert" oder „Ich hätte nicht gedacht, dass ich alleine leben könnte" u.Ä., dann öffnet das Herz sich wieder für neue Möglichkeiten. Wenn ähnliche Gedanken aus der Vergangenheit, die sich positiv eingeprägt haben, sich zu diesem neuen Gedanken gesellen, fallen sie hinunter in die Höhle der Emotion. Die Gefühle schalten sich ein und Möglichkeiten tauchen auf. Das Herz öffnet sich für den neuen Glauben und ein neuer energetischer Impuls wird geboren. Wenn ich beschlossen habe, dass ich nicht warten muss, bis die Wissenschaft ein Heilmittel gegen Krebs entwickelt hat, und dass Menschen die Heilung in sich tragen, wird dieser Glaube zu meiner Realität. Ich brauche nicht lange nachzudenken, was wohl geschähe, wenn genügend Menschen sagen würden „Es geht", wenn sie gegenüber denen überwiegen würden, die den Gedanken negieren, und wenn die kritische Masse erreicht wäre – ich weiß es!

Im Jahr 2005 lebte ich in Schottland. Eine Frau aus Deutschland, die seit einiger Zeit Lymphdrüsenkrebs hatte, kam mich besuchen. Ihre Tochter, die damals drei Jahre alt war, sagte zu ihr, dass sie nach Schottland ginge, um ihren Krebs loszuwerden! Ich dachte: „Aha! Kindermund tut Wahrheit kund!" Während ihres einwöchigen Besuchs hatten wir zusammen eine Sitzung. Ich folgte einer Eingebung, eine Kräutermischung vorzubereiten und sie zu bitten, diese einzunehmen. Ich erklärte ihr, dass ihr übel werden würde und dass sie ein Ritual vollziehen musste. Sie nahm die Kräuter und musste sich sofort in einen Eimer übergeben, den ich schon neben sie gestellt hatte. Ich bat sie, draußen mit den Händen ein Loch in die Erde zu machen und die „faulige Säure" hineinsickern zu lassen. Danach deckte sie wieder Erde darüber und sagte, ihr Krebs sei nun von der großen Erdmutter aufgenommen worden und sie sei geheilt. Sie glaubte von diesem Moment an, dass sie gesund war, und ich genauso. Eine Woche später bestätigte ihr der Arzt nach den Untersuchungen, dass der Krebs verschwunden war. Heute, sechs Jahre später, lebt sie weiterhin ohne Krebs.

Nun frage ich: „Bekräftigt das Universum oder das kollektive Bewusstsein tatsächlich die Entscheidungen, die wir in unserem Leben treffen, und wenn ja, warum hat uns das nie jemand gesagt?" Die Antwort ist: „Ja, das Universum befürwortet *alle* unsere Entscheidungen." Dieser „Stoff" des Bewusstseins war früher für die Wissenschaft kein brauchbares Studienobjekt, da sie immer nur an der Evolution der Form interessiert war. Das hat sich geändert. In der oben beschriebenen Geschichte glaubte die besagte Frau daran, dass sie geheilt werden würde. Auch ich hatte keinen Zweifel, dass die Heilung genau in diesem Moment geschah, nicht irgendwann in der Zukunft. Ich habe noch andere Geschichten wie diese erlebt. Wenn zwei oder mehr mit ihrem Glauben in Harmonie sind, dann ist dieser Glaube stark und kann Wirklichkeit werden. Ich weiß wahrhaftig, dass das Universum ein lebendiger Organismus ist, genauso wie meine Gedanken und Emotionen. Gedanken sind voller elektrischer Melodien von Lichtwesen im Raum zwischen den Räumen. Denken ist die Stufe, die vor der Form kommt. Die Melodien bewegen sich in einer bestimmten Geschwindigkeit im Körper und erzeugen dabei Klangwellen im gesamten physischen Wesen. Energie wird von einem Organ zum anderen übertragen, von einem System zum anderen, und alle stehen miteinander in wechselseitiger Beziehung. Wir wissen, wann die Melodie langsamer wird, wir spüren es, wenn der Rhythmus uns nicht wie gewohnt auflädt. Ich glaube, dass Krebs seinen eigenen rhythmischen Effekt auf das elektrische Feld im Körpersystem hat. Es ist möglich, sich in das Energiefeld einer Person einzufühlen, indem man sie ansieht, und wie intuitiv versteht man, wenn es da einen Rhythmus gibt, der sozusagen nicht im Gleichklang ist, wenn es eine Dissonanz gibt. Ich liebe es, in den physischen Körper zu schauen und die großartige Harmonie zu spüren, die wunderbaren orchestralen Harmonien und Melodien in einem gesunden Körper, das heißt einem Körper, dem es gut geht und in dem alle Systeme miteinander kooperieren, um die Selbstregulation zu erhalten. Wir alle sind mit allem verbundene Wesen, die Klangwellen und farbige Wellenmuster erzeugen, nicht nur in unserem biologischen System, sondern im ganzen Universum. Meeresgezeiten, Galaxien und der Weltraum selbst

enthalten in sich den Entwurf oder die Vorlage für die physische menschliche Geografie. Wenn wir zu 75 % aus Wasser bestehen, dann treiben wir einfach in einem Kosmos dahin, von dem wir uns wenig unterscheiden. Manchmal sehe ich uns Menschen als kleine dahintreibende Welten, so wie die Weltkugel, in einem zauberhaften Netz farbiger Musik.
In der keltischen Tradition glauben wir, dass unsere Gedanken Geschichten sind. Lichtwesen hören den Geschichten zu und lassen sie dann in ihrer Welt wahr werden. Gedanken sind also schon eigenständige Wesen, bevor sie später Realität werden.

Ich sehe es so:

Wir haben einen Gedanken: „Ich kann geheilt werden."
Wir gehen in die emotionale Resonanz, nicht in die Re-Aktion.
Sie wird zu einem freudvollen Gefühl.
Das wird zu einer Gewohnheit.
Es wird zur Überzeugung.
Es manifestiert sich als Realität.

Wenn das Gedankenmuster sagt: „Ich werde sterben, es gibt keine Besserung", dann wird das Universum, in seiner Wechselwirkung mit individuellen und molekularen energetischen Impulsen, von diesem Glaubenswesen angezogen und vereint sich mit ihm. Mit anderen Worten, die magnetische Anziehung der elektrischen Felder kommt in Harmonie. Alles strebt nach Harmonie, nach Einheit, nach Eins-Sein. Wir waren alle im Anfang verbunden und wir wachsen ständig in diese Verbundenheit hinein. In der Natur gibt es die Verschmelzung. Wenn das Ei ein Ei bleibt und sich nicht mit dem Spermium vereinigt, kann kein Leben daraus entstehen. Alle Energie fließt am Ende nach Hause. Es ist nicht die Schuld des Universums oder Gottes, dass wir sterben. Unsere eigenen energetischen Impulse senden die Botschaft an den höheren Kortex und aus der großartigen Intelligenz des Universums heraus erfolgt eine Antwort. Das Herz antwortet, indem es sich verlangsamt, die Nachricht wird in den Äther entlassen und unser Wille geschieht, auf der Erde wie im Himmel. Vereinigung geschieht, Seele und Geist werden eins.

Wenn es eine Sehnsucht nach Heilung gibt, wenn wir die Heilung willkommen heißen und das Herz sich nach ihr ausstreckt in dem Glauben „Ich kann geheilt werden", dann kommt der rechte Augenblick. Wenn die richtigen Frequenzen präsent sind, unterstützt das Universum diesen Glauben. Häufig schickt es jemanden als Katalysator für unsere Heilung, aber oft geschieht es auch von allein. Man kann also sagen: „Meine eigenen starken Gefühle und Überzeugungen haben das bewirkt." Alle Wirklichkeit liegt in uns und wartet darauf, geboren zu werden, sich selbst in das Hier und Jetzt zu bringen. Wir finden die Unterstützung einfach im Äther oder in den Energiefeldern, die uns umgeben, weil der Stoff, aus dem wir gemacht sind, derselbe ist wie der, aus dem das Universum besteht. Materie ist das Ergebnis kreativer Impulse in unserem Universum.

Wenn wir sterben, verlässt das Bewusstsein den Körper und dieser zerfällt, wird wieder zu Staub und eins mit den Mineralen der Erde. Es gibt also keine tote Materie! Das Bewusstsein, dessen ursprüngliches Zuhause keine Dichte hat, reist einfach zurück in das Ultra-Leichte, zieht wieder in die Formlosigkeit ein. Auch diese neue Welt außerhalb des Körpers wird durch die Überzeugungen des- oder derjenigen erschaffen, der oder die sie auf der Erde verkörperte: „Wie oben, so unten." „Das Leben ist nicht abhängig von Form. *Doch wir lieben es, in-formiert zu sein!" („Das keltische Totenbuch", Phyllida Anam-Áire, Ennsthaler Verlag 2005)*

Jede Form ist eine Manifestation von LIEBE auf der Erde, nicht die sentimentale, romantische Liebe, die auf Emotionen beruht, sondern die Liebe, die aus dem Stoff ist, aus dem auch unsere Gedanken gemacht sind, der Stoff, aus dem Heilung gemacht ist. Und dieser „Stoff" ist reines Bewusstsein.

„Es ist das, das niemals fort war
Es singt
den Zwischenraum
seines eignen Atems
der war und ist
und immer sein wird"

(Phyllida Anam-Aire, 1989, „It is That which never left")

3. Überzeugungen und Liebe

Gemäß deinem Glauben ...

Du bist dazu fähig, durch deine Absichten deine Leben zu heilen. Du bist imstande, all deine Leben in einem Atemzug zu heilen.

Wenn du daran glaubst, dass deine Gedanken in diesem Moment lichter werden, ist alles möglich. Du hast zu lange geglaubt, dieses Leben und die vorigen seien von einer unbekannten Kraft gelenkt worden, ob du sie Gott oder Universum, Höhere Macht oder Buddha nennst. Dies war ein falscher Glaube und du warst auf ihn konditioniert. Das Universum unterstützte all deine Absichten und sie wurden zu Überzeugungen. Meine Tochter Anthea sprach weise, als sie vor Kurzem zu mir sagte: „Wir werden alle verhältnismäßig frei geboren, doch dann versklaven wir uns selbst mit jeder unbewussten Überzeugung."

Du glaubtest, wenn du „gut" bist, würden alle deine Bedürfnisse erfüllt werden und du wärest glücklich, also warst du so gut, wie es ging. Und doch war da Schmerz und Hilflosigkeit. Du warst nicht fähig, allein dein Leben zu heilen; du dachtest, du hättest nicht die Macht dazu. Diese Macht ist auf der Erdenebene stärker denn je, sie ist die überwältigende Kraft auf anderen Planeten und genau dieselbe Macht ist in dir und in mir.

Es ist die Macht der Manifestation, welche von Wesen, die keinen Ego-Geist haben, ganz natürlich angerufen werden kann. Mit dieser Macht können wir hier und jetzt entscheiden, alle Dysfunktion aus der Vergangenheit in einem Atemzug zu heilen, aber wir sind so programmiert, dass wir glauben, es brauche eine lange Zeit. Unsere Heilung wird in Übereinstimmung mit unseren Überzeugungen kommen. Das Universum hört und unterstützt unsere Intention. Es gibt uns genau, was wir selbst in unsere Welt hineinprojizieren. Wir sind die Macht hinter unserer Wirklichkeit. Wir sind die Macht hinter unseren Visionen. Wir sind die Macht, welche Liebe und Freude, Harmonie und Glückseligkeit erschafft. Wir sind auch die Macht, die das Gegenteil erschafft! Wenn wir diesen Glauben wahrhaftig lebten, würden wir in Freude leben; wir würden fühlen, wie der Strom göttlicher Gnade in unserem gesamten Körper-Geist fließt.

Wie verändere ich denn meine Programmierung?
Wie lege ich ein neues Programm ein?
Wie kann es mir denn gelingen, nach den neuen Vorstellungen zu leben und nicht in die alten zurückzufallen?

Es ist nicht schwierig. Es kommt auf unsere eigene innere Sehnsucht nach Freiheit und seelenvollem Leben an. Was uns zurückhält, unser Leben zu lieben, ist genau das, was uns davon abhält, völlig zu heilen. Hör deinem inneren Richter zu, der den Zustand deines Geistes diktiert. Er sagt:

Du hast keine Macht.
Du bist noch nicht gut genug.
Du hast nicht das Recht, zu glauben, du könntest irgendetwas tun.
Du bist noch nicht geheilt genug für das Licht der reinen Liebe!

Es ist Gottes Wille, dass wir hier leiden,
und im Himmel werden wir belohnt.

Ist das dein Programm? Oder so ähnlich?

Dann, Liebes,
setz dich still hin.
Schließe deine Augen.
Atme langsam ein und aus.
Lass dich nicht ablenken von der Welt um dich herum.
Konzentriere dich auf deinen Atem.

Stell dir nun vor, so klar und deutlich es geht,
dass von der Fontanelle oben auf deinem Kopf aus ein goldenes Licht herunterströmt.
Es strömt hinunter in deine Augen, es erhellt deine innere Sicht und gibt dir eine innere Vision.
Es strömt in deinen Hals, es verleiht dir eine kreative Sprache und löst die erlernte Sprache der Angst und des Selbsthasses auf.
Es strömt in deine Lungen und erlaubt dir, das Licht hereinzunehmen und es in dein ganzes Wesen hineinzuatmen.
Es strömt in deine inneren Organe und reinigt sie von inneren Konflikten und Angst.
Jetzt strömt es in deine Nieren und hinterlässt dich gewaschen und gereinigt von den läuternden Wassern der Gnade und Freude.
Es strömt in deine Beine und Füße und stärkt dich für die Reise, die vor dir liegt; die Reise, auf die du dich nun begibst.

Es ist jetzt Zeit, zu akzeptieren, was du immer gewesen bist –
ein göttlicher Funke aus der Flamme der Wahrheit.
Es ist Zeit, jetzt zu akzeptieren, dass die Vergangenheit vergangen ist.

Sie hat keine Macht mehr über dich.
Sie ist aufgenommen in der Liebe.
Sorge dich nicht um die Zukunft.
Es gibt nur diesen göttlich inspirierten Augenblick,
nur diesen inspirierten Atemzug,
dieses inspirierte „Jetzt".

Wo wird jetzt in deinem Körper-Geist Heilung benötigt?
Atme mit dem Atem der Liebe und des Mitgefühls dorthin.
Sieh, wie dieser Teil deines Körpers in der Liebe lebendig wird.
Sieh, wie er vor Gesundheit und Leben sprüht.
Sieh ihn und fühle, wie er in einen Zustand der Heilung und der Freude kommt.
Fühle die Freude in deinen Knochen.
Lass das goldene Licht weiter in dich strömen, bis es deinen gesamten Körper-Geist erfüllt.
Deine Gedanken sind nun mit goldenen Gedanken der Heilung erfüllt.
Du bist nun geheilt durch die Kraft der Liebe.
Durch die Kraft der Freude.
Durch die Kraft deines eigenen Glaubens.
Du bist nun geheilt.
Fühle es und sieh dich selbst voller Freude, wie du ein neues Lied singst und einen neuen Tanz tanzt.

Bleib bei der Heilung.
Bleib bei der Freude, fühle den Glauben durch dich strömen und sei dir sicher, dass die Heilung geschehen ist.
Öffne nun deine Augen und schau in eine ganz neue Welt.
Trink den ganzen Tag über immer wieder Wasser.
Mach diese Übung mindestens zweimal am Tag und spüre die Heilung.

Es passiert leicht, wieder zu dem Gedanken zurückzukehren: „Das ist verrückt. Ich bin überhaupt nicht geheilt." Hab KEINEN ZWEIFEL, dass Heilung für immer in deinem Leben geschieht und akzeptiere diese Wahrheit als gewiss.

Mögen alle Wesen jetzt in Freude sein.

Heilen heißt lieben

Wenn ich von Heilung spreche, meine ich emotionale Heilung, und das schließt die psychologisch-emotionale Heilung der Persönlichkeit mit ein. Dies mag für einen Menschen, der Krebs oder eine „lebensbedrohliche" Krankheit hat, nicht nach Heilung klingen. Man könnte sagen: „Wenn ich emotional geheilt bin, ist das ja fein, aber ich bin trotzdem noch krank." Der Körper mag die Krankheit noch halten, doch wenn wir emotional geheilt sind, können wir die wirkliche Situation der Krankheit klarer sehen und daran gehen, gesund zu werden. Wir sehen den eigentlichen Ursprung der Krankheit. Ist unsere Psyche in einem Zustand der Freiheit, müssen wir nicht länger auf äußere Reize re-agieren, sondern gehen in unseren wechselseitigen Beziehungen mit Menschen und der Umwelt in Ver-Antwortung. Sind wir in der glücklichen Lage, alle Erfahrungen durch die Augen des universellen Bewusstseins, die Augen der Liebe zu sehen, dann wissen wir, wie viel Heilung das dem ganzen Wesen bringt.
Der liebe Körper ist der Empfänger all unserer emotionalen Tumulte und versucht auf seine eigene Weise zu heilen. Doch er versagt darin, denn er kann die nötigen Fragen nicht stellen. Er ist der stille Träger des Schmerzes in der physischen Form und

fühlt sich oft hilflos. Tatsächlich wird die Krankheit manchmal zur Gewohnheit und der Körper gewöhnt sich so daran, Opfer zu sein, dass er die Krankheit nicht loslassen kann. Stell dir, wenn du das einmal versuchen möchtest, für einen Augenblick vor, dass du dein Leben nur aus dem Seelenbewusstsein heraus lebst, mit gerade so viel Ego oder Erden-Geist, wie du brauchst, um als Mensch auf der Erde zu bleiben, geerdet zu sein. Stell dir vor, wie behutsam du über die Erde gehen würdest, ohne dich selbst oder andere zu verurteilen. Stell dir vor, du seist dir gewiss, dass in deinem Inneren alles gut ist, egal, was im Außen geschieht. Stell dir vor, wie dein Leben aussähe, würdest du dich selbst und jede einzelne Situation durch das Herz der Liebe und des Mitgefühls betrachten, ganz gleich, wie die Umstände sind. Stell dir vor, du wärest bei sogenannten Katastrophen nicht untröstlich, sondern könntest sofort die Wirklichkeit sehen, durch die Augen der Seele. Stell dir vor, du könntest alles, was geschieht, aus der Perspektive des Gleichgewichts und der Harmonie sehen und erkennen, dass es keine Unfälle und Zufälle gibt, dass alles nach Ausgeglichenheit strebt. Stell dir vor, welche Schwierigkeiten dir auch immer begegneten, du sähest sofort den göttlichen Plan in allem. Stell dir vor, du wärest emotional so geheilt, dass deine spirituelle Dimension sich völlig geöffnet hätte und du die Vollkommenheit der Dinge sehen könntest. Stell dir vor, es gäbe in deiner Psyche keine Angst, weder vergangene noch gegenwärtige noch zukünftige. Stell dir ein Leben ohne Angst vor. Stell dir vor, frei zu sein von Wut, Schuld und Neid. Stell dir vor, in Frieden zu leben mit allen Wesen. Stell dir vor, dich selbst als ein göttliches Wesen zu betrachten, das aller Liebe wert ist.

Das ist nicht leicht fassbar, doch es kann unsere Erfahrung als menschliche, göttliche Wesen sein. Irgendwie denken wir bei Heilung sofort an das Genesen von einer Krankheit und doch sieht die Seele es anders. Wenn wir mehr aus unserer Seele heraus leben, das heißt, aus einem inneren Ort der Freiheit von Angst, ohne Leiden, leben wir mehr kongruent mit uns selbst und allen Wesen. Noch sind wir davon weit entfernt, doch wir haben uns in den letzten Jahren in diese Richtung bewegt. Jeder Mensch macht die Reise auf seine Art; jede(r) in der Kapazität, die dieses Mal für das Lernen ihrer Seele richtig ist. Manche Menschen müssen weniger über bedingungslose Liebe lernen, manche mehr – und das ist in Ordnung, gar kein Urteil. Wir sind alle auf unterschiedlichen Stufen im Wachstum unserer Seele und so müssen wir verschiedene Wege gehen; so ist es mit dem Geist. Wenn wir ein Stadium innerer Bewusstheit erreichen und mehr in das Bewusstsein ausgedehnter Liebe hineingewachsen sind, werden wir ihre Wirkung in unserem Wesen wahrnehmen. Wir werden die Heilung spüren, die sie bringt.

Das bedeutet nicht, dass wir auf diejenigen re-agieren, die ihre Lektionen nicht in derselben Schule lernen wie wir. Sie haben andere Übungen als wir, andere Lehrer, mit vielen verschiedenen Lehrmethoden, jeder von ihnen nach seinen Fähigkeiten, um seinen Schülern zu helfen. Unsere Lehrer sind von der Seele für uns ausgesucht, wir brauchen uns also keine Sorgen darüber machen, dass wir vielleicht nicht genug lernen! Und auch nicht darum, dass der Lehrer nicht zur Unterrichtsstunde erscheinen könnte!

Wir brauchen für unsere Seelenreise viel Mitgefühl. Mitgefühl ist nicht Bedauern oder Mitleid. Mitgefühl schaut durch die Augen der Wahrheit auf dein Selbst, ohne jegliches Urteil. Du bist ein göttliches Wesen, das zu seiner Göttlichkeit wird. Vielleicht hast du das begriffen, vielleicht nicht. Das ist nicht wichtig. Zu gegebener Zeit wirst du sagen: „Ah, jetzt weiß ich es, ich bin ein göttliches Wesen." Und du wirst es wissen, weil du es in deinem Wesen erfahren hast. Jetzt sagst du vielleicht: „Das schaffe ich nie!"

Ein göttliches Wesen zu sein ist kein Ziel, das wir erreichen können. Es ist die Realität dessen, was du bist, aber du hast es noch nicht geerdet. Es ist nichts, was du erreichen musst; es ist etwas, das schon Teil ist von dem, was du bist. Du musst da erst hineinwachsen wie in ein neues Paar Schuhe. Stell dir vor, die Schuhe sind im Moment zu groß und du musst noch etwas warten, bis sie dir passen. Doch sie sind da und warten auf dich, bis die rechte Zeit gekommen ist und du sie tragen kannst. Niemand anderer kann sie anziehen; sie sind nur für dich gemacht. Dein Name ist auf die Sohle (die Seele) (engl. „sole" für Sohle im Wortspiel mit „soul" für Seele) geschrieben!
Ungeduld mit dir selber bringt dich auf deiner Reise nicht schneller voran. Sie bremst dich eher, mit jedem Urteil über dich selbst, mit jeder Kritik. Das Geschenk der Selbst-Liebe und der Selbst-Ehrung ist ein großer Schritt auf der Reise in die Selbst-Heilung. Das nächste Mal, wenn du anfängst, zu re-agieren oder etwas oder jemanden als gut oder schlecht, richtig oder falsch zu beurteilen – beobachte einfach deine Gefühle in dir, beobachte, wie dein Befinden sich verändert von Wohlempfinden zu Unbehagen. Urteile – ob sie dir selbst oder anderen gelten – führen immer zu Unwohlsein, denn unseren Energiekörpern geht es nicht gut, wenn es da Energien gibt, die in Widerstreit sind. Sie sind dafür nicht gemacht. Alles, was uns aus unserem Zentrum bringt, verursacht Missbehagen in unserer Psyche und unserem Energiefeld. Wenn du eine Situation erlebst, in der du dich ärgerst, und du strengst dich an, sie zu verändern, dann entscheidest du dich in diesem Moment, deine Energie in die Anstrengung, ins Kämpfen zu investieren, anstatt die Situation anzunehmen. Immer wenn jemand etwas tut, worüber du dich ärgerst, und du versuchst, die Person zu ändern, indem du über sie urteilst, verlässt deine Energie deinen Körper. Sie zerstreut sich, während du dich bemühst, den

anderen in jemanden zu verwandeln, wie du ihn haben möchtest. Versuche stattdessen, diesen Menschen auch als leidend zu sehen wie dich. Kannst du dir vorstellen, dass du die innere Weisheit besitzt, zu allem und in allen Situationen „Ah!" zu sagen, beinahe mit einem Lächeln oder Lachen?

„Ah, der Tod!" „Ah, jemand stirbt in diesem Moment!" „Ah, jemand wird in diesem Moment getötet!" „Ah, jemand wird in diesem Augenblick geboren!" Ram Dass, der berühmte westliche buddhistische Lehrer pflegte zu sagen*: „Ah, Leben. Ah, Tod. Ach so."* Das bedeutet nicht, dass du deinen Sinn für Mitgefühl verlierst. Natürlich bist du mitfühlend, doch du leidest nicht dabei. Dieses Mitgefühl verletzt dich nicht, es nimmt dir keine Energie. Was geschieht, wenn du um jemanden besorgt bist, ist, dass du leidest, weil du voller Bedauern bist – und das ist kein Mitgefühl. Du fühlst auf der Ebene des unreifen Herzens, das anhaften will. Mit der Zeit wird dein Herz in das universelle bedingungslose Herz des Universums hineinwachsen, das Herz, das durch Selbst-Mitgefühl und Empathie geheiligt wird.

Kannst du dir einen Zustand in dir selbst vorstellen, wo dein Mitleid sich zu universeller, nicht-persönlicher Liebe wandelt? Du wirst erkennen, dass du schlicht Mitgefühl BIST. Du hast es nicht. Du fühlst es nicht. Wenn du Mitgefühl BIST, ist es keine Bürde. Auf der Gefühlsebene der Erfahrungen hast du keine unangenehmen Belastungen. Es ist einfach ein Teil von dir, Teil deines Atmens. Dieser einströmende Atem – Ah! Mitgefühl, das ausströmt – Ah! Mitgefühl! Es bringt dich nicht aus deiner Mitte – du bist einfach nur Mitgefühl.

Re-aktionen werden zu Gewohnheiten in Wechselseitigkeit, besonders wenn es sich um sogenannte redliche Gefühle handelt. Zum Beispiel re-agieren wir auf die Nachrichten über Tötungen in Libyen mit tiefer Traurigkeit und durch den Schmerz sind wir überreizt oder re-agieren mit Ärger auf jemanden, der nicht das getan hat, was wir von ihm erwarteten. Wenn dem Kind, das du warst, sein instinktiver, natürlicher Ausdruck nicht erlaubt war, werden später deine Re-aktions-Knöpfe gedrückt. Stell dir vor, nachdem du die Nachrichten über die Toten in Libyen gehört hast, würdest du antworten mit: „Ich fühle mich so traurig darüber, dass so viele Menschen ermordet werden" und würdest der Traurigkeit erlauben, durch dich hindurchzufließen. Oder: „Ich fühle eine rasende Wut auf meinen Mann." Und dann würdest du diesem Gefühl erlauben, durch dich zu fließen. Du kannst später entscheiden, etwas mit dem Zorn, der in dir lebt, zu tun und ihn zu kanalisieren, indem du in deinem Umfeld etwas veränderst, das dir oder anderen nicht mehr dient. Das ist natürliche Wut, nicht die tobende, die jemanden verletzen will. Sie sagt einfach: „Das ist nicht in Ordnung." Wenn wir alle Emotionen als Energiefelder sehen können, die durch uns fließen, werden wir erkennen, dass wir sie nicht als akzeptabel oder inakzeptabel einordnen müssen. Wir nehmen einfach zur Kenntnis, dass wir Emotionen haben, und laden sie in unser Herz ein, um gefühlt zu werden. Angst sucht immer nach Liebe und Liebe sucht immer nach Ausdruck.

Es ist erstaunlich, welche subtilen Wege die Persönlichkeit benutzt, um zu urteilen. Je mehr Vorlieben du hast, desto mehr Urteile hast du. Manchmal haben sogenannte spirituelle Menschen starke Vorlieben, wie z. B. „Ich brauche den richtigen Raum für meine Meditation", „Es muss alles in Weiß sein, sonst kann ich meine Übung nicht machen", „Ich mag die Energie an diesem Ort nicht, hier kann ich nicht unterrichten" u.Ä. Wir wissen, dass wir geheilt sind, wenn wir uns nicht von der Umgebung abhängig machen. Wir können überall unterrichten und überall meditieren. Sind wir damit verhaftet, das perfekte Umfeld haben zu müssen, verlieren wir das Gespür dafür, dass alles heilig ist, das wir heilig nennen.

Denn die Heiligkeit liegt in der Seele des Betrachters. Wir wissen, dass wir geheilt sind, wenn wir uns überall zuhause fühlen, weil unser Zentrum im Frieden ist.
Die menschliche Natur ist eine solch komplexe Landschaft. Sie gerät sehr in Unruhe über den Zustand des Nicht-Bewusst-Seins. Sei dir einfach der Tatsache bewusst, dass du noch nicht voll bewusst bist! Leide nicht deswegen. Sag einfach: „Ah! Das ist interessant! Ich war mit dem und dem nicht bewusst." Du siehst, ohne Leiden. Wenn du aber sagst: „Oh, ich bin noch nicht bewusst genug, ich bin nicht gut genug, ich sollte spiritueller sein", dann leidest du. Du hast eine Anhaftung an dein Nicht-Bewusst-Sein. Während du weitergehst auf deiner Reise zu dir selbst, kannst du damit beginnen, immer mehr wegzugehen von Vorlieben und Abneigungen und stattdessen hin zu tiefer Dankbarkeit dir selbst gegenüber für alles, was du zu lernen bereit bist. Wenn du dankbar bist, wächst das Herz in dir und weitet sich in alle Richtungen, die Seele in dir und um dich dehnt sich aus, tiefer in die Welt hinein. Und diese Dankbarkeit öffnet auch die Herzen anderer. Mache es also zu einer spirituellen Übung und sage: Ich danke dir. Ich bin dankbar. Dein Herz kann nicht dankbar sein und gleichzeitig verschlossen bleiben. Das klingt einfach, doch dies sind schwierige spirituelle Übungen. Es ist einfach, zu sitzen und zu meditieren, aber wenn deine Meditation dich nicht tiefer in die Welt der Form hineinführt und bewirkt, dass du deine Hand ausstreckst, um einem anderen zu helfen, dann funktioniert dein Übungsweg nicht.

Einige Ergebnisse deiner spirituellen Praxis könnten sein:

Du bist geduldig mit dir und anderen.
Du urteilst weniger.
Du gehst eher in Ver-Antwortung als in Re-Aktion.

Du ermutigst andere, die Göttlichkeit zu leben, die sie sind.
Du hast Mitgefühl für alle Wesen.
Du erschaffst eine Welt der Dankbarkeit um dich herum.
Du hast weniger Vorlieben.

Ich glaube, dass das Kultivieren von Dankbarkeit eine wundervolle spirituelle Übung ist, denn alles IST ein Geschenk. Lass dein Herz dankbar sein. Sieh alles, was du bist, dein Ego eingeschlossen, durch die Augen deines Herzens. Dann wirst du deine eigene Unschuld erkennen. Öffne dein Herz weit für dich selbst und alle Wesen, auf dass jene, die in einen Körper kommen, von deiner Weisheit bereichert, und jene, die die Erde verlassen, durch deine Liebe beschenkt werden mögen.
Mögest du große Freude daran haben, wie du dein Leben geheilt hast, wenn du in dieses „Neue Halleluja" eintrittst.
Mögest du das Jubellied deiner Heilung singen, hier und jetzt.

Die Liebe fokussieren – eine Meditation für das Herz

Ich empfehle, dass eine andere Person dir die folgenden Worte langsam, liebevoll und mit Mitgefühl vorliest.
Wer auch immer diese Worte liest, wird ebenso gesegnet sein.
Wenn du deine Aufmerksamkeit auf etwas oder jemanden richtest, geschehen Veränderungen mit der Energie zwischen dem, was fokussiert wird, und der Person, die fokussiert. Ein klarer Energiestrom beeinflusst das Quantenfeld und daraufhin finden Veränderungen auf den subatomaren Ebenen statt. Denk daran, Liebes, dein natürlicher Zustand ist Liebe, dein natürlicher Zu-

stand ist Freude. Du wirst diese kleine Meditation mehr und mehr brauchen, wenn deine äußere Welt anstrengender für dich wird.

Die Meditation beginnt:
Ich lade dich ein, dich bequem hinzusetzen und wir beginnen zu fokussieren.

Richte deine Aufmerksamkeit jetzt auf dein physisches Herz.
Atme dein Herz in deine Vorstellung hinein – sieh es.
Sieh seine physische Form und Farbe, diese tiefe, dunkle, erd-rote, violette Farbe deines Herzens.
Fühle es pulsieren in deiner Brust, pulsieren in deinem ganzen Körper-Geist.
Danke deinem Herzen dafür, dass es Tag und Nacht, Nacht und Tag mit dir ist.
Stell dir jetzt vor, wie reine Liebe in dein Herz fließt.
Sie fließt wie ein Springbrunnen von klarstem Kristall.
Fokussiere nun diese Liebe; fokussiere sie in das Zentrum deines Herzens.
Fühle, wie dein Herz sich weitet und wächst, um sie aufzunehmen. Lass die Liebe ein.
Nun fühle, wie jeder Atemzug mit mehr und mehr Liebe in dein Herz strömt.

Diese Liebe wird zu Mitgefühl für dein Herz.
Diese Liebe wird zu Freude in deinem Herzen.
Diese Liebe wird zu Kameradschaft mit deinem Herzen.
Diese Liebe ist ein Segen für dein Herz – jetzt.
Diese Liebe wird zu Wertschätzung für die Arbeit, die dein Herz in jedem Moment tut, in jeder Sekunde, jeden Tag – es schlägt für dich.
Diese Wertschätzung wird zu Gnade.

Diese Wertschätzung wird zum Herzschlag der Schöpfung.
Diese Wertschätzung wird zu einer Ehrung für dich.
Diese Wertschätzung wird zu einem Lied.
Sie wird zu einem Echo der Liebe.
Diese Wertschätzung umfängt dich jetzt ganz.
Diese Wertschätzung feiert dich jetzt.
Dein Herz feiert dich und reine Liebe richtet sich auf die Zellen in deinem gesamten Körper-Geist-System.

Diese Liebe bringt Heilung.
Diese Liebe ist pure Freude.
Dein Herz ist eins mit dem Göttlichen.
Dein Herz ist eins mit dem heiligen Herzen.
Die Liebe hat dieses Herz in dir abgebildet.
Es ist das Bild Gottes.
Fokussiere es jetzt.

Es ist allumfassendes Licht.
Es ist allumfassende Freude.
Es ist allumfassende Liebe.
Diese Liebe ist es, was du bist.
Du bist nicht getrennt von dieser Liebe.
Alle Welten der Schöpfung singen deinem Herzen jetzt ein Liebeslied.

Ein Herzschlag. Ein Wesen.
Ein Licht. Eine Liebe.
Fühle jetzt Freude in all deinem Sein.
Fühle sie in dir und durch dich fließen.
Fühle, wie sie die traurigen Stellen in dir heilt.
Fühle, wie sie die vernachlässigten Stellen nährt.
Fühle, wie sie die wütenden Stellen in dir heilt.

Fühle, wie sie die Stellen des „Ich bin nicht gut genug" heilt.
Fühle, wie die Stellen der Angst und des Zweifels heilen.

Lass die Freude ein – jetzt.
Lass die Freude dich heilen – jetzt.
Lass die Freude das sein, was du bist.
Jetzt ... Jetzt ... Jetzt ...
Konzentriere dich auf das Jetzt.
Konzentriere dich auf den Atemzug in diesem Moment.
Hier in diesem gesegneten Jetzt.

Lass ihn fließen.
Lass ihn von dir aus in die ganze Erde hineinströmen.
Lass ihn eine neue Schwingung hineinbringen – jetzt.
Das ist die Macht, die du bist.
Das ist die Macht der Liebe.
Die Erde singt sie jetzt zu dir zurück.
Diese Macht der fokussierten Liebe,
in diesem Moment.

Alle Zellen deines Körper-Geistes haben diese Energie der Liebe empfangen.
Du hast dein Herz geöffnet, um sie zu empfangen.
Du bist machtvoll.
Liebe ist deine Macht.
Liebe ist die Macht, die dich jetzt heilt.
Je mehr du dich öffnen und empfangen kannst, desto mehr empfängst du.
Sie fließt in dir und durch dich.
Konzentriere dich auf die Liebe, die dich jetzt heilt.

Jetzt kannst du heilen.
Jetzt bist du geheilt.
Du bist zur Liebe geworden.
Atme nun ganz, ganz sacht und ganz, ganz langsam und tief in deinen Körper-Geist.

Und lass den Atem langsam wieder ausströmen.
Ja, genau – ein Atemzug reiner Liebe!
Ohne deinen Körper zu bewegen, öffne nun sanft deine Augen.
Je mehr du dich auf Liebe konzentrierst, desto mehr wirst du fähig sein, durch die Augen der Liebe zu sehen.

Mögen wir alle lernen,
Liebe zu sein,
Liebe zu sehen.
Liebe zu leben,
damit wir Liebe geben.

Mach diese Meditation jeden Tag. Sie dauert nicht lange und die Schwingungen, die du erschaffst, werden deinem ganzen Wesen gut tun – weil du Liebe bist.

Beziehungen und Liebe

Wenn wir über die Liebe in Beziehung zur Welt sprechen, d.h. die Liebe zu anderen Menschen, zu Kindern, Tieren, einem anderen besonderen Wesen, müssen wir wirklich genau darauf schauen, was eigentlich Liebe ist. Natürlich entstammt deine Definition von Liebe deinem persönlichen Hintergrund, deiner Kindheit,

Erziehung und eigenen Erfahrung von Liebe in deinem Leben. Damit meine ich, dass unsere Erfahrung menschlicher Liebe subjektiv ist. Liebe ist die individuelle Erfahrung einer Person und ihrer Verbindung und Verbundenheit mit der Welt, die sie umgibt. Wie du selbst geliebt wurdest, als du klein warst, hat in der Tat einen Einfluss darauf, wie du liebst. Wenn du mit Bedingungen geliebt wurdest, z. B. dass du gut oder intelligent sein oder so werden musstest, wie deine Eltern dich haben wollten, dann ist dies als Definition von Liebe in deinem Denken gespeichert. Deine Prägung ist dann: Um geliebt zu werden, muss ich eine bestimmte Art von Person sein. Das ist konditionierte Liebe, Liebe aufgrund von Bedingungen.

Es ist erstaunlich einfach für uns, Kinder zu bekommen. Wir brauchen eine Genehmigung, um heiraten zu können, aber nicht um Kinder zu haben. Es gibt kein Gesetz, das besagt, du musst erst eine Lehrzeit durchlaufen und eine Prüfung bestehen, um zu sehen, ob du tatsächlich psychologisch reif bist, Mutter oder Vater zu sein. So etwas könnte bewusste Empfängnis genannt werden. Stattdessen geschieht es oft, dass ein Paar beschließt, es sei Zeit, ein Baby zu bekommen, und dabei hofft, seine ins Schwimmen geratene Ehe zu retten. Unbewusst soll dann ein Kind davon ablenken, sich die Gründe für die Dysfunktionalität in ihrer Partnerschaft anzusehen. Schon die Wahl des Partners, der Partnerin beruhte vielleicht auf der Annahme, der/die andere sei gütig, liebevoll oder tüchtig und daher liebenswert. Es gibt da viele Erwartungen … *„Ich erwarte, dass mein Partner mir seine Liebe beweist, indem er sich auf bestimmte Weise verhält. Er darf diesen Pfad niemals verlassen, denn Liebe ist für immer und ewig. Amen.“* Einige typische Bedingungen sehen so aus: *„… Wenn du mich liebst, tust du das nicht!“ … „Wenn du mich liebst, machst du es, wie ich es will!“ ….„Wenn du mich so sehr liebtest, wie du sagst, würdest du* *das bestimmt nicht tun!*" ... Wenn die Eltern einander nicht bedingungslos lieben, wie sollen sie dann ihren Kindern etwas über bedingungslose Liebe beibringen? Dieses ganze Thema Liebe ist sehr tief gehend. Wenn wir davon sprechen, jemanden zu lieben, sagen wir eigentlich, dass wir unsere Energie in diese Person investieren. Wenn diese Person sich gemäß deinen Maßstäben von Liebe verhält, bist du zufrieden mit deiner guten Investition. Tut sie es nicht, bist du unglücklich, weil du eine Menge Energie für jemanden eingesetzt hast, ohne etwas zurückzubekommen. All deine Energie für nichts! Kommt es zu einer Trennung, ist das, was du vermisst, eigentlich die Energie, die du in deine Partnerin, deinen Partner investiert hast. Du vermisst deine eigene Liebe! Nach einer Trennung sagen wir oft: „Warum hast du mich verlassen? Ich brauche dich. Komm zurück zu mir." In Wirklichkeit meinen wir damit: „Ich brauche die Energie zurück, die ich für dich eingesetzt habe. Ich habe sie dir gegeben, aber sie ist Teil von mir. Ich fühle mich nicht mehr ganz. Es ist, als wäre ich nur ein halber Mensch, und du bist mit der anderen Hälfte fortgegangen. Komm zurück und bring mir diesen verlorenen Teil wieder."

Mir ist auch aufgefallen, wie die Liebe zwischen Menschen, die schon eine Weile zusammen sind, einfach zur Gewohnheit werden kann. Der folgende Dialog drückt aus, was ich meine: „Ich wache morgens auf. Da bist du. Ich mag dich vielleicht nicht, aber du bist da. Ich habe 12, 13 Jahre in dich investiert und dieser Teil von mir, den ich auf dich ausgerichtet habe, würde mir fehlen." Ein Mann sagte zu mir vor einiger Zeit: „Ich würde sie vermissen, wenn sie ginge, denn wir sind seit 26 Jahren zusammen. Sie ist wie mein alter Sessel, ich erwarte einfach, dass sie da ist." Wann wird Liebe zur bloßen Gewohnheit?

Viele Beziehungen verschlechtern sich, wenn die Partner sich nicht mehr gegenseitig als Individuum ehren, sondern einander

als Teil von sich selbst betrachten. Manche unserer Lieder klingen sehr romantisch: „Du bist ein Teil von mir, wenn du fortgehst, nimmst du mein Herz mit dir." Da läuft also jemand mit zwei Herzen herum und du hast keines mehr? Das ist Unsinn! Romantik allein macht keine Liebe. Sie kann jedoch ein wundervoller Teil des Zustands sein, den wir Verliebtsein nennen, wenn wir „in Liebe gefallen" sind (engl. „fall in love", sich verlieben), der oder die Geliebte alles für uns bedeutet und wir ihn oder sie immerzu mit Liebe überschütten möchten.
Romantische Liebe hilft auch, schwere Zeiten leichter zu ertragen, weil die Liebe selbst nicht leicht ist. Im Moment ist es für viele Paare ein schwieriger Pfad, sich für den Rest ihres Lebens aneinander zu binden. Die Leidenschaft und Zärtlichkeit, die sie füreinander zeigen, hilft ihren Kindern auf deren eigenem Weg in die Selbstliebe. Wenn also Menschen zusammenkommen, die bewusstseinserfüllte Vorstellungen vom Eltern-Sein haben und die an ihren eigenen dysfunktionalen Mustern aus der Kindheit gearbeitet haben, welche den Erfahrungen von bedingter Liebe entstammten, dann sind sie bereit, ihre Liebe einem Kind zu geben, einem Kind gute Energie zu geben, und das ist wunderbar. Solche Paare helfen der Evolution des Bewusstseins auf der Erde und ihre Kinder werden sich geliebt fühlen. Diese Kinder werden später keine Drogen nehmen oder sich selbst missbrauchen müssen, weil sie Selbstwertgefühl besitzen. Bewusste Elternschaft sorgt für eine Welt, in der wir uns sicher fühlen können. Junge Menschen werden nicht suchtkrank, wenn sie mit bedingungsloser Liebe und guter Disziplin aufgewachsen sind. Diese Kombination ist sehr wichtig. Die Liebe, die Kinder in der Beziehung ihrer Eltern gespiegelt sehen, werden sie später nachahmen.
Die Liebe zu Gott ist eine andere Sache. Ist sie das? Zunächst müssen wir uns ansehen, was Liebe ist. Was ist deine Definition

von Liebe und was meinst du mit Gott? Der Katechismus des Alten besagte, man müsse Gott lieben und fürchten. Das macht aber keinen Sinn, denn Liebe vertreibt die Angst. Liebe und Angst können nicht nebeneinander bestehen. Wir müssen die Angst in die Liebe hineinlieben, an den sicheren Ort des Herzens nehmen. Wenn du Gott liebst, was liebst du dann? Du liebst das Bild, das du erschaffen hast von dem, was Gott für dich sein soll. Es ist ein irdisches Bild, das Bild eines Wesens mit einer Persönlichkeit wie du, mit Emotionen, Gefühlen, einer Vergangenheit und Zukunft. Du hast ein Wesen aus deinen eigenen Projektionen erschaffen. Das ist nicht Gott. Das kann nicht Gott sein. Gott ist formlos. Gott hat keine Persönlichkeit. Gott kennt nicht die Art zu lieben, wie du liebst. Gott weiß überhaupt nicht, wie irgendetwas geht. Gott ist Liebe, die Energie, die alles erschaffen hat

Gott hat schlechte Rezensionen erhalten. Es ist ein Name, der inner- und außerhalb der Religion viel missbraucht wurde. Gott, der Vater im Himmel, soll die Menschen verdammen, weil er beispielsweise Homosexuelle oder Juden nicht mag. Wir hören, dass er all seine Kinder liebt, solange sie tun, was er ihnen sagt. So haben wir Gott nach unserem Abbild erschaffen, doch das ist ein falscher Gott. Nur ist uns von Anfang an immer beigebracht worden, falsche Götter zu kreieren. Wir beten „Vater unser, der du bist im Himmel.“ Das Wort Vater in der alten aramäischen Sprache bedeutet Geliebte(r), geliebte Energie, geliebtes Wesen und Erschaffer. Diese Definition des Vaters ist ohne Geschlecht, aber christliche und jüdische Glaubensgemeinschaften geben Gott ein männliches Attribut. Wir fühlen uns wohler damit, einen Vater im Himmel zu wissen. Dieser Vater kümmert sich um uns, wenn wir gut sind, und sind wir schlecht, schickt er uns in die Hölle. Auf diese Art haben wir einen strafenden Vater geschaffen, einen wie den, den wir vielleicht auf der Erde haben. Wenn Gott eine

Persönlichkeit hat, muss er sehr beschränkt sein. Dieser Gott klingt menschlich und muss ein Ego haben.

Wir Menschen lieben das Bild, das wir uns von anderen geschaffen haben, die wir lieben. Erfüllt der andere nicht unsere Vorstellung von ihm, lieben wir ihn nicht. Er hat unsere Vorstellungen erschüttert. Wenn Gott nicht unsere Vorstellungen von ihm erfüllt, dann ist Gott kein guter Gott. Ihm wird die Schuld zugeschrieben, Stürme und Tsunamis, Erdbeben und schreckliche Tode zuzulassen, sogar die von Kindern. Natürlich lassen sich Adjektive wie gut oder böse nicht auf Gott anwenden, weil Gott nicht menschlich ist. Gott ist ein formloses, energetisches Wesen, keine Person. Je mehr du von dieser Idee von einem Gott mit einer Persönlichkeit Abstand nehmen kannst, desto mehr wirst du dein Leben ohne Angst leben, desto mehr wirst du dich in die Verantwortung befreien. Du besitzt Selbst-Autorität und Selbst-Kontrolle, die nicht zulassen, dass irgendetwas von außen dich kontrolliert. Kein Wesen außerhalb von dir kontrolliert dich, nicht einmal Gott! Du hast enorme Kraft, die du zuvor nie erkanntest, weil sie dir durch die üblichen Kanäle der Erziehung, der Kirche und Schule, nicht gezeigt wurde. In den alten Büchern der Heiligen Schriften, besonders dem Buch der Essener, lesen wir über diese Kraft, die dem Menschen gegeben ist. Sie ist unser göttliches Geburtsrecht. Jedoch hat diese „Gnosis", unser inneres Wissen, den Institutionen von Kirche und Staat nie gedient.

Jetzt er-innern (engl. „re-call": zurück-rufen) wir uns wieder unseres Gefühls innerer Autorität und nehmen unsere rechtmäßige Kraft wieder in Anspruch. Dieses neue Zeitalter, dieses Neue Halleluja singt jetzt in uns allen und wir erwecken das Gott-Selbst, das viel zu lange im Fegefeuer gefangen war.

HALLELU-JA!

Liebe und Illusion

Wenn wir Menschen je ein Verständnis für die Bedeutung des Lebens (ein anderes Wort für Liebe) erlangen, werden wir den Code der Schöpfung entschlüsselt haben. An jenem Tag werden wir den Punkt erreicht haben, an dem wir die unermessliche Weite und Komplexität der Einheit sogenannter Gegensätze und Paradoxien verstehen, der Einheit göttlicher Intelligenz und spiritueller Wissenschaft. Wir werden in unserem Bewusstsein die Stufe erreicht haben, auf der wir nicht aus dem Blickwinkel unseres intellektuellen, logischen Denkens der linken Gehirnhälfte heraus verstehen, sondern aus der Haltung, der Intention dieses unermesslichen Schöpfers heraus. Damit gehen wir über die Sprache und über alles hinaus, was wir je in unserem physischen Sein erfahren haben. In Form zu sein verstellte uns den Zugang zu einem solchen Ausmaß an Verständnis. Wir müssen uns vor der unermesslich großen Akasha-Chronik allen Wissens verneigen, die gegenwärtig für unseren begrenzten Verstand zu intensiv und zu immens ist. Wenn das Seelen-Selbst von allen Spuren des Egos befreit und wieder vereinigt ist mit der universellen Energie, wenn aus zweien ein Wesen wird, ein Wesen reiner Liebe, werden wir zu der Größe dieses Verstehens Zugang haben. Wir haben dann Einsicht in den Geist des Christus.

Das Ziel allen wirklichen Verstehens ist es, nicht nur durch das Medium des Intellekts zur Wahrheit zu gelangen, sondern auch mithilfe des tieferen Verständnisses, das vom weisen Herzen kommt. Dies ist jedoch innerhalb einer Lebenszeit nicht wirklich erreichbar, denn während wir uns weiterentwickeln, entwickeln sich das Wissen und die Erfahrung mit uns. Das bedeutet, um zur ultimativen Wahrheit zu kommen, müsste man Jahrhunderte der Entdeckungen und der integralen Evolution abwarten.

Für viele ist es die ererbte DNA unserer Ahnen, die die Grenzen unseres Verstehens vorgibt. Natürlich haben sich viele große Fragesteller über solche Beschränkungen hinweggesetzt, doch keiner hat bis jetzt wirklich die volle Bedeutung des Lebens angetastet. Sie haben Teilchen isoliert und Theorien aufgestellt und dann Tests durchgeführt, um ihre Thesen zu qualifizieren. Theologen sind in ihrem Verständnis genauso eingeschränkt wie die angesehensten Wissenschaftler, und wenn sie zu Diskussionen zusammenkommen, schrecken sie an der Stelle zurück, wo es um das Mysterium geht. Die Wissenschaft ist zu jung, um es zu verstehen, und die Theologie zu alt und zu starr, um anders zu denken. Wenn gewohnte Gedanken auf dem Altar der patriarchalen Theorien dahinrosten, verirrt sich die Seele und Spontanität und Inspiration werden zur bloßen Erinnerung im Herzen der Intuition.

Wie können wir mit solchen Erschwernissen jemals die Wahrheit der Liebe erreichen? Ich behaupte, dass wir vielleicht innerhalb eines Lebens gar nicht dazu in der Lage sind. Aber wir können versuchen, unser Denken und unsere Auffassungen radikal zu verändern, sodass wir zumindest akzeptieren können, dass es ein fehlendes Verbindungsstück in unserem Verständnis gibt. Mit Demut und großer Dankbarkeit für die reine Liebe selbst, was auch immer dieses schwer fassbare Wesen sein mag, öffnen wir uns dann einfach entweder für die Möglichkeit des frischen, radikalen Denkprozesses oder die Möglichkeit überhaupt keines Denkprozesses.

Ich habe die Erfahrung gemacht, dass das, was wir Liebe nennen, oft eine Verwässerung und Illusionierung der mächtigen Energie ist, die die ganze Schöpfung steuert und antreibt. Wir haben Liebe auf eine Ebene der subjektiven Emotionalität reduziert, die wenig oder nichts mit Liebe in ihrer Reinheit zu tun hat, sondern eher in vielen Fällen ein Beispiel dafür darstellt, was Liebe nicht ist. Vielleicht ist es nicht vorgesehen, dass wir die Bedeutung reiner Liebe völlig erfassen, während wir hier auf der Erde sind. Vielleicht sind wir hier, um den Gegensatz der Liebe zu erfahren. Vielleicht war das der Sündenfall: die Enttäuschung, die eintrat, nachdem wir von der Erwartung der wahren Definition abrücken und eine verfälschte, zweitbeste akzeptieren mussten. Kommen wir somit zu der bedrückenden Schlussfolgerung, dass all unsere Versuche, Liebe zu definieren, vergeblich sind? Vielleicht gewinnen wir auf unserer Reise zur Liebe, während wir älter werden, flüchtige Einblicke – schöne, jedoch kurze Blicke darauf, was es bedeutet, ohne Konditionen und ohne Urteile geliebt zu werden und zu lieben: einfach nur Hingabe. Aber es ist nicht so einfach!

Vielleicht drückt die Liebe sich selbst auf unzählige Arten aus – sogar im Gegensatz der Liebe. Wir sprechen vom emotionalen Angehobensein, davon, das Herz offen zu haben für die Freude, mit der Natur eins zu sein, in der Präsenz eines lieben Freundes zu sein, in der Präsenz von kleinen Kindern. Es scheint ein Gefühl in uns zu geben, als würden wir an einen anderen Ort in uns selbst befördert, einen Ort vielleicht, wo die Erde oder der Ego-Geist in der Gegenwart dieses anderen beruhigt werden. Dies ist bestimmt der Fall beim sexuellen Orgasmus, wo beide Wesen miteinander verschmelzen und aus zweien eins wird. Ich glaube, dass das, was Abraham Maslow Gipfelerlebnisse nannte, Momente der Seligkeit sind, die dem Verliebtsein (engl. „being in love“ wörtlich: „in der Liebe sein“) ähnlich sind.

Reine Liebe (unpersönliche, da ohne Ego) hat nichts mit dem Erfüllen von Erwartungen oder den Träumen eines anderen zu tun. Wenn wir in unserem Bewusstsein gewachsen sind, sind auch unsere Definitionen von Liebe gewachsen. Das Erheben des Bewusstseins ist überaus wichtig; anderenfalls können wir nicht über Kriege, Gewalt, Armut, Terror und Angst hinauswachsen. Mit anderen Worten, wir arbeiten derzeit alle zusammen, um ein neues Bewusstsein zu bilden, eines, das uns noch auf der Erdenebene dem Geist der reinen Liebe näherbringt. Vielleicht sollten wir wirklich näher betrachten, was die Worte „Liebe deine Feinde, tue Gutes denen, die dich hassen" bedeuten, denn eine Person zu lieben, weil sie „gut" ist, und eine andere zu hassen, weil sie „böse" ist, ist Ego-Liebe. Einem Menschen deinen Hass entgegenzubringen und nur dem Opfer zu helfen, ist nicht der Weg der Liebe. Das ist, ich wiederhole es, persönliches Urteilen. Liebe wünscht nicht, dass ein anderer Schmerzen haben oder leiden soll in dieser Welt oder der nächsten. Liebe ist ein Botschafter der Seele; die Seele ist der Botschafter des Geistes. Der Geist projiziert keine Gefühle, weil er keine hat! Wir sind menschliche Wesen und mit funktionalen Gefühlen können wir mehr von dieser göttlichen Liebe auf andere projizieren, seien sie „gut" oder „böse".

Die Erwartungen, die wir von einem geliebten Menschen haben, erschaffen, wenn sie nicht erfüllt werden, Urteile, die zu Trennung und Leid führen können. Unsere Bewertungen beruhen auf unseren persönlichen und kulturellen Konstrukten. Wenn mir jemand sagt, dass er mich liebt, fühle ich mich gut. Ich will mehr von diesem Gefühl. Alles ist gut. Was ich in Wirklichkeit sage, ist: *Ich fühle mich gut, wenn du dies sagst und tust!* Es ist völlig subjektiv. Nun habe ich Erwartungen, wenn ich diese Person das nächste Mal treffe. Werden diese Erwartungen nicht erfüllt, bin ich traurig. *Ich fühle mich von dir nicht mehr geliebt, weil ich mich nicht mehr so fühle wie zuvor.* Wie in dem Lied, wo es heißt: „Bring back this loving feeling." Das Herz trauert um den Verlust dieses Gefühls. Wir müssen so lange um den Verlust des Gefühls trauern, bis wir erkennen, dass reine Liebe nicht sterben kann. Die Seele gebraucht das Herz als ein Mittel zur Reinigung, damit dort Gefühle in die Heilung „gerührt" werden. Doch dieses Rühren fühlt sich nicht an wie Heilung – es fühlt sich an wie Leiden und

Schmerz und dem Ego-Geist nach ist Schmerz etwas Schlechtes. Die Reinheit der Liebe kann man leicht erkennen in ihrem Zusammenspiel mit der Natur. Die Natur hat keine Erwartungen, sie macht nur Erfahrungen. Die Jahreszeiten bringen sie dazu, sich zu wandeln, und sie beschwert sich nicht. Sie erfährt alles als einen Teil des göttlichen Ergießens, als das großartige Sein des Lebens, das sich natürlich entfaltet, das sich durch sie öffnet. Alles geschieht im Jetzt. Es gibt keine andere Zeit. Alle Vergangenheit und Zukunft sind im Sein der Natur enthalten. Zeit ist ein Konzept der Erwartungen; sie ist die Folge davon, dass wir in einem Körper-Geist sind. Diese Betonung der Zeit und des Urteilens bringt Kummer und Trennung. Einfache Gegenwart, in der die Liebe zu Hause ist, ist der Zustand der Vollkommenheit … Unbekümmertheit, Freiheit vom analysierenden Verstand (engl. mindlessness).
Ein Blatt fällt zur Erde, die Sonne geht auf, ein kleines Tier friert im Schnee, ein Mensch wird vom Blitz erschlagen und starker Regen bringt einen Erdhang ins Rutschen. Alles geschieht im Hier und Jetzt – keine Erwartungen, keine Werturteile, kein Bedauern. Es ist so. Nicht: „So war es" oder „So wird es sein". Katastrophen brechen über Menschen herein. Der Tod kann Leid bringen. Der Schmerz greift unseren Körper an, wir sind verzweifelt. Viele nehmen sich selbst das Leben, wenn der Gedanke an eine Zukunft voller Schmerz nicht mehr zu ertragen ist. Manche nutzen andere Menschen kommerziell aus. Kriege und Gewalt fegen über die Erde, wir sind niedergeschlagen, weil wir empfinden, dass Gott uns verlassen hat. Das ist die alte, alte Geschichte. *Gott sollte das alles beenden, denn irgendwie ist es doch seinetwegen …* Warum denken wir so?
Weil man uns die Geschichte verkauft hat, dass Gott die Seinen liebt und die Gerechten gerettet werden. Wir glauben, dass Hurrikane, Krankheiten wie AIDS oder Erdbeben die Folgen von Got-

tes Urteil über uns Sünder sind. Der Gott des Zorns, der sich an der Bestrafung erfreut.
Wieder geben wir hier dem Geist Attribute einer Persönlichkeit und ziehen in schwierigen Zeiten diese Eigenschaften heran, um zu sagen: „Wenn Gott uns liebte, würde er uns nicht diese Prüfungen schicken." Lass uns einen Augenblick diese Aussage näher betrachten und sehen, in welche Schwierigkeiten sie uns bringt.
Dem Christentum zufolge liebt Gott uns so sehr, dass er seinen einzigen Sohn sandte, um für uns zu sterben, damit wir erlöst und vor der Hölle gerettet seien. Davon kann man ableiten, dass Gott uns mehr liebte als seinen eigenen Sohn. Diese Idee des Opfers ist so alt wie die Zeit. Götter hatten immer die Neigung, nach Opfern zu verlangen (um ihr Ego anzuheizen, könnte man meinen!).
Unser Katechismus spricht davon, Jesus sei gestorben, um uns vor einem Leben nach dem Tod in der Hölle zu bewahren. Doch der Katechismus vergaß mit einzubeziehen, dass Jesus, während er das kollektive Unbewusste des Schmerz-Körpers trug, diese wundervollen Worte sprach: „Es ist vollbracht!" Er war an diesem Punkt bereit, seinen neuen Lichtkörper zu empfangen. Wenn wir in der Lage sind, die Symbolik in Jesu Tod zu lesen, können wir ohne die unangemessenen Schuldgefühle leben, die wir getragen haben.
In meiner Psychotherapiepraxis habe ich mit so vielen Menschen gearbeitet, die diese Schuld trugen. Meine eigene Überzeugung ist, dass Jesus eine große Seele war, die sich verpflichtet hatte, das kollektive Unbewusste auf sich zu nehmen, und dass er erst am Ende wirklich verstand und sich bewusst war, worum es ging, als er sagte: „Wenn es so sein soll, dann geschehe es" (in einer Umschreibung der Worte aus dem Matthäus-Evangelium). Viele Menschen sind seitdem zu ihrer Zeit einen ebensolchen Vertrag eingegangen.
Viele Männer und Frauen sind gestorben, damit andere in einer freieren Welt leben konnten, Gandhi zum Beispiel, Martin Luther

King, die weisen Frauen, die zur Zeit der Inquisition auf brutale Weise umgebracht wurden, und andere. Ich sagte vor Kurzem zu einer lieben Frau: „Warum leidest du weiterhin, wenn du wirklich glaubst, dass Jesus die Leiden der Menschheit auf sich genommen hat?" Ich machte mit ihr ein Ritual, damit sie ihr Bedürfnis loslassen konnte, für das Kollektiv das Kreuz zu tragen.

Unsere Seelen – die des Christus, die des Buddha, die meiner lieben Freunde hier in Deutschland – haben es gewählt, mit einer Persönlichkeit auf der Erde zu sein, die sich aus einem starken oder weniger starken Ego oder Erden-Geist entwickelt hat. Wir alle sind gekommen, um zu heilen und zu lieben. Das ist das große Mysterium der Liebe. Allein unsere Vorstellungen urteilen über etwas als gut oder schlecht. Alles ist Teil einer weisen und wundersamen Geschichte, die keinen Anfang und kein Ende hat.

Niemand hat für meine Sünden sterben müssen.
Ich bin für meine eigenen Leben verantwortlich.
Bei der Liebe geht es nicht darum, jederzeit glücklich zu sein.
Es geht in der Liebe um Gleichgewicht;
doch oft urteilt der Erden-Geist über diesen Prozess,
haftet sich an den Schmerz und erschafft so Leiden.
Liebe handelt vom Erschaffen von Einheit und
sie wendet jedes nötige Mittel dazu an.
Liebe ist nicht persönlich.
Liebe zerstört im selben Maße, wie sie aufbaut.
Liebe zerschlägt, genauso wie sie zusammenfügt.
Liebe lebt in Gegensätzen und wenn wir nicht fähig sind,
die Schatten als Teil des Lichtes zu akzeptieren,
haben wir Probleme mit der Liebe.
Liebe ist Vollkommenheit,
die mit Unvollkommenheit an der Arbeit ist.

Jemanden zu lieben heißt, ihn/sie durch die Augen des Liebenden und Geliebten zu sehen, wie er oder sie auch auftreten mag. Es kann sein, dass wir nicht mögen, was er/sie tut, aber seine/ihre Essenz ist ein Ausdruck des Lebens und als solcher wert, geehrt zu werden. Dies in die Praxis umzusetzen ist nicht leicht, was Täter und Mörder anbelangt. Auch sie sind Seelen voller göttlicher, kreativer Energie oder Geist. Ihre Taten kommen aus ihren irregeleiteten Persönlichkeiten.

Liebe lässt nicht die Dinge in unserem Leben geschehen,
aber sie unterstützt alle Handlungen, die aus unseren Gedanken erwachsen, damit alles ausgewogen wird, was in ein Gleichgewicht kommen muss.
Unsere eigenen Erwartungen kreieren unseren Schmerz.
Jemanden zu lieben heißt, ihm/ihr zu erlauben, frei von unseren Urteilen zu sein.
Alles in Leichtigkeit zu halten ist Gnade, ist Liebe.
Liebe ist die stärkste Kraft im Universum.
Liebe hat nichts mit schönen Gefühlen zu tun –
es geht darum, Liebe zu sein.
Liebe zu leben ist eine persönliche Entscheidung.
In Liebe zu sein ist eine fortwährende Entscheidung.
Liebe zu kennen heißt, mit dem zu sein, was hier und jetzt ist, und über alle Konzepte hinauszugehen, die besagen, was Liebe sein soll.
Und so ist dieser Moment, während ich dies niederschreibe, Liebe.

Möge ich von der Weisheit der Liebe lernen und möge ich lernen, von Moment zu Moment in Liebe zu sein.

Möge ich über das unreife Herz meiner menschlichen Erfahrungen hinausgehen und in das universelle Herz der Seele eintreten.

Möge ich bereit sein, die Liebe zu sein, die ich bin, und nicht nach der Liebe zu suchen, von der ich meine, dass ich sie brauche.

Evolution und Liebe

Hab keine Angst, wenn es sich so anfühlt, als wäre alles zu viel, um es durchzustehen in diesen Zeiten. Denk daran, du hast in diesem Leben spirituell viel mehr auf dich genommen als in anderen. Jede Inkarnation war wichtig, weil sie dich zu diesem Moment der Gnade geführt hat. Du musstest auf der Erdenebene von einem niederen Wesen ohne das Geschenk der freien Wahl zu einem höheren Wesen aufsteigen – einem Wesen mit menschlichen Bedürfnissen und einer verfeinerten Physikalität, die deinem sich erweiternden intuitiven Bewusstsein dient. Du bist fortgeschritten von der Verehrung der groben Materie der Erde, die du fürchtetest, zur liebe-vollen Verehrung des Schöpfers in dir selbst. Dafür musstest du viele Male zur Erde kommen. Du musstest dich einer Welt anpassen, die sich auf materielle Weise auch weiterentwickelte. Dein neues menschliches Selbst war oft nicht fähig, mit den Anstrengungen des Menschseins umzugehen, und du kehrtest oft zurück in animalisches Verhalten, damit deine Bedürfnisse erfüllt würden. Oft musstest du töten, um dich und deine Familie zu ernähren. Oft musstest du lügen und deine Mitmenschen bestehlen. Dies ist kein Urteil, sondern eine Hilfe, dich für die Tatsachen deiner Evolution in der materiellen als auch spirituellen Welt wach zu machen. Du bist vorangeschritten von den Erdenenergien des Überlebens und Selbsterhalts zu Selbstdisziplin und Selbst-Mitgefühl. Ehre dich selbst für alles, was du bis jetzt erfahren hast.

Du begibst dich jetzt in das Stadium der Selbst-Kenntnis und des Selbst-Erwachens, die dich in das Bewusstsein der Liebe und die völlige Heilung deiner selbst und des Planeten führen werden. Das ist ein erstaunlicher Schritt für die Menschheit innerhalb einer relativ kurzen Zeit und du weißt: Die Zeit gehört zum Erden-Geist, nicht zur Seele. Gemäß der Seele geschieht alles zeitgleich. Alle Leben werden im ewigen Jetzt gelebt. Viele von uns sind sich bewusst, dass wir verschiedene Leben in verschiedenen Dimensionen gleichzeitig leben. Wenn du in der Lage bist, mit Bewusstsein und Bewusstheit auf dieser Erdenebene zu leben, dann kannst du zu einer anderen Dimension auf den anderen Ebenen der Existenz in anderen Welten aufsteigen. In diesen anderen Welten arbeitest du und bist vielen dabei behilflich, auf den Wegen der Seele voranzuschreiten. Vielleicht hast du manchmal ein Gefühl oder die Wahrnehmung, dass du nachts in andere Sphären reist. Das ist natürlich möglich und Menschen, die dabei sind zu sterben, erfahren Hilfe durch deine Bereitschaft, ihnen während der Nacht beizustehen. Vielleicht erlebst du zur Zeit auch Müdigkeit. Dies könnte daran liegen, dass du mit deinem Lebensatem andere Welten energetisierst.
Du kannst dir gar nicht vorstellen, *wie* wichtig eine bewusste Wahrnehmung des Atems ist.

Der Atem ist der mächtige Heilige Geist der Liebe unter uns. Wenn du deinen Atem auf eine Person richtest, wird diese in ihrem Bewusstseinsfeld eine Bewegung spüren. Dein Atem gibt anderen Wesen um dich herum Leben, doch du bist dir dieses Geschenks, das du gibst, überhaupt nicht bewusst.

Nimm dir jetzt einen Moment Zeit, um tief in dein Herz zu atmen.

Dann atme langsam aus und lenke den Atem bewusst auf das Leiden in der Welt in diesem Moment.

Dieser Atem kann genau das sein, was ein anderes Wesen gerade braucht, um auf der Erde zu bleiben.

Dieser Atem der Liebe kann das sein, was jemand braucht, um den Schmerz einer Krankheit auszuhalten.

Wenn du so atmest, denk daran, es so bewusst wie möglich zu tun. Es hat den größten Nutzen für dich selbst und andere, wenn du tief aus dem Atem des Lebens herausatmest. Er ist eine freie Gabe, die du jederzeit mit allen Wesen teilen kannst. Während du dir deiner eigenen Seelenreise bewusster wirst, wirst du eine Haltung des Selbstmitgefühls und der nicht-kritischen Bewusstheit dir selbst und anderen gegenüber annehmen und erleben, wie eine Woge bedingungsloser Liebe durch deinen Atem fließt. Es wird Momente geben, in denen du es nicht aushalten kannst und dich schwach fühlst. Mach dir keine Sorgen, alles ist gut, und du wirst spüren, dass du viel stärker mit der Bestimmung deiner Seele in Berührung bist. Der Atem verbindet dich mit der Seele. Bewusstes Atmen bringt dir die reine Liebe mehr ins Bewusstsein. Viele haben das schon erlebt und viele werden es in der nahen Zukunft erfahren.

Wenn du ernsthaft in allen Räumen deiner kostbaren Leben nach Heilung suchst, wirst du diese Erfahrung machen. Nimm dir Zeit für all die Dinge, die heilig sind. Sei nicht bange wegen der Zeit. Denk daran, dass Zeit nur ein Urteil deines Erden-Geistes ist, der sagt, du müsstest dich beeilen, weil die Zeit dir sonst davonläuft. Sie läuft nicht davon. Es ist nur so, dass du schneller voranschreitest, deinem eigenen Erwachen entgegen, und das wird alles dazu bringen, in einer schnelleren Frequenz zu schwingen. Das gibt dir

das Gefühl, die Zeit liefe davon. Ruh dich aus und nimm dir Zeit – nicht die Zeit, die jemand anderer dir sagt, dass du sie nehmen sollst. Und wisse, dass du Zeit benutzen kannst, wie du willst. Zeit kann nicht dich benutzen. Wenn du dich fühlst, als würdest du mit deinem Erwachen in deiner Entwicklung nicht so schnell vorankommen, wie du gerne möchtest, dann atme bitte tief durch und sieh, wohin du innerhalb einer kurzen Zeit angelangt bist … dann verneige dich vor deiner eigenen Seele und ihrer Weisheit. Sei dir immer bewusst, solange du den tiefen Wunsch nach wirklicher Heilung hast, kann sie in einem Augenzwinkern geschehen. Zuerst aber musst du dir deine Definition von Heilung ansehen. Vielleicht denkst du, du heiltest nicht schnell genug.
Erinnerst du dich, wie du dich früher immer in der Opferrolle gefangen fühltest? Und heute ist es ganz anders. Jetzt spürst du mehr innere Autonomie und mehr Mitgefühl für dich selbst und alle Wesen. Es ist ein großer Schritt in die Heilung, das zu leben. Es ist ein riesiger Schritt auf dem Weg zu mehr Bewusstsein und Freiheit. Miss deine Heilung nicht daran, wie viel Angst oder Schmerz du noch hast oder an der Menge deiner gewonnenen Einsichten.

Heilung hat zu tun mit Freiheit.
Freiheit hat zu tun mit Entscheidung.
Unbewusste Entscheidungen bringen Furcht.
Bewusste Entscheidungen bringen Liebe.

Bei der Heilung geht es also darum, wie viel Liebe du in dein Leben hereinlässt und wie viel Liebe du bereit bist zu teilen. Quantenheilung geschieht, wenn du Vertrauen in die Liebe hast – absolutes Vertrauen, dass Liebe in der Größenordnung eines Senfkorns das Universum nähren kann.

Liebe ist die wahre Realität

Die eigentliche Realität ist die Liebe, und Liebe ist Leben, und Leben ist Bewusstsein, das sich innerhalb oder außerhalb einer Form manifestiert. Was für ein erstaunliches Wunder der Schöpfung, dass unsere Form, unser Körper, so ausgestattet ist, dass sie unserer Seele die Reise ermöglicht und unsere Physikalität immer der Seele dient. Während unser Bewusstsein sich verändert, verändert sich auch der Körper, um der Reise der transformierten Seele Raum zu geben. Ein Körper mit Behinderungen dient der Seele genauso gut wie ein perfekter Körper. Wir formen unser individuelles Leben danach, was wir für real halten, und dieser Glaube verändert und re-formiert und erschafft unsere äußere Realität. *Ja, wir gestalten das Leben nach unserer konditionierten Wirklichkeit und geben dann dem Leben die Schuld!* Wir müssen unserem Leben Form, Gestalt und Bedeutung geben und es ist der Ego-Geist, der die Persönlichkeit, das Gefühl, die funktionierende Persona formt. Später dann formt die Seele unsere Wirklichkeit und wir sind frei von den großen Illusionen, die von unserem lieben reaktiven Selbst, dem Ego, geschaffen wurden.

Es ist fantastisch für uns, zu erkennen – wirklich zu glauben – dass wir die Macht besitzen, das Leben so zu formen, wie wir es wünschen! Stell dir vor, in diesem Augenblick erschaffe ich mein Leben durch meine Einstellungen! Für unseren Intellekt ist es schwierig, dieses Wissen aufzunehmen. Doch wie mein Freund, der Dichter Tony Ramsey aus Derry City in Nordirland, sagt: „Lass das Herz geschwinde gehn, dahin, wo keine Augen sehn." Wenn unsere Herzen für Veränderung offen sind, kann sie geschehen. Denk daran, du kannst alles umlernen, was du einmal gelernt hast. Du kannst dich neuem Wissen erst öffnen, wenn das Herz sich beteiligt.

Dein Herz hat die Macht,
Unschuld oder Schuld,
Liebe oder Angst,
Trauma oder Frieden,
Freundschaft oder Feindschaft zu formen.

Du kannst dich selbst als Licht und Reinheit oder als Dunkelheit und Sündhaftigkeit gestalten. Du kannst jetzt deine Welt in Übereinstimmung mit deinem eigenen Willen und deinen Emotionen formen. Doch achte darauf, dass du aus dem weisen Herzen heraus formst und so mehr Seelenkraft beteiligt ist. Achte darauf, dass du aus einem Willen heraus gestaltest, der von Intuition geleitet ist. Sonst gestaltest du nach dem Diktat und den Vorlieben deines Ego-Geistes. Denk daran:

Das Leben ist neutral.
Die Liebe ist neutral.
Die Seele ist neutral.

Sie hat keine großartige, „erfolgsorientierte" Agenda für dich, außer dass du das Leben *voll* leben sollst. *Du* schreibst die Agenda mit deinem Herzen und Willen. Das Leben ist nicht urteilend und deshalb ist die Liebe nicht urteilend. Aber du formst dein gegenwärtiges Leben nach dem Glauben der Vergangenheit und so lebst du die Vergangenheit statt die Gegenwart. Du lebst in Illusion.

Du trägst mit deiner Wahrnehmung deines Lebens entweder zur Heilung anderer Wesen auf diesem Planeten bei oder nicht. Wenn alle Wesen diesen Planeten verließen, würde er doch weiter existieren, denn Liebe ist grenzenlos und kann nicht sterben, genauso wie das Leben niemals stirbt. Deine Energie ist wichtig für den

Aufbau liebevollen Bewusstseins und für die Heilung. Dein Leben ist wichtig, denn es ist Teil des Ganzen. Wie lange ein Individuum auch brauchen mag, um zu heilen – das Leben wird weitergehen. Das Leben ist reine Essenz.

Du bist ein individueller Ausdruck des Ganzen. Es mag dir so vorkommen, als seiest du ein völliges Individuum, getrennt von allem. Nicht, dass du dein Leben und die Liebe anders erlebst als andere, trennt dich jedoch von ihnen, sondern dass du *denkst*, du seiest getrennt. Du bist nicht eine einzelne Seele, die ihre Existenz allein auslebt. Du bist ein wundervolles Paradox: Obwohl individuell, bist du Teil des Kollektiven. Nichts wird diese Realität jemals ändern, weil du Teil der Überseele bist. Sind die Sonnenstrahlen getrennt von der Energie der Sonne? Jeder Strahl fällt auf einen anderen Ausdruck des Lebens. Einige Strahlen fallen auf Berge, andere auf das Meer, auf Bäume, auf dein Gesicht. Wenn wir die Wärme der Sonne nicht spüren, bedeutet das nicht, dass sie verschwunden ist. Die besonderen Eigenschaften dieses Globus lassen nur nicht zu, dass wir sie immer sehen und spüren, das ist alles. Genauso ist es mit der Liebe. Sie ist immer da, aber unsere Innenwelt, unsere innere Geografie hindert uns manchmal daran, sie zu spüren. Forme dein Leben, lebe dein Leben dicht an der Seele, sodass dein Erden-Selbst mit ihrer Kraft durchdrungen ist. Dann kannst du freudvoll, kreativ und bewusst leben, weißt immer, wer du bist, und erkennst immer deinen besonderen Beitrag – als ein Teilchen der reinen Liebe, der reinen Wirklichkeit und als ein Kanal für sie.

Und dann, Liebes, wirst du, wenn du deine Form hinter dir zurücklässt, eine Aura der reinen Freude und Liebe zurücklassen. Deine Seele kann sich aufschwingen in den Geist der Liebe selbst, aus dem sie sich auf der Erde formte. Du wirst in der Fülle der Liebe wieder ganz sein. Und wenn die Zeit reif ist, wird deine Seele wieder eine Form für dieses großartige Leben schaffen und all das erfahren, wozu sie sich verpflichtet hat – jedes Mal mit mehr Bewusstsein und stärker durchtränkt von Liebe.

Maria Magdalena und ihre Hingabe an die Liebe

Maria Magdalena ist der Archetyp für die Urmutter. Sie trägt die Geheimnisse des ewigen Weiblichen. Sie verwirklichte das wahrhaft Weibliche in ihrer Hingabe an ein Leben aus der Seele, in ihrer Liebe für die Christusenergie und in ihrer persönlichen Hingabe an ihren Seelenfreund Jesus von Nazareth, den sie Issa nannte. Sie war es, die den Aposteln zu zeigen versuchte, was Jesus mit seinen Geschichten und Parabeln wirklich meinte. Sie verstand die tiefere Bedeutung dessen, worüber er sprach, weil er in Symbolen sprach. Tatsächlich war sie auf vielerlei Arten seine Muse, da sie stets ihre Intuition gebrauchte, deren inneres Wissen die Apostel nicht verstehen konnten. Die Apostel konnten die innere Gnade in Jesu Lehren nicht begreifen und in vielerlei Hinsicht haben die vier Evangelien, die wir für die wahren Aufzeichnungen der Zeit und des Lebens Jesu halten, wenig mit der Wahrheit gemein. Die Geschichten, die Magdalena in ihren eigenen Büchern wiedergibt, welche nicht in die Bibel aufgenommen wurden, waren voll von ihren Gesprächen mit Jesus. Durch sie kann man seine Menschlichkeit kennenlernen, auf eine Art, wie sie in den Evangelien niemals gezeigt wird. Als Maria Magdalena die versteckte Wahrheit in Jesu Geschichten zu erklären versuchte, wurde sie von den Aposteln kritisiert. Die sogenannten auserwählten Apostel behaupteten, sie sei Jesu Liebling und würde mit ihren seltsamen Auslegungen und ihrem Bestehen auf die Symbolhaftigkeit seiner Lehren diese verfremden.

Die Apostel befürworteten Magdalenas Beziehung zu Jesus nicht im Geringsten und oft drückten sie ihre Missbilligung aus, wenn sie mit ihm allein waren. Er wies ihre Vorwürfe zurück, indem er sie wissen ließ, dass sie eine inspirierte Muse sei, die die Weisheit hüte, vor der auch sie sich eines Tages verneigen müssten.

Mit Ausnahme von Johannes, der ihn zutiefst liebte, verstand nur Magdalena Jesus aus der Perspektive der Seele statt vom Standpunkt des Ego oder des Patriarchats. Als Jesus sagte: „Ich bin der Weg, die Wahrheit und das Licht!" meinte er das göttliche *„Ich bin"*, das in allen Dingen ist. Mit anderen Worten: Das *„Ich bin"*, das in dir ist, deinem eigenen innewohnenden göttlichen Wesen, deiner Seele, ist der Weg, dem du folgen musst. *„Ich bin"* ist also die Wahrheit selbst und auch das Licht. Die Bedeutung war also: *Das Göttliche in dir ist der Weg, die Wahrheit und das Licht für dich.* Jesus sprach nicht von sich persönlich als dem Weg, der Wahrheit und dem Licht. Weil die vier Evangelien lineare Aufzeichnungen von Jesu Leben sind, die viele, viele Male übersetzt wurden, bevor sie schließlich die Version in unserer Sprache erreichten, haben wir nur eine sehr geschwächte, absolut verzerrte und männlich artikulierte Version. Wie Fundamentalisten es in allen Religionen tun, nahmen die Übersetzer alles wortwörtlich und verloren dabei die tiefere, seelenvolle Bedeutung der Texte. Jesus war ein Geschichtenerzähler, kein Akademiker. Er war ein Liebender, kein Pragmatiker. Er war Evolutionist, kein Traditionalist. Jesus kam, um Liebe zu leben, so wie wir alle.

Meine Interpretation von Jesu Worten lautet:

Wenn du der Liebe folgst,
lasse alles los,
das dich vom seelenvollen Leben abhält.
Löse dich von alten Überzeugungen,
die dir nicht länger dienen:
Ein alter Glaube, der dich festhält,
das Materielle, das für dich zum Gott wurde.
Was es auch ist, das deiner Seelenreise im Wege steht,
lass es liebevoll gehen.
Und wenn du dich von all dem losgemacht hast,
gib' ein großes Fest der Freude –
denn du hast nichts verloren,
nur liebevoll erlöst.

Jesu Lehren müssen im Herzen gehört werden – nicht als Dogma, nicht als Schriften, sondern als Wahrheit. Er sagte: „Ich liebe euch mit unvergänglicher Liebe." Das war keine persönliche Liebe. Er sprach von der Liebe des Göttlichen in allen. Sie ist nicht persönlich. Wenn du die Bedeutung hinter den Geschichten erkennen kannst, siehst du das Juwel, das in der Fassung versteckt ist. „Der Vater und ich sind eins" – der Schöpfer ist immer eins mit dem Erschaffenen. Nicht er, Jesus, war gleichbedeutend mit dem Vater. Jesus war die Inkarnation des Göttlichen, wie du und ich es sind. Wie schon erwähnt, bedeutet „Vater" in der alten aramäischen Sprache „Geliebte/r".
Maria Magdalena war auch Jesu Geliebte. Sie sorgte herzlich für ihn und liebte seine Geschichten, deren tiefere Bedeutung nur sie kannte. Besonders Petrus stand ihr ablehnend gegenüber, weil er eifersüchtig auf die Liebe der beiden war. Er nannte sie „diese

Frau", um sie herabzuwürdigen, und versuchte, sie von Jesus zu trennen, nachdem sie in Simons Haus seine Füße gesalbt hatte. Auch Judas missbilligte ihre Weiblichkeit und „Extravaganz". Jesus wohnte bei Maria Magdalena, zusammen mit ihrer Schwester, und stieß damit bei einigen Aposteln auf Ablehnung. Petrus hatte, um Jesus nahe zu sein, seine kranke Frau verlassen. Hier nun gab es eine andere Frau und er war darüber nicht glücklich. Er mochte auch keine Kinder, er hielt sie für Plagegeister, die eine Menge Lärm machten.

Warum ist es in unserer Zeit notwendig, den Geist Maria Magdalenas anzurufen? Weil ihre irdische Energie voll der Seele war. Sie hatte ihre Sexualität und ihre Spiritualität integriert und war eine Frau von großer Heiligkeit. Sie war spontan und hatte einen wunderbaren Sinn für Humor, was die Apostel ebenfalls nicht mochten und sie behaupten ließ, sie sei nicht ernsthaft genug. Sie nahm sich selbst nicht so ernst und man hörte sie singen, wenn sie mit dem Meister am Strand entlangging. Sie lauschte seinen Worten mit liebevoller Akzeptanz und war immer bereit, am Ende eines langen Tages des Lehrens seine Füße und seinen Körper zu massieren. Jesus fühlte sich von ihrer Offenheit und ihrem Sinn für innere Weisheit sehr angezogen. Sie verkörperte die Energie von Sophia.

Jesus war stets zur Offenheit des Herzens hingezogen, weil sein eigenes Herz offen war. Magdalena und Johannes, dessen eigener Sinn für Wunder und Unschuld nie verloren ging, waren Seelenfreunde. Da Johannes aus dem Mitgefühl und der Hingabe lebte, war auch sein offenes Herz zu Jesus hingezogen.

Der Energie von Jesus nahe zu sein war keine Garantie für Heiligkeit. Die Apostel lebten noch aus der Selbstbezogenheit und aus menschlicher Schwäche heraus. Ihr Erden-Geist war nicht in die Seele hinein geheilt. Ihre Herzen waren nicht offen und sie konnten die wahre Bedeutung der Lehren Jesu nicht verstehen. Wut und Eifersucht lebte noch in ihren Herzen und das hielt sie verschlossen. Und weil sie nicht bereit waren, sich der Seele hinzugeben, wendeten sich viele von ihnen am Ende dem Stolz und der Macht zu. Viele Male sagte Jesus: „Wie lange bin ich schon mit euch und ihr hört mich nicht." Anders ausgedrückt: „Ihr habt den Worten noch immer nicht euer Herz geöffnet. Ihr versucht nur, von außen zu verstehen, was ich sage, nicht mit den inneren Ohren. Ihr habt die Worte nicht in eure eigene Erfahrung integriert." Wenn wir Jesu Worte in unsere Erfahrung integrieren, werden wir eine ganz neue Art des Seins in der Welt finden. Sein Weg war der Weg der Liebe, des Lebens aus der Liebe und Liebe unter allen Umständen zu leben.

Viele von uns haben versucht, Liebe zu leben. Es ist nicht einfach. Vielleicht hast du deinen Nachbarn schlecht behandelt. Schau noch einmal auf diese Handlung. Warum hast du so gehandelt? Was war zu dem Zeitpunkt dein Bedürfnis? Du wirst sehen, dass jeder Fehler, den du gemacht hast, jede deiner „Missetaten" aus einem unerfüllten Bedürfnis in dir selbst stammt. Du übermächtigst einen anderen Menschen, weil du dich nicht sicher fühlst. Du nimmst von einem anderen, weil du etwas haben möchtest, doch das Bedürfnis entspringt aus etwas noch tiefer Liegendem. Es gibt dahinter eine Überzeugung. Warum missbrauchst du jemanden? Die nahe liegende Antwort ist, dass du mächtiger sein willst, doch der darunterliegende Glaube ist, dass du keine Macht hast. Und so gibt es unter jeder Antwort noch eine weitere, eine Wahrheit, die du finden musst. Jesus erwartete von seinen Anhängern, dass sie tiefer in ihr eigenes Leben hineinschauen sollten, um die Antworten zu finden, die wahre Bedeutung der Geschichten, die er erzählte. Finde den Glaubenssatz hinter deiner Handlung und du wirst den Grund finden, warum du dich so verhalten hast.

Unter dem Ersichtlichen, unter der materiellen Erscheinung des Menschen, ist der Sitz des Geistes. Unter dem Ersichtlichen in den Worten liegen Botschaften für dich. Lebe seelenvoll, lebe auf einer feineren, tieferen Ebene. Du führst ein oberflächliches Leben, wenn du oberflächliche Überzeugungen und auf der groben Ebene der Existenz lebst. Jesus sagte: „Ich bin gekommen, auf dass ihr voll leben möget, auf dass ihr die Fülle habt, den Überfluss des Lebens in euch." Dieses Leben liegt in den tieferen Schichten deiner Psyche. Wenn du seelenvoll lebst, dann lebst du diese tiefen Anteile.

Siehst du, alles um dich ist symbolisch. Alles wartet darauf, von dir entschleiert zu werden. Lebst du nur aus deinem Erden-Geist, wirst du nur oberflächliche Freunde finden, die ein oberflächliches Leben führen.

Finde die wahreren, tieferen Bedeutungen und dort wirst du dein göttliches Selbst finden.

4.
Vergebung – Einmal näher betrachtet

Vergebung und Illusion

Wir können für eine lange Zeit die Illusion mit uns tragen, dass jemand uns verletzt hat. Wir sind verletzt aufgrund einer Illusion. Wenn sich jemand gegen unsere Überzeugungen stellt, wenn jemand etwas tut, worüber wir uns ärgern, wenn der Wille eines anderen mächtiger als unser eigener zu sein scheint, sind wir verletzt. Wir sind verletzt, weil wir in uns die Samen der Illusion tragen. Wenn wir uns zu tief mit der Verletzung verbinden, leiden wir. Wenn wir das Gedankenmuster mit uns führen „Niemand hat die Fähigkeit, mich zu verletzen und mich leiden zu lassen", dann können wir nicht verletzt werden. Wenn wir glauben, dass andere Menschen uns wehtun können, dann geschieht es wie in einer sich selbst erfüllenden Prophezeiung. Glauben wir aber, dass keine andere Person diese Macht über uns hat, werden wir diese Illusion nicht erschaffen.

Es gibt einen Teil in uns, der niemals verletzt, niemals missbraucht, niemals verwundet wurde.

Dieser Teil ist unser göttliches Selbst. Es kennt keine Illusion – und je mehr wir in und aus diesem göttlichen Selbst heraus leben, desto weniger leben wir in der Illusion, jemand könne uns wehtun. Je mehr wir aus dem Teil heraus leben, der sagt: „Ich kann nicht gekränkt werden, ich kann nicht verlassen werden", desto weniger leiden wir, denn Leiden kommt aus unserer Verbindung mit der Illusion, ein anderer Mensch könne uns übermächtigen. Du sagst: „Diese Person hat mich verlassen.“ Ja, vielleicht ist sie von dir fortgegangen. Vielleicht hat sie Lügen über dich erzählt. Vielleicht hat sie sich gegen dich gestellt. Das tut weh, aber du musst deshalb nicht leiden. Du leidest, wenn du einem anderen Macht über dich gibst. Macht ist Energie und DU ENTSCHEIDEST, WIE DU SIE BENUTZT! Das müssen wir erst lernen und es kann lange Zeit brauchen – oder nur einen Augenblick, einen Atemzug, eine Sekunde.

Dasselbe gilt auch für Vergebung. Wenn du sagst „Ich vergebe dir dafür, dass du mich verletzt hast“, dann ist das eine Illusion. Sage stattdessen: „Ich vergebe mir selbst dafür, dass ich meine Macht abgegeben habe, dafür, dass ich dies zuließ. Es ist nicht der andere, der mich verletzt hat, sondern ich habe ihm die Erlaubnis gegeben, Macht über mich zu haben. Dadurch fühle ich mich schwach und habe mich von meiner Mitte entfernt.“ Die Vorstellung, dass ich jemandem dafür vergebe, was er mir angetan hat, hat keine Substanz. Die Aussage, die näher an der Wahrheit ist, würde lauten: *Ich vergebe mir selbst dafür, dass ich meine Macht fortgab.*

Woran erkenne ich, ob ich wirklich meine sogenannten Verletzungen aus der Vergangenheit losgelassen habe? Ich habe wirklich losgelassen, wenn ich überhaupt niemandem mehr Schuld geben muss. Mit anderen Worten, wenn ich es nicht länger brauche, dass eine andere Person leidet, weil ich glaube, dass *sie mir* Leid zugefügt hat – dann habe ich losgelassen. Wenn ich das Bedürfnis in mir herumtrage, dass jemand sich schämt oder schuldig fühlt, dann habe ich die Vergangenheit und den Schmerz nicht losgelassen, d. h. die Illusion, ich sei von jemandem verletzt worden.

Denk auch daran, dass nicht alles, was *dir* Schmerz bereitet, genauso auf einen anderen Menschen wirkt. Wir alle haben diese inneren „Schmerzknöpfe“ und wenn jemand daherkommt und einen davon drückt, re-agieren wir mit einer elektrischen Aufladung und die ungeheilte Wunde zeigt sich, um gesehen zu werden. Wenn du dann dieser Person sagen könntest: „Danke, mein Freund! Ich sehe, dass ich diesen alten Schmerz noch nicht geheilt habe und auf das re-agiere, was du gesagt, was du getan hast", dann wärst du frei von deinem Leiden. Stell dir vor, du könntest das wirklich tun, mit Liebe und Dankbarkeit! Einer unserer größten Lehrer, einer unserer größten spirituellen Führer liegt in unserer eigenen Psyche. Man nennt ihn die Re-Aktion.

Mögen wir alle frei sein von dem Bedürfnis, andere leiden zu sehen, weil wir glauben, sie hätten die Macht, uns zu verletzen in dem, was wir sind.

Mögen wir diese Überzeugung in die Liebe heilen, weil wir die Unwahrheit darin erkennen.

Bitte erinnere dich selbst immer daran: „Menschen können meinen Körper töten, doch sie können mich nicht verletzen. Sie können es nicht, weil ich göttlich bin und das Göttliche KANN NICHT verletzt werden." Das bedeutet, dass wir die Verantwortung übernehmen müssen für unsere innere Reise. Ich wusste, dass ich auf dem Pfad der Selbst-Erkenntnis und der Selbst-Liebe ging, als ich niemanden mehr für meine eigene Misere beschämen oder beschuldigen musste!
Unser liebes Ego ist oft verletzt, wenn es etwas von seiner Macht aufgibt, um gemocht zu werden. Und es über-mächtigt andere, wenn es sich unsicher fühlt.

Liebe ist die einzige Macht, die wir je brauchen.
Möge sie uns alle mit Freude erfüllen.

Täter und Opfer

Wenn wir uns unser Schatten-Selbst, das heißt unsere eigene Eifersucht, unser Konkurrenzempfinden, unsere Ängste, Aggression, spirituelle Arroganz, unseren Sarkasmus usw. nicht eingestehen, wenn wir uns nicht eingestehen, was allgemein als „Negativität" bezeichnet wird, dann hat ein anderer das alles zu tragen. Das geschieht auch kollektiv innerhalb von Familien und selbst zwischen verschiedenen Ländern. Zum Beispiel bot Deutschland sich während des Zweiten Weltkriegs dazu an, die dunklen Schatten Europas auf sich zu nehmen. Die moralisch verdorbene Persona Hitlers war der perfekte Schattenträger für das Kollektiv, für die Massen. Das heißt nicht, dass es richtig war, was Hitler tat – nicht im Geringsten – es zeigt nur, wie wir uns durch den Wahnsinn in einem anderen Land ablenken können, während unser eigenes voller Diskriminierung, Angst, Hass und Bigotterie ist. Hitler handelte in seinem inneren Zustand von krankhaftem Hass und Rachegefühlen in dieser unbewussten Zeit für das Kollektiv.
Können die Schatten eines einzigen Mannes wirklich solche Gewalt und Brutalität, solchen Terror, solch systematisches Töten erzeugen? Kann ein einzelnes Land solche Armut der Seele hervorbringen? Deutschland wurde zum Täter. Das ist zu einfach – mit Sicherheit stand das restliche Europa mit Hitlers Schreckensherrschaft durch kollektiven, ungeheilten Hass im Einklang. Auch der Vatikan hatte Anteil an der Schuld, indem er Hitler in seiner krankhaften Hinrichtung von Juden Beihilfe leistete. Einige Monate nach der Errichtung des „Dritten Reiches" erklärte Papst Pius XII. Eugenio Pacelli, dass die Kirchenbücher der dreiundzwanzig Millionen Katholiken den Nazis zugänglich gemacht werden sollten, damit deutlich würde, wer rassisch rein genug sei, um die „endlose Verfolgung unter den Nürnberger Gesetzen" zu überle-

ben (siehe Christopher Hitchens Buch „Der Herr ist kein Hirte"). Man fragt sich, warum dieser Papst sich nicht für die Juden einsetzte. Anders ausgedrückt: Trug Hitler auch die Projektionen der damaligen katholischen Kirche?

Wenn ich, als Teil des Kollektiven, mir nicht hier und jetzt meine eigenen Schatten eingestehe, leiden Kinder, Generationen, Länder. Was in Deutschland geschah, war die Hölle – die Hölle für die Opfer und jeder war ein Opfer. Wenn wir die Geschichte durch die Augen der Seele betrachten, entkommt niemand seinem eigenen inneren Seinszustand. Wenn wir andere Menschen gewaltsam unterdrücken, halten wir eigentlich uns selbst in Schrecken. Die Energie des Hasses muss, bevor sie den anderen erreicht, zuerst durch meine eigene Psyche laufen und so bin tatsächlich ich der Empfänger meines eigenen Hasses. Es sieht so aus, als bräuchten wir immer eine Positionierung von Täter und Opfer. Doch wenn wir mit vertieftem Bewusstsein hinschauen, sehen wir, wie jeder in Deutschland ein Opfer war. Das ist schwer zu verstehen. Wir müssen alles durch die Augen eines anderen Bewusstseins betrachten. Ich lebte 26 Jahre lang während des Krieges in Nordirland. Mörder, Bombenleger, Terroristen erschossen ihre eigenen Landsleute, weil sie nicht denselben Glauben hatten. Diese Männer waren genauso Opfer wie mein Mann und ich, die wir mit unserem kleinen Kind unser Zuhause verlassen mussten, weil Terroristen uns androhten: „Wir kriegen euch." Jeder, der einen anderen einschüchtert, ist unglücklich, ist nicht in Frieden, ist selbst in Angst – und das ist der Zustand der Opferrolle.

Wenn du im Fernsehen die Opfer von Gewalt und die Trauer der Familien siehst, ist dein emotionales Herz natürlich mit den Angehörigen, den Verletzten, den Entstellten. Erlauben wir uns jedoch, von tieferem Bewusstsein geführt zu werden, erkennen wir, dass auch die Terroristen Liebe brauchen. Wenn wir die Auswirkungen von Gewalt sehen, schicken wir normalerweise unser Mitgefühl, unsere Gebete und Liebe zu den armen Opfern. Das ist sehr wichtig, doch bitte glaube nicht an ein separatistisches Evangelium. Wenn du nur den Opfern und ihren Familien Liebe sendest, siehst du nicht den tiefen Schnitt in der Menschlichkeit des Täters. Die Wunde im Terroristen ist genauso tief wie jene, die er dem Opfer zugefügt hat. Wenn sie nicht heilt, geht der Krieg immer weiter und noch die Kindeskinder werden leiden. Gelangen wir zu einem tieferen Verständnis davon, was „die Hölle" ist, begreifen wir, dass das Leben eines Terroristen voller Angst ist. Glaubst du, Terroristen würden solche Tragödien, solche Gewaltakte an anderen Menschen verüben, wenn sie in sich selbst frei wären?

Ich weiß, es sagt sich leicht: Schau auf das Leben des Terroristen zurück und sieh, was er als Kind erlebt hat. Natürlich weiß ich, dass es NIEMALS eine Entschuldigung dafür gibt, ein anderes Wesen zu verletzen, sei es physisch oder geistig. Doch machen wir einen Fehler, wenn wir nur die eine Seite der Geschichte sehen. Je bewusster wir werden, desto mehr erkennen wir, dass unsere Liebe nicht an der Tür des Opfers aufhört, sondern sich ausdehnen muss bis zu dem, den wir den Täter nennen.

Wollen wir den Himmel auf Erden schaffen, können wir keine Hölle brauchen. Und wir können nicht in die Hölle blicken, ohne zu wünschen, dass sie sich in den Himmel verwandelt. Schau in die Augen eines Terroristen, sieh dir die Hölle an, dann sende unpersönliche Liebe und universelles, tiefes Mitgefühl zu den inneren Orten der Hölle in diesem Wesen, sonst erschafft es weiter die Hölle im Äußeren. Es gibt nie eine Entschuldigung für Mord und Gewalt. Wir alle können uns entscheiden, wir alle sind verantwortlich. Doch bevor wir den ersten Stein werfen, sollten wir auf unser eigenes Leben schauen und unsere eigenen, subtilen

Wege aufspüren, auf denen wir andere in Schrecken versetzen, Angst erzeugen, unsere Liebe zurückhalten. Unsere unbewussten Eifersüchte sehen, unsere Besitzansprüche, unseren ego-getriebenen Ehrgeiz am Arbeitsplatz. In tausenden von Firmen, hierarchischen Institutionen und Hierarchien in der institutionalisierten Religion werden Menschen terrorisiert, die tiefer stehen. „Obere" müssen Untergebene haben und in vielen Fällen benutzen sie ihre Überlegenheit, um andere zu missbrauchen.

Meine Freunde, wollt ihr einen Himmel auf Erden schaffen, muss eure Liebe bis hinaus zu den Terroristen reichen. Wenn du heute Abend eine Kerze für die Opfer von Verbrechen und Krieg anzündest, kannst du auch eine dazustellen für alle Terroristen in der Welt. Sende ein bewusstes Licht des Mitgefühls aus an all jene, die in diesem Moment eine Bombe in ihren Händen halten, die Hass in ihren Herzen festhalten. Denn aus diesem Hass entsteht Zorn. Aus dem Groll und der Wut, die sich lange angestaut haben, weil sie nicht zum Ausdruck gebracht wurden.

Wenn du in deinen Segen alle Terroristen miteinbeziehen könntest, würdest du dazu beitragen, dass es einen sicheren Ort für die Kinder deiner Kinder gibt bis in die vierte Generation. Dein Mitgefühl wäre so bedingungslos wie das Mitgefühl, mit dem Christus liebte.

„Ich bin eins,
eins mit der Mutter in Trauer.
Ich bin eins,
eins mit dem Kind in Scham.
Ich bin eins,
eins mit jener, die fortgeht.
Ich bin eins mit jenem, der bleibt.

Ich bin eins mit den Opfern,
die in Freiheit ihr Leben gestalten.
Ich bin eins mit des Täters Schmerz.
Ich bin eins mit den Obdachlosen,
die sich ins Elend saufen.
Ich bin eins mit den Männern,
die die Fesseln der Sucht verkaufen.

Ich bin eins,
eins mit den hungernden Kindern.
Ich bin eins,
eins mit des Mörders Wut.
Ich bin eins,
eins mit dem jungen Mann, der auf Gott flucht.
Ich bin eins mit der Nonne, tief im Gebet.

Alleluia
Shalom A Hiah
Namaste
Anam Arun
Tu Tare
Magdalena
Om Mani Padme Hum“

(Phyllida Anam-Áire, „One“, ein Lied für ihre nächste CD)

5.
DER VERSTECKTE GOTT

Verkleidungen des Göttlichen

Über unsere physische Realität wirklich hinauszuschauen und mit den Augen der inneren Wahrnehmung bis zur reinen Gegenwart, dem Heiligen in allen Dingen, hindurchzusehen ist eine Übung, die Ehrfurcht einflößt. Ich glaube, das Wort „heilig" bezieht sich nicht nur auf das, was sakral und geistlich ist, sondern auch auf etwas, das eine Art Geheimnis birgt, das versteckt ist und eine bestimmte Verletzlichkeit hat. Das Mysterium trägt den Code der Schöpfung, einen Code, der noch niemals entschlüsselt wurde. Wenn wir über die verschiedenen Formen nachsinnen, die das Bewusstsein bilden, erwachen wir für das Heilige, jenes Heilige Wesen, das sich in unserer eigenen Physikalität versteckt und reines Bewusstsein ist, reine Liebe. Diese Liebe erfahren zu dürfen ist „Amazing Grace" – erstaunliche Gnade, doch wir lassen uns so leicht ablenken und entfernen uns mehr und mehr vom Heiligen, das in den Tiefen unserer Psyche verborgen liegt. Wenn wir uns von unserer Verletzlichkeit entfernen, verlieren wir etwas Entscheidendes. Es ist ganz einfach, in die Augen eines Kindes zu schauen und die Liebe des Schöpfers in ihnen zu sehen. Wir blicken auf die Natur und sehen den knospenden Frühling übergehen in den Sommer, sehen, wie Schönheit sich allmählich entfaltet, wie alles grünt, die Farbenpracht. Wir schauen auf die Majestät eines schneebedeckten Berges, der den Himmel berührt. Wir erfreuen uns an Sonnenuntergängen. Wir fühlen die Sonne auf unserer Haut. Heilige Lieder, geistliche Verse und Poesie weiten und schenken uns ein Gefühl von Ehrfurcht und Wertschätzung. Wir spüren die Einheit der Schöpfung, die Unschuld in unserer eigenen, wundervollen Zartheit, die doch voller Kraft ist. Wie schön unser Universum ist! Wie großartig der Schöpfer! Wie wir es alle lieben, die Reinheit der Liebe zu erfahren. Das ist natürlich.

Auf der anderen Seite sehen und hören wir von den Katastrophen in der Welt. Wir fühlen mit den Menschen, die aufgrund eines Erdbebens und der Zerstörung all dessen, wovon sie dachten, es wäre ewig, leiden. Wir sehen die Verwüstungen durch Tsunamis und fragen uns, wo in all dem das Heilige ist? Manche Menschen empfinden solche Geschehnisse als unfair – Gott hätte sich einschalten müssen! Dies sind wieder die Gefühle des Kindes. Nichts ist fair, diese lieben Menschen haben nichts falsch gemacht und doch kam dieses Leid zu ihnen. Letztlich werden wir erkennen, dass Gott keine Entscheidungen trifft, wer leiden soll und wer nicht. Aber wie schon gesagt, wir haben uns einen Gott nach unserem Bild und unseren eigenen Neigungen gemacht, wir erschufen aus unseren Projektionen eine Fassade um Gott und beschränkten ES auf unsere begrenzte Vorstellung und unser begrenztes Verständnis. Mit diesem begrenzten Bewusstsein oder eher diesem Unbewusstsein versuchen wir zu erfassen, was reines Bewusstsein eigentlich ist, doch unsere Definitionen aus der Vergangenheit dienen uns nicht mehr.

Wie einfach es für uns ist, die äußere Erscheinung der Dinge zu beurteilen und zu vergessen, dass wir die Wirklichkeit nicht definieren können, indem wir unser beschränktes lineares Verständnis darauf anwenden! Die Seele hat ihre eigene spirituelle Weisheit, welche das Ego niemals ergründen kann, weil das liebe Ego den versteckten Code der Schöpfung, den Gottescode sozusagen, nicht anerkennt und immer sofortige Lösungen und Antworten will. Als ich vor Kurzem mit einer Freundin sprach, deren fünfjähriges Kind geistig und körperlich behindert ist, bewunderte ich ihre Antworten auf meine Fragen. Ich fragte sie, wie es für sie ist, Mutter dieses Kindes zu sein. Ihre Antwort war unmittelbar und klar: „Ich erkenne jetzt erst, wie wahrhaft gesegnet ich mit meiner Tochter bin. Wenn ich in ihre Augen schaue, glaube ich, dass sie einfach gekommen ist, um mir zu zeigen, wie ich mein Herz öffne und bewusster werde." Wir sprachen auch über die physischen Probleme, die das Sorgen für ihre Tochter mit sich bringt, es gibt viele davon. Diese liebe Mutter räumte jedoch ein, dass nicht das Kind das Problem sei, sondern vielmehr, wie sie als Mutter manchmal in einen Zustand der Angst geriet. Nun hat sie praktische Hilfe im Umgang mit ihrer Tochter und sagt, sie kann die Liebe fließen lassen, ungehindert von ihren Ängsten. Wenn man einem anderen Wesen fortwährend bedingungslose Liebe gibt, lebt man mehr aus der Seele als aus dem Ego. Wenn wir Augen haben, um durch die Maske einer schrecklichen Behinderung hindurchzublicken und nur die Präsenz reiner Liebe wahrnehmen, haben wir eine der Verkleidungen des Göttlichen durchschaut. Ich habe im Zusammensein mit Eltern behinderter Kinder viel über bedingungslose Liebe gelernt. Sie haben mir gezeigt, wie man über sogenannte Tragödien hinausgeht und das Gesicht der Liebe sieht.

Das keltische Bewusstsein legt nahe, dass alles und jedes in diesem schönen Universum da ist, weil wir es bewusst oder unbewusst in unser Leben gerufen haben, damit wir es kreativ nutzen können. Du sagst jetzt vielleicht: „Ich *habe* den Schmerz nicht gerufen – das wäre verrückt." Ja, das ist es, aber von einem unbewussten Platz in uns aus haben wir einige große Entscheidungen getroffen und leben daher mit Konsequenzen, die für uns nicht so angenehm sind. Wenn wir alles als eine Verkleidung des Göttlichen sehen, können wir aus unseren Fehlern lernen und schließlich erkennen, dass wir in Wirklichkeit göttliche Wesen sind, die eine menschliche Erfahrung machen. Jeder Lebensform ist Göttlichkeit zutiefst eingeprägt, jede ist von Göttlichkeit durchtränkt. Es *kann* nicht anders sein – nur unser Urteil verblendet uns. Wir müssen lernen, mit der inneren Sicht zu sehen, mit dem inneren Ohr zu hören, mit dem universellen Herzen zu fühlen. Wir müssen die Konditionierung hinsichtlich unserer Werturteile heilen, um in der Lage zu sein, den Abdruck des Göttlichen auf unserer Welt jeden Tag zu erkennen. Mit unseren gewohnten Vorlieben und Abneigungen ist das für uns nicht leicht zu begreifen.

1994 arbeitete ich mit Elisabeth Kübler-Ross in zwei Männergefängnissen in Schottland. Wir mussten eine ganze Woche lang im Gefängnis verbringen und unter den Inhaftierten leben. Unsere Zellen lagen zwischen denen der Männer und jeden Morgen stellten wir uns mit ihnen in einer Reihe auf. Wir hatten darum gebeten, keine Privilegien zu erhalten, um so am eigenen Leib zu erfahren, wie die Männer lebten. Während der Ausdruckstherapie mit einer Gruppe von 45 Männern (von denen alle lebenslange Haftstrafen verbüßten) hatte ich zu einem gewissen Zeitpunkt das deutliche Gefühl, dass wir alle miteinander auf die Erde gekommen waren, um vergangene Leben zu heilen, und dass unsere gemeinsame Menschlichkeit uns alle vereinte. Die meisten der Männer waren als junge Menschen körperlich, emotional und sexuell schlimm missbraucht worden und sie hatten getan, was sie tun mussten, um zu überleben. Das ist keine Entschuldigung dafür, jemanden umzubringen. Mord ist eine Handlung rachsüchtigen Zorns und als solche niemals gerecht. Ein Mann erzählte mir, dass er in dem Moment, in dem er seinen Vater tötete, dachte: „Gott sei Dank ist er tot; er wird nie wieder jemandem weh tun." (Ich frage mich, ob dieser Gedanke auch als Entschuldigung galt, als Osama Bin Laden getötet wurde. Doch dann ist es etwas anderes, ist es legal, weil der Befehl zu töten von der Staatsführung gegeben wurde. Oder?) Ich erinnere mich, wie traurig ich war, als ich das zweite Gefängnis verließ. Ich empfand, dass diese Männer durch ein Training, jungen gewalttätigen Männern zu helfen, mehr hätten erreichen können.

Konnte ich im Gefängnis das Göttliche finden? Die Antwort lautet: Ja.

Als ich meine Reise der Bewusstwerdung begann, musste ich den Vorhang meiner eigenen Blindheit beiseiteziehen und das Gesicht des Göttlichen in mir selbst sehen, in meinen Fehlern genauso wie in meinen Erfolgen, in meinem Hinfallen genauso wie in meinem Aufstehen, in den Tränen der Trauer genauso wie in den Tränen der puren Freude. Ich suchte und ich fand – aber ich musste mit einem offenen Herzen suchen, das niemanden verurteilt, und ich war bereit, die kostbare Perle zu finden, die im Lehm meines Erdendaseins versteckt liegen musste. Ich spürte einen Hunger und Durst nach dieser Suche und sie wurden gestillt.

Lass nicht los, bis du das Juwel gefunden hast, das in allen Gegebenheiten und Umständen deines so kostbaren Lebens verborgen liegt. Dies ist eine erstaunliche spirituelle Praxis, die uns lehrt, nicht nach der äußeren Erscheinung, der Maske oder den sogenannten gegebenen Tatsachen zu beurteilen. Da ist mehr und unsere Suche führt uns dorthin. Wir sollten nicht ruhen, bis wir dieses „Mehr" gefunden haben.

Hier ist eine Übung, die dir helfen kann, die Wirklichkeit hinter dem zu entdecken, das als schmerzvoll erscheint. Vielleicht glaubst du, dass es im Leben nur um Leiden geht. Du machst vielleicht gerne Gott oder einen anderen Menschen oder deine Eltern für bestimmte Umstände verantwortlich. Das ist in Ordnung.

Schreibe alle Schwierigkeiten auf, die du in deinem Leben gerade hast.

Schau dir diese Situationen nacheinander an.
Fühle die Wut, die Frustration und auch die Traurigkeit in dir.
Ehre jedes Gefühl.
Betrachte, welches Gefühl in welcher Situation am bedeutendsten ist.
Sprich laut: Ich fühle mich so ... Benenne es.
Stell dir vor, wie die Person oder die Sache, der du die Schuld zuschreiben willst, vor dir steht.
Sag ihm oder ihr, wie verletzt du dich fühlst, lass nichts aus.
Nun atme tief.
Nimm dir Zeit, um zu sehen, wie du dich fühlst.
Steh auf und geh im Raum herum.
Setze dich wieder.
Atme tief ein und atme aus mit dem Laut AAAAAAAAA.
Nimm wahr, wie du dich fühlst.
Steh auf und atme bewusst ein und aus.

Tu dasselbe mit jedem Gefühl, in dem du durch diese Phasen gehst. Wenn du jedes der herausragendsten Gefühle durchgearbeitet hast, strecke deine Arme nach oben aus. Beim Einatmen sage laut die Worte: „Ich ... " (dein Name) und indem du mit dem Ausatem schnell die Arme wieder herunterbringst: „... lasse los." Wiederhole dies fünfmal.

Wenn du diese spirituelle Übung ganz bewusst machst, wirst du einen Zustand innerer Freiheit und des Friedens erfahren.

Die nächste Stufe ist, einen Segen in jeder Verletzung zu finden.

Schreibe neben jeder Verletzung auf deiner Liste, welchen Segen sie in dein Leben gebracht hat.

Natürlicherweise wirst du den Segen nicht sofort erkennen, doch wenn du in Stille und Frieden wirklich hinschaust und um Inspiration bittest, um klar zu sehen, wirst du am Ende dieses Juwel finden.

Viele Menschen erzählen mir, dass Vergebung sich natürlich eingestellt hat, nachdem sogenannte negative Emotionen geehrt und der Segen gefunden worden war, der darin lag. Bald wirst du in der Lage sein, selbstverständlich zu erkennen, dass alles ein „getarnter Segen" war. Wie eine Frau mir sagte: „Versteckt unter dem Schmerz lag ein großer Segen, den ich damals noch nicht sehen konnte."

Vorzeitige Vergebung und eine verfrühte Suche nach dem Segen führen dazu, dass sie nicht anhalten, denn wir brauchen Zeit, um unsere Gefühle wirklich zu fühlen und ihre Weisheit zu ehren. Für gewöhnlich war es uns nicht gestattet, uns Zeit für das Ehren all unserer sogenannten ‚negativen' Gefühle zu nehmen. Wir fühlten uns spirituell nicht weit genug entwickelt, wenn wir sie zum Ausdruck brachten. Gefühle sind Energiefelder, nicht mehr. Natürlich ist das stärkste und mächtigste Gefühl die Liebe. Manche spirituellen Menschen haben große Angst vor ihren sogenannten ‚negativen' Gefühlen und tun alles, um sie loszuwerden. In diesem Zeitalter des Wassermanns beginnen wir nun, zu erkennen, welche Tyrannei es bedeutet, Gefühle aus der Kindheit nicht ausdrücken zu dürfen. Viele Krankheiten und mentale Probleme resultieren daraus, dass Gefühle unterdrückt werden mussten.

Reflektiere für eine Weile die folgenden Gedanken, dann lies sie noch einmal und nimm deine Gefühle dabei wahr.

Ich bin ein Wesen göttlicher Gnade und Liebe.
Ich bin eine schöne Verkleidung göttlicher Liebe.

Ich bin dasselbe Mysterium,
aus dem die ganze Schöpfung gemacht ist.
Ich habe die Macht, Freude und Liebe zu erschaffen.

Wie alle Wesen bin ich erstaunliche Gnade.
Wie alle Wesen bin ich es wert, geliebt zu werden.
Wie alle Wesen bin ich nicht allein.
Wie alle Wesen mache ich Fehler.
Wie alle Wesen brauche ich Liebe.
Wie alle Wesen brauche ich Unterstützung.
Wie alle Wesen bin ich verletzlich.

Mögen unsere Tarnungen mit jedem Tag blasser werden, sodass eines Tages die Essenz dessen, was wir sind – reine Liebe – auf der Erde offenkundig werden kann. An jenem Tag wird Gott nicht mehr versteckt sein.

Ich bin Das

Du sagst oft, du hättest keine andere Wahl. Du hättest keinen großen Einfluss darauf, wie dein Leben verläuft. Du bist nicht in die „Entscheidungsfindung" einbezogen – das Leben trifft die Entscheidungen für dich und du folgst nur blind. Du sagst, dein Leben sei banal, erfolglos und dass es vermutlich so bleiben wird. Auch machst du Gott Vorwürfe für dein schlimmes Dasein und beschwerst dich, es sei wirklich unfair, dass du leidest, während andere es leicht haben. Doch das ist nicht die Wahrheit über dein großartiges Leben! Die Wahrheit über das Leben ist, dass es neutral ist. Leben *ist* einfach. Es entscheidet nicht für oder gegen dich und kreiert auch keine Probleme. Leben ist dieser Impuls, diese dynamische Welt, in der du und alle Wesen sich bewegen und ihr Sein haben. Es ist reine Kraft, starke Bewegung und der Impuls der Schöpfung – dieselbe Energie, wie sie sich in den Blättern der Bäume und in allem findet, das geschaffen ist. Das Leben ruft alles ins Sein. Das ist das Gesetz der Schöpfung. Alle Kreatur wird ständig von der Lebenskraft bewegt. Daher sind wir alle Teil dieser Energie, dieses weiten Bewusstseinsfeldes.

Die großartige Wahrheit ist: Obgleich wir ein wichtiges Teilchen des Lebens darstellen, ist doch nichts persönlich und das Leben hat keine Vorlieben. In einer kindlich-unreifen Weltsicht dreht sich alles um das Individuum. Der Mond scheint nur für uns allein, jede Erfahrung ist subjektiv und persönlich. Alle anderen sind verantwortlich dafür, was in unserem Leben nicht in Ordnung ist.

Die DNA, ich nenne sie „The Divine Natural Activator" („Der natürliche, göttliche Aktivator"), ist der Kern göttlichen Lichts, das alles in Gang setzt, alles dazu „verführt", seinen individuellen Platz in der Schöpfung einzunehmen, und jede Spezies trägt die Verantwortung für ihren Beitrag zur Über-Seele. Jeder Aspekt der Schöpfung kennt seine Bestimmung auf der Erde, seinen Raum innerhalb der Familie der Erscheinungen und weiß genau, wie er sein Potenzial erfüllt. Ein Baum wird immer seine eigene Energie besitzen. Er hat kein Verlangen danach, ein Berg oder ein Frosch zu sein! Er weiß, dass er durch die Jahreszeiten hindurch auf natürliche Weise Wechsel durchläuft. Jede Kreatur weiß durch ihre angeborene innerste Weisheit, dass Veränderung und Transformation wesentliche Impulse in der Natur sind.

Erdbeben und andere Naturgewalten verursachen uns großen Kummer. Während die Natur sich nach einer inneren Bewegung richtet, die für den nächsten Schritt in ihrer Evolution nötig ist, erfahren viele Menschen Leid und Tod. Das Leben, der große Alchemist, balanciert, harmonisiert und bringt all seine Schöpfung in Ordnung – eine Ordnung, die nicht vorhersehbar, aber auch nicht ohne Struktur ist. Die Jahreszeiten sind für uns mit Unruhe und Irritation verbunden, während die Natur selbst lediglich dem inneren Atem folgt, der alles in Balance bringt. Sie handelt unabhängig von unseren Gefühlen und Wünschen. Sie tut, was sie tun muss, um der Evolution als Ganzes zu helfen.

Dabei hilft die Natur auch den Menschen – auch wenn in diesem Transformationsprozess viele sterben. Für die Hinterbliebenen ist das traurig und unser Mitgefühl hilft ihnen, nach solchen sogenannten Katastrophen ihr Gleichgewicht wiederzufinden. Es ist für uns schwer zu verstehen, dass die Natur auch uns hilft, zu wachsen und uns zu entwickeln, denn wir sehen die Evolution und Transformation immer durch die Augen des Leidens. Die Natur leidet nicht bei ihren Transformationen, weil sie kein Ego-System hat. Die Liebe der Natur für die Menschheit zeigt sich nicht als persönliche Liebe, wie wir sie kennen, sondern drückt sich aus als Chaos, Frieden, Harmonie und sogenanntes Unglück und bringt auch uns damit in Gleichgewicht.

Bedingungslos und aus einem solchen Zustand der Ausgeglichenheit heraus zu lieben – wie würde das aussehen? Es würde bedeuten, dass wir nicht mehr aufgrund von Verletzungen in der Vergangenheit handelten. Wir würden nicht länger vom inneren verwundeten Kind aus re-agieren, von dem Ort der „unerledigten Geschäfte“. Wir würden die „So-heit“ von allem sehen. Wir würden mit einem *Aha!* die Dinge so sehen, wie sie sind – neu und wundervoll, frei von unseren Assoziationen und Urteilen aus der Vergangenheit. Liebe ist im Verhältnis zur Natur manchmal ein Haupt- und manchmal ein Tunwort: Die Natur liebt aus sich heraus, unabhängig von einem Objekt der Liebe. Die Liebe erfährt

sich selbst in der Natur und die Natur erfährt sich in der Liebe. Die Liebe erfährt sich in allem und jedem ohne Urteil und genauso können wir uns in ihr erfahren.
Wie können wir Menschen erkennen, dass Liebe sich beispielsweise als Tsunami und auch als reine Freude erfährt? Liebe muss den Gegensatz aller Erfahrungen leben. Sie nennt nicht eine Erfahrung gut und eine andere schlecht. Sie erfährt alles als ein Fließen von Energie, das in der Lage ist, zu harmonisieren und auszugleichen, wenn die Energien aus der Ordnung geraten. Kannst du dir vorstellen, dass diese Liebe, dieses Leben sich selbst als Wind erfährt, der durch dein Haar weht, als ein Orkan, als eine Blume in deinem Garten, als Wasser im Ozean, als Donner und Blitz? Sie kann in wundersamer Verkleidung auftreten – in menschlicher Form als ein kleines Kind, das gerade auf die Welt gekommen ist, als ein hinkender alter Mann, als ein junges Liebespaar. Sie tarnt sich als Soldat, der in den Krieg zieht, und als Regierung, die junge Menschen dazu bringt, zu töten. Sie trägt die Maske des Kranken und Bedürftigen und das Gewand eines Tieres, einer Pflanze oder von Feuer, Wasser, Luft und Erde. Die Verkleidungen des Lebens, der Liebe sind unzählig. Schau dich um, wie alles dieses heilige Leben manifestiert. Eines Tages werden wir die Fähigkeit erlernt haben, diese Liebe in reiner Absicht auszudrücken. Bis es so weit ist, werden wir ihr eigentlich nicht ganz gerecht. Wie erstaunlich, dass wir, selbst wenn wir die Liebesenergie missbrauchen, niemals verurteilt oder verdammt werden! Darum wird sie „bedingungslos" genannt.
Diese göttliche Energie erfährt sich selbst in der ganzen Schöpfung gleichzeitig, für immer und ewig, in einem Atemzug, sich selbst wieder und wieder erschaffend. Die Mustervorlage für die menschliche Form ist von unglaublicher Schönheit und Vielfalt. Keine zwei Formen sind genau gleich. Selbst sogenannte eineiige

Zwillinge haben Unterschiede. Die einzige Absicht, die das Leben für uns hat, ist, dass wir es in der Fülle unserer selbst gewählten Erfahrungen erfahren.

Obwohl wir als Menschen einen persönlichen heiligen Vertrag zu erfüllen haben, der unsere Erfahrungen ins Gleichgewicht bringt, heißt das nicht, dass wir ihn in diesem Leben erfüllen müssen. Wir haben die Wahl, wie und wann wir diesen persönlichen Vertrag ausleben. Es ist nicht in der Verantwortung des Lebens selbst, sicherzustellen, dass wir den Vertrag erfüllen. Gott oder Buddha oder Jesus können uns nicht vorschreiben, wie wir das Leben leben sollen, das wir gewählt haben. Es ist unsere Sache und dummerweise gibt es niemanden, dem wir die Schuld geben können, wenn das Leben uns stumpfsinnig erscheint – nicht einmal uns selbst. Aufgrund des kollektiven Bewusstseins können wir die liebevolle Energie des Universums in unseren Ahnen anrufen. Zugleich sind die Engel bereit und offen zu helfen, doch wir müssen den ersten Schritt tun und darum bitten.

Es ist wichtig, sich immer zu erinnern, dass unsere eigenen gewohnten Gedanken und Gefühle unsere Gegenwart und Zukunft erschaffen. Ich werde diese Auffassung, diese Wahrheit das ganze Buch hindurch ständig wiederholen. Wenn wir uns umsehen, sehen wir unsere eigenen, selbst erschaffenen Bilder in der Welt. Das ist eine erstaunliche, eine machtvolle Denkweise, die dich vielleicht erschreckt.

Doch es gibt keinen Grund, Angst zu haben. Alles ist gut, du hast die Kraft, jederzeit das zu verändern, was dir nicht dient. Wenn du dies lange genug hörst und es wirklich glaubst, wirst du beginnen, es als Wahrheit zu realisieren. Kannst du dir vorstellen, dass alles in deiner Welt gerade jetzt hier ist, weil du es bewusst oder unbewusst hereingerufen hast?

Schau in dein Herz hinein, in diesem Moment.

Werde dir der Gedanken bewusst, die du gerade denkst.
Welche Gefühle sind in deinem Herzen?
Wie geht es deinem Körper im Moment?
Glaubst du, dass du das Recht hast, dir dein Leben auszusuchen?
Kannst du erkennen, wie du all deine Erfahrungen angezogen hast?
Was siehst du zur Zeit um dich herum? Der Ort, an dem du lebst, deine Freunde, deine Familie, deine Arbeit, deinen Beruf ...
Bist du mit allen Wesen im Frieden? Wenn nicht, warum nicht?
Kannst du dir vorstellen, Nein zu sagen zu dem, was sich für dich nicht richtig und gut anfühlt?
Hast du Angst, auszusprechen, was du fühlst, weil du vielleicht nicht mehr geliebt werden könntest?
Du kannst durch die Angst hindurch trotzdem entscheiden.
Wir treffen die ganze Zeit Entscheidungen, von morgens bis abends, und machen das Leben oder sonst etwas für die Konsequenzen daraus verantwortlich.
Wir sagen „Ich mag unsere Regierung nicht", doch wir sind Teil des Kollektiven, also sind wir auch Teil der Regierung. Wir mögen den Staat nicht, doch wir bilden den Staat. Wir sagen „Gott ist nicht fair!", aber wir haben vergessen, dass wir Gott nach unserem eigenen Bild gemacht haben. Ob es uns gefällt oder nicht, wir sind Teil des kollektiven Universums, eines kollektiven Bewusstseins oder Unbewusstseins, und wir tragen zu allem bei, das wir erfahren, ob **gut** oder **schlecht**. Wir können dieses Thema noch weiterführen und sehen, dass wir ebenso Teil der Liebe sind, die in die Welt strömt und der Freude, die uns erfüllt. Wir sind eins mit dem Mitfühlenden und dem, der für andere sorgt. Wir sind voller Gnade wie der Heiler und so sachte wie der Regentropfen auf einem Blatt. Wir sind Teil aller Kreatur und darin liegen unsere Kraft und unsere Freude. Wenn wir mit allen Wesen eins sind, dann sind wir auch eins mit dem Gegensatz aller Liebe und Schönheit.

Können wir auch sehen, dass wir eins sind mit dem Soldaten, der im Begriff ist zu töten, der aus Angst bereit ist zu schießen, um sich zu verteidigen? Können wir auch fühlen, dass wir eins sind mit dem jungen Mann, der erschossen wird, der voller Angst ist und nicht weiß, ob er leben oder sterben wird? Und können wir uns selbst als den älteren Mann sehen, der dem Jungen beibringt, wie man zielt? Natürlich sind wir auch eins mit denen, die ihre Energie für Menschen in Not einsetzen.

Bei alldem geht es mir nicht darum, dass jemand eine Schuld trägt, sondern dass wir diese Dinge in Betracht ziehen. Ich habe in meinem Leben gelernt, dass ich weniger verurteilend mit mir selbst und anderen umgehe, wenn ich mich selbst in allen Wesen und in der ganzen Schöpfung wiedererkenne.

Uns selbst in allem zu sehen hilft uns, unsere Hand auszustrecken, einander zu unterstützen und zu erkennen, dass wir damit tatsächlich uns selbst unterstützen. Als Jesus der Christus sagte: „Wenn du jemandem in Not einen Schluck Wasser gibst, gibst du ihn mir", sprach er über kollektives Bewusstsein, von dem auch er selbst ein Teil war. Er trug durch seine eigenen Lebens- und Todeserfahrungen zum Erwachen aller Wesen bei. Und natürlich tragen wir zur gesamten Unbewusstheit bei, wenn wir nicht beachten, welche Konsequenzen unsere Handlungen haben können.

Ermutige dich selbst jeden Tag und danke dir selbst für alles, was du bereit bist zu lernen und von Herzen zu teilen. Erlaube dir selbst, dich bedingungslos zu lieben, damit du frei bist, bewusste Entscheidungen im Leben zu treffen. Lass jede Kritik los gegenüber Fehlern, die du in der Vergangenheit gemacht hast, denn Bedauern nagt an der Selbst-Liebe. Wenn du dich selbst nicht bedingungslos lieben kannst, gibt es in dir keine Freiräume, um gute Entscheidungen zu treffen.

Viele Jahre lang folgte ich den alten Denkmustern meiner ungeheilten Ahnen in ihrer Absicht, zu kontrollieren und gut und stark zu sein, sodass Gott mich lieben würde. Von klein auf wurden wir indoktriniert, dass Katholiken in den Himmel kamen, also beteten wir den Rosenkranz für die armen Protestanten. Wir lernen von klein auf, eine Trennung zwischen *uns* und *den anderen* zu kreieren. Ich lernte auch, dass sich selbst zu lieben bedeutete, selbstsüchtig zu sein, und das war schlecht. Dies sind einige der Lügen, die ich lange Zeit lebte. Ich weiß auch, dass die Lehrer damals es selbst nicht besser wussten, und sie gaben an mich weiter, was sie selber gelernt hatten.
Welche Lügen hast du gelebt?

Jetzt kannst du dein Leben heilen, weil du andere Glaubenssätze gelernt hast, doch du wirst durch den starken Impuls der Geburt immer mit deiner Herkunftsfamilie verbunden sein. Dieser Impuls kann für sie und alle Lehrer, die du für deine eigene Heilung angezogen hast, in bedingungslose Liebe transformiert werden. Während du deine eigene Güte, deine eigene Göttlichkeit zu sehen beginnst, erkennst du vielleicht sogar, dass dein Leben gut und schöpferisch sein kann, wenn du nur ein paar Entscheidungen anderer Art triffst.

Hier sind ein paar Fragen für dich, mit denen du für eine Weile sitzen und die du dann auf einem Stück Papier für dich selbst beantworten kannst.

Was ist mir in meinem Leben wichtig?
Was bedeutet es zu heilen?
Was bedeutet Selbstliebe?
Was sind meine Ängste?
Was erfreut mein Herz?

Wenn du diese Fragen durchgearbeitet und die Antworten aufgeschrieben hast, lege das Papier auf einen kleinen Altar, zusammen mit einem Foto von dir und vielleicht einer Kerze und ein paar Blumen. Lies deine Antworten täglich und lege das Papier zurück auf den Altar. Nach einer Weile möchtest du vielleicht einige Antworten verändern und das ist in Ordnung.

Möge dein weises Selbst dir helfen auf deiner großen inneren Suche nach deinem eigenen Lebensweg, nach dem, was dir wirklich dient.
Was immer deinem erwachten Selbst dient, dient auch dem Kollektiven.

Identifikation

Unser Glaube an das Leiden ist durch die Welt der Materie bedingt. Der fortwährende Glaube an Kampf und Leiden hält uns auf der Erde fest. Kampf und Leiden sind Mechanismen, die der Erden-Geist anwendet, um der Verantwortung zu entkommen, im Hier und Jetzt zu sein. Er kann die Botschaften der Seele nicht hören, die weiß, wann eine alte Angst dabei ist, zu einer Einstellung zu werden und die Einstellung zu einer Lebensweise. Wenn du deinen Verstand scheinbar nicht davon abhalten kannst, Sorgen und Anstrengungen zu kreieren, übernimmt dein Körper diese Energien als Krankheiten. Die Belastungen gehen weiter, weil du körperliche Schmerzen hast. Das bringt dich in Verärgerung über den Körper und du beginnst, dich nur mehr in Schmerzen zu sehen. Auch der Ärger manifestiert sich als körperlicher Schmerz und nun sind beide betroffen, Körper und Geist. Eine

Person fragt dich: „Wie geht es dir?“ und du gibst die Antwort: „Mir tut das und das weh, ich leide an ...“ Diese Identifikation mit Stress ist eine Geisteshaltung, eine Stellungnahme aus der Opferrolle. Als hättest du keinerlei Kontrolle über das, was passiert, als bestünde deine ganze Identität nur aus Schmerz, einem Körper und Geist voller Schmerz. Der Verstand erschafft diesen Zustand und der Körper manifestiert ihn einfach. Natürlicher Stress ist eine Bewegung zwischen An- und Entspannung und erhält die Funktion unserer Physikalität aufrecht. Bewegung ist Lebenskraft, die sich in der gesamten Kreatur manifestiert. Diese Bewegung hat ihr eigenes Gleichgewicht und eine Harmonie. Alles, was sich nicht bewegt, verfällt, und selbst der Verfall ist ebenso durch und durch Bewegung. Weil unsere Augen nicht sensibel genug sind, um die Bewegung wahrzunehmen, behaupten wir, es gäbe sie nicht! Bewegung ist die natürliche Antwort auf Veränderung, sei sie sichtbar oder unsichtbar. Wir sprechen hier jedoch über Bewegung, die beeinträchtigt, die angespannt ist wie eine überspannte Gitarrensaite. Dieser unnatürliche Zustand erzeugt, wenn er von unserer Denkweise als normal angesehen wird, Sorgen und Überbelastung.

Allein schon die Worte, die wir verwenden, zeugen von Belastung. Wir hören Menschen sagen: „Es ist so schrecklich, was in der Welt passiert.“ Die Schwingungen in dem Wort „schrecklich“ (von Schrecken) sind voller Angst und deshalb nicht gesund. Mit den dazugehörigen Gefühlen sagen wir: „Alles ist zurzeit so anstrengend.“ So schaffen wir tatsächlich mehr Stress, indem wir diese Aussage machen. Du sagst nun, du kannst nicht einfach so tun, als gäbe es den Stress nicht, wenn du ihn doch fühlst. Es geht darum, die Über-Belastung in deinem Denken zu erkennen und dann etwas dafür zu tun, dass du sie loslassen kannst. Es braucht eine Gegenwirkung in deinen Gedanken. Wenn der Stress gedanklich

losgelassen wird, ist er im Physischen keine Realität mehr. Es gibt viele Arten, mit Stress umzugehen. Wir können zum Beispiel die ersten Anzeichen von Stress ausfindig machen, insbesondere in unserem Atmen. Wenn wir jeden Tag bewusster wahrnehmen, wie wir atmen, ist es leicht, zu erkennen, wann der Atem kürzer und unregelmäßig wird. Ärgerst du dich zurzeit über kleine Dinge in deinem Leben? Gehen dir schon Kleinigkeiten auf die Nerven? Dann halte einen Moment inne und atme tief in die Mitte deines Körpers. Stelle fest, wie du in diesem Moment dem Ärger erlaubst, dir deinen Atem zu nehmen. Inzwischen weißt du, dass du Probleme erschaffst, indem du mehr in der Vergangenheit oder Zukunft lebst als hier und jetzt. Mach dir klar, dass ein Bedauern der Vergangenheit oder Sorgen über die Zukunft deine Freude im Hier und Jetzt beeinträchtigen. Wenn du versuchst, alles um dich herum zu kontrollieren, fügst du deinem Leben Stress zu. Einfach nur wahrzunehmen, wie solche Situationen deinen Atemfluss stören, ohne das zu beurteilen, ist in Hinsicht auf dein Wohlergehen so wichtig. Denke immer daran, dass alles, was dein Herz nährt, auch für deine Seele nahrhaft ist. Wenn deine Seele genährt ist, ist dein Atem voll und gibt dir Energie.
Du kannst deinen Gedanken erlauben, dir dabei zu helfen, ein erfüllteres Leben zu genießen. Anspannung geschieht, wenn wir uns unseres Atems und der Weise, wie wir Informationen aufnehmen und sie wieder loslassen, nicht bewusst sind.
Menschen können viele physische Schmerzen haben. Und weil sie sich damit nicht völlig identifizieren, leiden sie nicht. Leiden, so glaube ich, ist die Folge davon, die Welt durch die Augen der Anstrengung, des Kampfes zu betrachten. Stell dir vor, du hättest große Schmerzen in deinem Körper und könntest in aller Aufrichtigkeit sagen: „Es gibt Schmerzen in meinem Körper und es geht mir gut.“ Ich frage mich, wie anders wir über Leiden, Stress und

Kampf empfinden würden, könnten wir Sprache so gebrauchen. Die innere Geschichte scheint so auszusehen: Ich habe Schmerzen, ich kämpfe mit den Schmerzen und dann leide ich, weil ich kämpfe. Wenn man dich bittet, für jemanden zu beten, der krank ist oder Schmerzen hat, ist es gut, die Person immer als wohlauf, lächelnd und voller Leben zu visualisieren. Visualisiere sie nie als leidend oder traurig. Deine Gedanken haben auch Einfluss auf sie. Gedanken produzieren Ergebnisse.

In unserer sogenannten fortschrittlichen Gesellschaft sind wir dazu angehalten, uns zu beeilen und mehrere Dinge gleichzeitig zu tun. Wir handeln wie Automaten ohne Bewusstsein. Haben wir die Ziele erreicht, die uns gesetzt wurden, sollen wir nach noch höheren Zielen streben. Das ist anstrengend, weil wir anfangen, mit uns selbst in Wettstreit zu gehen. Selbst-Urteil erschafft großen Stress. Unser Bemühen, in allen Dingen perfekt zu sein, führt zu großer nervlicher Anspannung, und wenn der Körper diese nicht mehr halten kann, wird er krank. Krankheitsvorsorge beginnt nicht mit der Einnahme von Vitaminen, sondern damit, dass wir uns unser Glaubenssystem ansehen. Wenn deine Überzeugungen dir dienen und dein Herz erfreuen und dich mehr und mehr für das Leben öffnen, dann sind sie gesund. Wenn sie dein Herz belasten und dich davon abhalten, dich gut zu ernähren und zu schlafen, sind sie ungesund und müssen liebevoll überprüft werden.

6.
Die Seele erfahren

Erfahrung

Der „Lehm" der physischen Form, die unsere individuelle Seele angenommen hat, wird feucht gehalten durch Erfahrungen. Der physische Körper ist nicht immer bereit, aktive Erfahrungen zuzulassen, der Lehm nicht immer bereit, Feuchtigkeit aufzunehmen. Wenn wir alter Ängste wegen gar keine neuen Erfahrungen mehr willkommen heißen, trocknet der Ton aus und wir behalten eine harte, unnachgiebige Form zurück. Wir brauchen die Weisheit, zu erkennen, wann es Zeit ist für aktive Erfahrungen und wann es besser ist, in dem Raum dazwischen abzuwarten. Ich glaube, dass die Erfahrung des Nichts-Tuns genauso wichtig und notwendig ist wie die der Aktivität.

Der Körper ist ein so flexibles Werkzeug der Sinnlichkeit und Bewegung, alle Erfahrung kann sich darin zu Hause fühlen. Die Seele verwendet die Physis, um sich darin zu bewegen und zu sein. Wir meinen oft, dass man physisch beteiligt sein muss, um Erfahrungen zu machen. Dass etwas Großes und Ereignisreiches geschehen muss, etwas voller Abenteuer. Doch die Seele hat solche Erwartungen nicht. Was immer uns bewegt, sei es Trauer oder Freude, nennt die Seele Erfahrung. Einatmen bringt Inspiration; Ausatmen bringt die Inspiration zum Leben. Kein Grund für ein Drama, kein Urteil – nur die Erfahrung des Seins.

Die Gegenwart zu erfahren bedeutet, die Seele zu erfahren, weil die Gegenwart der heilige Raum ist, in dem keine äußere Landschaft ablenkt und keine äußere Stimme den Augenblick seiner völligen Hingabe an die Wahrheit berauben kann. Nur der Atem ist Zeuge der Gegenwart, immer begleitet er das Bewusstsein der Erfahrung. Tatsächlich ist der Atem ein feinfühliger Sensor für unsere Emotionen und Gefühle. Er wacht über die Erfahrung und fließt authentisch mit ihren inneren Bewegungen. Der Atem kann uns darüber informieren, ob wir in Angst oder in Liebe sind. Er lädt auch zu allen Erfahrungen die Wachsamkeit des Herzens mit ein. Das Herz ist für die emotionalen Ebenen zuständig. Es urteilt nicht, sondern macht sich vielmehr mit der Erfahrung vertraut und ermöglicht, dass Gefühle sich selbst ausdrücken – wenn der Wille es zulässt.

Die Schöpfung sehnt sich danach, dass wir ihre tiefste Natur voll erfahren mögen. Bäume haben eine Sehnsucht, dass wir sie wirklich sehen und uns bewusst sind, wie sie uns liebevoll beschützen. Es ist, als hätten die Bäume den Traum, dass wir uns, indem wir mit ihnen kommunizieren, unserer eigenen Stärke bewusster werden. Dadurch, dass sie die Erfahrung aller Jahreszeiten tragen – ohne Urteil, ohne nach einem anderen Weg zu suchen, um Liebe auszudrücken – zeigen sie uns, wie wir unsere Essenz zum Ausdruck bringen können. Sie zeigen uns, wie man auf der Erde lebt. Wenn wir uns mit dem tiefsten Wesen der Bäume verbinden können, erkennen wir unsere Zugehörigkeit, unseren einzigartigen Platz in der Schöpfungsfamilie. Schauen wir nur auf das Materielle, auf die für unsere innere Sicherheit und Stabilität menschengemachten Teile unserer Welt, werden wir enttäuscht – denn das wird wieder von uns genommen. Das war niemals dazu gedacht, unseren Seelen Schutz zu geben. Wahre Sicherheit finden wir im Bewusstsein der Einheit, unserem Einssein mit der ganzen Schöpfung. Wir können die Natur nicht besitzen, wir können sie nur in all ihren verschiedenen Formen erfahren. Wenn ich einen Baum besitzen will, erfahre ich ihn nicht mehr. Ich sehe ihn nicht, wie er ist, ich bin mir seiner Selbstheit nicht bewusst. Ich spüre nur, dass ich ihn brauche. Genauso ist es mit Menschen – ich kann sie nicht voll wahrnehmen, wenn ich durch mein inneres Anklammern an sie abgelenkt bin. Wenn ich mich in den Bereich des Ego treiben lasse, will ich sie besitzen. Meine Sprache beinhaltet dann Worte, die persönliches Besitztum ausdrücken, wie „*mein* Baum", „*mein* Freund", „*mein* Leben", „*mein* Kind". Dieser innere Selbst-Dialog lässt keinen Raum für das reine Erleben, das für meine Seele eine Gnade und Wonne sein könnte. Das Gefühl des Einsseins finden wir in der Annahme, dass wir, obschon als individueller Ausdruck des Göttlichen voneinander getrennt, in unserer Essenz der puren Liebe genauso vereint sind. Jedes Gefühl der Einsamkeit kann Trost finden, wenn wir wirklich diese Einheit, diese Zusammengehörigkeit, dieses Nach-Hause-Kommen zu uns selbst und dem anderen, dem Geliebten, fühlen.

Wenn die Zeit reif ist, löst das Blatt sich vom Zweig des Baumes und schwebt langsam, mit dem Wissen des ganzen Baumes, hinunter zu seiner Erdenheimat. Wenn wir mit solchem Bewusstsein loslassen könnten, ohne das Leiden, das durch unsere Tendenz zum Besitzen- und Festhaltenwollen entsteht, wenn wir unser irrtümliches Sicherheitsempfinden loslassen könnten, würden wir erkennen, dass wir nur geliehen haben, was wir zu besitzen meinen. Mich zugehörig zu fühlen gibt mir Freiheit und Einig-Sein beinhaltet, auch meine Individualität zu spüren. Uns mit feinem Sinn der Größe unserer Seele und zur gleichen Zeit der Bescheidenheit unseres eigenen Beitrags zum Ganzen bewusst zu sein bedeutet, freudvolle Demut zu kennen. Wir wissen, dass wir in der Familie aller Wesen einen Platz haben und dass wir zählen. Wenn der Rosenbusch verdorrt, sagen wir, er sei tot, weil wir unseren Tisch nicht mehr mit seinen Blüten schmücken können. Die Natur jedoch weiß, dass dies nicht das Ende dieses Ausdrucks von Leben ist, sondern dass er einen Prozess der Transformation durchläuft. Er wird zu Kompost, der mit seinen vielen Mineralien den nächsten Rosenbusch nährt, vielleicht über viele Generationen. Genauso werden wir Menschen zu reichhaltigem Kompost für die nachfolgenden Generationen.

All unsere Erfahrungen auf der Erde bilden die Bestandteile für das, woraus unsere Nachfahren lernen und leben werden. So wie die Geschichte des Rosenbusches schon im Samen verborgen enthalten war, lag auch unsere Lebensgeschichte in der reichen Erde unserer Ahnen verborgen. Es mag für uns vieles zu heilen geben, was den Kompost betrifft, der uns durch die ungeheilten Teile ihrer Leben zurückgelassen wurde – aber die Erfahrungen unserer Ahnen waren und sind der Boden unseres Werdens. Ihnen gehörte die irdische Heimat, in der und von der aus wir Form bekamen. Ihre Erfahrungen fließen durch unser Blut, genauso wie ihre Überzeugungen, Einstellungen und Gedanken. Doch mussten wir uns individuieren und haben nun unsere eigenen inneren Landschaften zu beackern – zu hacken, säen und ernten. Die Ahnen sind nicht mehr für unsere Ernten oder die Erfahrungen, die wir uns aussuchen, verantwortlich.

Obwohl Selbstfindung notwendig ist, durchsieben wir oft unsere Erde zu viel und zu lange, bis uns die Bodenschätze und das Geschenk des Erinnerns durch zu viel Hacken, zu viel Kratzen auf dem heiligen Grund verloren gehen. Wir müssen Raum schaffen für das Mysterium und das Unbekannte, das bislang Ungerufene in uns. Ich empfinde, dass zu viel Offenlegung manchmal etwas von Selbst-Tyrannei hat. Wir brauchen auch die dunkel-braunrote Erde unserer Zugehörigkeit, in der wir die Samen dessen setzen, was nicht zu erkennen und auf geheimnisvolle Weise heilig ist. Filtern wir von unseren eigenen Geschichten zu viel aus, verödet unsere Landschaft und wir verlieren unser Gefühl für die Wildnis. Unser Ego – das es liebt, Dinge nach ihrer äußeren Erscheinung zu beurteilen und als entweder gut oder schlecht einzuordnen – atmet bei sauber gepflegten grünen Rasenflächen, auf denen kein Unkraut wachsen darf, laut auf! Dann fühlt es sich wichtig und wertvoll. Das liebe Ego verbringt lange Stunden im Garten unserer Geschichten, um das Problem mit dem wuchernden Unkraut zu lösen, während die Seele diese als eine weitere Blumensorte betrachtet. Es wird leicht vergessen, dass das Leben nicht ein Problem ist, das gelöst werden muss, sondern eine staunenswert schöne Erfahrung, die in jedem Moment gelebt werden will!

Wenn du dein Leben als ein besonderes Beispiel für die Schönheit der Schöpfung sehen kannst, ohne nach außerordentlichen Erfahrungen zu suchen, wirst du nicht auf das große Abenteuer warten, um dein Bewusstsein für die Herrlichkeit des Lebens, so wie es ist, zu erwecken. Wenn du mit Liebe und Ehrfurcht eine winzige Blume bestaunen und ihren Platz in der Ordnung der Liebe erkennen kannst oder in die Augen eines Pferdes schauen und dich über Konzepte oder die Biologie hinaus und stattdessen in die Erfahrung der Gegenwart von Schönheit führen lassen kannst, wirst du nur Liebe fühlen. Wir brauchen Zeit, um nur zu sein und nicht zu tun oder zu denken, sondern zu wissen, dass wir reisende Wesen auf der Erde sind und wir alle dieselbe innere Lebenskraft teilen. Dieses Wissen hilft uns, mit Freude auf der Erde zu wandeln und mit einem tiefen Empfinden, dass wir reich gesegnet sind – sowohl in Zeiten sogenannter Freude als auch in solchen sogenannten Kummers. An dem Tag, an dem das geschieht, werden wir dem großen Wind der Wahrheit erlauben, alles zu offenbaren, was an Geheimnissen in uns offenbart werden muss. An jenem Tag werden wir auch in das Willkommen unserer eigenen Seele heimgekehrt sein – und mit einem Lied auf den Lippen und einem allumfassenden Segen in unserem geweiteten Herzen die Welt umarmen.

Seelenvoll leben, Liebe leben

Was bedeutet es, aus der Seele zu leben? Gibt es eine andere Wahl?

Viele gute und begründete Fragen können zu dieser Überschrift gestellt werden. Es braucht vernünftige Fragen, wenn man zielgerichtet und bewusst einem bestimmten Pfad folgt. Abgesehen davon steht jedoch der empirische Verstand mit seinem Beharren auf logische Auseinandersetzungen, die zu logischen Schlüssen führen, oft tieferen, inneren Entdeckungen im Weg. Da die Seele gleichbedeutend ist mit Paradox und Synchronizität, kann der Empiriker nicht davon ausgehen, eine Definition für die Seele zu finden, die sich der Wahrnehmungsweise der linken Gehirnhälfte fügt. Deshalb haben wir sofort ein Problem, wenn wir die Berechenbarkeit nicht außer Acht lassen wollen. Das Problem kann aber überwunden werden, indem wir erkennen, dass die Denkweise der Wissenschaft sich noch immer in einem kindlichen Stadium befindet, was das Enträtseln der Geheimnisse des Universums anbelangt. Wissenschaftler wie Louise B. Young und Deepak Chopra würden mir zustimmen, dass der gewöhnliche Verstand – die linear denkende, linke Gehirnhälfte – sich am Ende vor dem Mysterium verneigen muss, will er wirkliches Wissen über nicht sichtbare Phänomene gewinnen. Ich wage zu behaupten, dass der Verstand sich letztlich nicht nur vor dem Mysterium verneigen, sondern dass sich auch seine gewohnte Sprache der des Mystikers und Poeten beugen muss, weil diese eine tiefere Erkenntnis des Unerklärlichen besitzt. Was der Wissenschaftler ein unerklärliches Phänomen nennen mag, bezeichnet die Mystikerin und Poetin als Mysterium, als die Essenz des Lebens, welche das Bewusstsein selbst ist.

Was ist denn dann die Seele?

Der uralten Weisheit gemäß kann die Seele als jene Lebenskraft oder Essenz beschrieben werden, aus der, in der und durch welche die ganze Schöpfung lebt, sich bewegt und ihr Sein hat. Ich nenne sie gerne die reine, ursprüngliche DNA, den „Divine Natural Activator" – den „natürlichen, göttlichen Beschleuniger", das heißt, die Urkraft, durch welche das Leben sich beständig selbst in und außerhalb der Materie erschafft. Bewegung ist gleichbedeutend mit Leben, mit Energie. Alle Bewegung wird, sichtbar oder unsichtbar, durch diesen niemals endenden energetischen Tanz in Gang gesetzt. Energie kann nicht ausgelöscht werden; sie fließt in einem fortwährenden Rhythmus von Fusion und Kontraktion, Zusammenziehen und Verschmelzen. Das Erscheinen verschiedener Formen geschieht durch diesen Tanz. Trans-Formation, nicht Annihilation, nicht Vernichtung ist daher die Natur der Energie. Genau dieses Vereinigen und Sichzusammenziehen sind der Stoff, der brodelnde Eintopf der Seele, der den Atem des Lebens kreiert. Verschmelzung erschafft einen Mechanismus für rapide Revolution, z. B. bei Ei und Spermium. Das Ei und das Spermium sind für sich genommen nicht lebendig, aber aus ihrer Verbindung heraus fließt Leben. Es scheint, als bewege sich das Leben stets der Vereinigung, dem Eins-Sein (engl.: at-one-ment= Buße, Wiedergutmachung, hier als Wortspiel) entgegen, auf eine interne *hieros gamos*, eine „heilige Hochzeit" zu – die vollständige

Integration seiner selbst als Ganzes. Es ist eine Rückkehr zum Bewusstsein der Einheit, das schon vor dem sogenannten Urknall existierte.

In einer menschlichen Beziehung – zwei Wesen begegnen sich, die füreinander besonders sind – ist die Seele zur Seele hingezogen und aus der Verschmelzung wird Liebe geboren. Der Prozess kehrt sich um, wenn Trennung zwischen ihnen stattfindet. Es gibt eine Kontraktion und in dieser fließen die kreativen Säfte nicht. Das ist die Zeit des Übergangs, in dem scheinbar keine Bewegung ist, nichts zu geschehen scheint. Die Dynamik der Liebe scheint wie auf Eis gelegt und so muss emotionale Arbeit getan werden. Tatsächlich sammelt in diesem Raum, dieser Zeit scheinbarer Dürre die Seele ihre Ernte aus der letzten Vereinigung ein und transformiert in ihrer Beziehung die Schlacken in Gold, wenn die Person das wünscht. Das wird Heilung genannt.

Keine Erfahrung geht je verloren; keine Erfahrung ist je ohne Bedeutung.

Kein Gedanke, kein Wort, keine Handlung kann je sterben. Die energetischen Komponenten dieser Variablen interagieren miteinander, während sie aufgerührt, geschmolzen und eingewoben werden in eine Masse von etwas, das wir Wirbel von Schwingungen nennen können. Die Schwingungen bewegen sich und treiben durch unser Umfeld wie unsichtbare Wesen, immer bereit, unsere jeweilige DNA, das kollektive Bewusste und Unbewusste, zu beeinflussen. Diese Folge von elektrischen und magnetischen Einflüssen zeugt von den jeweiligen Gedankenmustern, wie jeder einzelne Pinselstrich von der Kreativität des Künstlers zeugt. Nichts unter dem Himmel und auf Erden ist neu. Alles ist recycelt, wiederverwertet. Nichts geht verloren; nichts ist zu unbedeutend, um nicht als einzelnes oder kollektives Muster der Vollkommenheit wieder aufzutauchen. Stell dir für einen Augenblick vor, dass die

Einsichten, derer du dich jetzt erfreust, vielleicht ihren Ursprung in der Phase des schweren Verlusts vor zwei Jahren haben, in der dein Herz gebrochen war. Das heutige Gold kann aus dem Mist von gestern entstanden sein.
Das unendlich Verschwenderische der Natur zeigt uns deutlich, dass niemals etwas vergeudet ist oder ausgedient hat. Die Natur selbst baut auf Ordnung und Schönheit auf – die geordnete Manifestation in der Natur stellt ihre Schönheit dar, ihre tiefe, intelligente Schönheit. Sie bildet Schönheit von Form zu Form, von einer Vortrefflichkeit zur nächsten. Sie erzeugt einen Überfluss an Schöpfungen, von der jede auf dem Tod der vorhergehenden Form aufbaut.
Der Tod einer Form sorgt für weitere Inspiration, für eine noch größere Pracht.

„Und ist aus dem Sterben eines Blattes
nicht der Baum erwachsen?
Und aus der Ungestalt der Puppe –
wurde daraus nicht der Schmetterling geboren?
Und bricht mein Herz in Stücke –
macht das nicht mein Leben ganz?
Und kommt mit dem letzten Gehenlassen
nicht die Seele heim?“

(Phyllida Anam-Áire, „And in the dying of the leaf“)

Dieser Lauf der Natur vollzieht sich auch in uns Menschen. Der Unterschied liegt für uns offensichtlich darin, dass wir in unseren Beziehungen die Kontraktionen als trennend, das heißt mit Trauer und Leiden verbunden, betrachten, während die Natur sie als selbstverständliches Phänomen sieht. Aus schöpferischer Perspektive stellt der natürliche evolutionäre Prozess sicher, dass das Leben weitergeht, wenngleich verwandelt und umgeformt. Wenn wir in unserer spirituellen Intelligenz einen gewissen Grad an Weisheit erreicht haben, werden wir klar erkennen, dass reine Intelligenz reine Liebe ist. Göttliche Intelligenz sichert unbegrenzte Kreativität.

Sind wir an einem inneren Ort der Liebe, sind wir von größter Kreativität und Schönheit. Wenn wir „verliebt" (engl. „in love") und in der Liebe sind, scheinen wir wie Sterne in der Nacht durch das Universum und erhellen die Dunkelheit, wohin wir auch gehen. Alle Erscheinungen der Schöpfung durch die Augen der Liebe zu sehen heißt seelenvoll und in der Gegenwart des Heiligen (also des Einen Ganzen im Sinne von heil, nicht abgespalten) zu leben. Aus der Seele zu leben heißt, in Kommunion mit der Gnade zu leben; es heißt, Liebe zu leben. Dies ist nicht mit romantischer Liebe zu verwechseln, die sich zusammenzieht, wenn der Geliebte für unsere Annäherungsversuche nicht empfänglich ist. Das ist wieder bedingende Liebe. Die Liebe der Natur stellt keine Bedingungen, sie ist frei. Die Natur ist frei und ich als ein Teil der Natur bin frei und so sind wir alle frei, einander zu bewundern, ohne Bedürftigkeit oder Erwartungen. Das macht den ganzen Unterschied! Es ist *Namaste, Agape* – Liebe ohne eine Persönlichkeit, die sich in den Weg stellt.

Manchmal jedoch, an einem regnerischen Tag, kann es vorkommen, dass ich denke *„Von solcher Art Liebe allein kann eine Frau nicht all das leben, was sie ausmacht!"*. Derweil wir in einem Körper sind, haben wir auch das Bedürfnis nach bodenständigen menschlichen Beziehungen. Die Liebe der reinsten Schönheit bedeutet, über den Ego-Ausdruck der Liebe hinauszugehen. Wenn wir diese Liebe leben, *sind* wir einfach Liebe. Das ist die Liebe, welche die Vollkommenheit der Gnade in der ganzen Kreatur sieht. Es ist die

Liebe ohne Präferenzen. Es ist die Liebe, welche die vollendete Ordnung der Liebe in allen Ereignissen eines Lebens sieht. Diese Liebe ist nicht von Form abhängig, aber sie erspürt den Geliebten im Wind, in den Schwingungen eines Liedes, dem Atem eines Kindes, dem Flattern eines Schmetterlingsflügels. Diese Liebe ist völlig bezaubert und hingerissen von einem einzelnen Regentropfen auf dem Blütenblatt einer Rose. Sie ist die Liebe, auf die Dichter lange und ekstatische Verse schreiben. Sie ist die Musik des Kosmos, das Lied der Lieder, die Verzückung Jelaluddin Rumis, die Sehnsucht nach Zugehörigkeit in den Gedichten von Mary Oliver. Man kann diese Liebe finden im Pulsieren des geweiteten Herzens, geweitet und gestärkt durch den bloßen Schmerz der Sehnsucht selbst. Mit dieser Sehnsucht sind wir näher an einem Verständnis vom Geist des Schöpfers als durch leeres Erforschen mittels theologischer Diskussionen über die Existenz Gottes. Obwohl sie ein Verlangen suggeriert – ein heiliges Verlangen, wie in Goethes Gedicht „Selige Sehnsucht“ nach der Einheit der Liebe, also der Erleuchtung – erstreckt sich ihre totale Akzeptanz des Geliebten über jegliche Form ohne Ausnahme. Deshalb lebt man in der Liebe mit Unterschieden und urteilt nicht, da reine Liebe nicht wertet. Wenn wir so leben können, leben wir wahrhaft in, aus und mit der Seele.

Aus der Seele zu leben macht es erforderlich, Risiken einzugehen. In der Naturwissenschaft müssen Quarks es riskieren, zurückgewiesen zu werden beim Versuch, mit Nukleonen zu fusionieren; Atome müssen riskieren, abgestoßen zu werden, wenn sie versuchen, zu verschmelzen, um Moleküle und Kristalle zu bilden. Abweisung wird als ein notwendiger Prozess im Tanz der Evolution gesehen, Entropie nicht als ein Zustand des Todes, des Nichts, sondern als ein Durchgang zur Erleuchtung, eine Sehnsucht nach weiterer kreativer Entfaltung.

Wie können wir auf diese Weise leben?

Meist leben wir aus unserer sozialen und kollektiven Konditionierung heraus. Unsere Eltern hatten nicht das Wissen, das wir haben. Ihre Überzeugungen waren stammesbezogen, deshalb glaubten sie, dass Sicherheit das wichtigste Element der Existenz sei. Indem die persönliche Sicherheit darauf baute, bei dem zu bleiben, was bekannt war, mit der Vergangenheit als Leitfaden für zukünftige Entscheidungen, stellte die Gruppe oder der Stamm das „Netzwerk des Bekannten" zur Verfügung, innerhalb dessen Grenzen man sicher war.

Angst schränkt die Bewegung ein, sie ist in ihrem Insistieren auf Mittelmäßigkeit selbst für die Kreativität eine Herausforderung. Angst ist das erdrückende, stumpfe Beharren darauf, dass das Leben ein Kampf ist, dass wir Opfer des Schicksals sind und niemand sich über die Gegebenheiten seiner eigenen Existenz hinwegsetzen kann. Manchmal versucht Mut sich Bahn zu brechen, aber wir lassen uns von der Vergangenheit einspinnen und unsere Herzen bleiben für neue Möglichkeiten verschlossen, unser Geist verweigert sich inspirierenden Gedanken.

Wenn wir es wagen, dem Lied der Seele zu folgen, riskieren wir, in der Fülle des Lebens anzukommen. Wir leben dann mit der Natur als unserem Mentor und der reinen Freude als unserem inneren Wegweiser. Um so zu leben, müssen wir unsere Sprache von der des Skeptikers in die des Poeten und Mystikers verändern. Wir müssen uns entscheiden, ob das Leben ein langer Marsch von A nach B ist und dann Ende – oder hier und jetzt und voller Überraschungen. Welche Art von Leben wählst du, hier und heute? Jedem Gedanken geht die Möglichkeit zu wählen voraus, beginne also heute, deine Gedankenmuster von der kalten, muffigen Luft abzulenken und segle auf dem frischen Wind deiner kreativen Gedanken, spring wie eine Gazelle, gleite dahin wie ein Delphin und erinnere dich: Nichts geht in der Geschichte deines wertvollen Lebens verloren. Nicht *eine* Träne, nicht *ein* Seufzer bleibt vom Atem der Schöpfung unbemerkt. Du wirst geführt, von der großen Überseele der Schöpfung selbst wirst du zurück nach Hause geführt, zu deinem individuellen Abdruck der DNA, zu deinem individuellen Ausdruck göttlicher Natur. Alles in unserem kostbaren Leben wird zurück in die Liebe getanzt, von wo es kam. Das kann Jahrhunderte dauern, aber es kann auch in einem Atemzug geschehen. Deine eigene Zeitvorgabe ist wichtig, also denk daran: *Du kannst es wählen, von diesem Augenblick an Liebe zu leben.*

Mögen du und ich und all jene, die es wagen, die Kreativität ihrer Seele zu leben, wissen, dass wir in die Ordnung und Schönheit hineinwachsen, die wir sind. Wir haben keine Angst vor Chaos, denn es hat die Harmonie und Ordnung der Liebe hervorgebracht. In ihrem Fluss können wir uns in die Ewigkeit tragen lassen und unser Leben segnen.

Mögen du und ich und wir alle gesegnet sein, weil wir der Stoff der Herrlichkeit und unglaublichen Schönheit des Göttlichen sind.

Ein Gott ohne Seele

Es ist erstaunlich, dass es noch immer dieses beharrliche Festhalten an dem Bild von Gott als unserem „Vater im Himmel" gibt – egal, wie psychologisch fortgeschritten wir sein mögen, wie erwachsen, wie wissenschaftlich oder spirituell entwickelt. Zumindest ist die Vater-Sohn- oder Vater-Tochter-Beziehung des christlichen Gottes nicht mehr so schrecklich wie der tyrannische seelenlose Gott

des Alten Testaments. In der Geschichte Abrahams lesen wir, dass Gott ihn aufforderte, seinen Sohn umzubringen. Später änderte Gott seine Meinung und gab das Kind frei. Das ist die Geschichte eines übermächtigenden, emotional missbrauchenden Diktators, der mit dem Gemüt der Menschen spielt. Doch dann behandelte Gott der Vater seinen eigenen Sohn sogar noch missbräuchlicher, indem er es ohne einzugreifen zuließ, dass dieser Gewalt und Qualen erlitt. Seltsamer Gott, könnte man meinen. Man fragt sich, warum der Vater nicht wenigstens einen Engel schickte oder seinem Sohn irgendein Wort des Trostes sagte. Diese Worte Jesu „Vater, hast du mich verlassen?" sind seither viele Male von jungen Männern wiederholt worden, die ein seelenloses Patriarchat voller Missbrauch erfahren mussten.
Gott unseren Willen zu opfern ist ein sehr wichtiger Aspekt der Religion gewesen. Des Menschen Wille musste gebrochen werden. Wir haben im Irischen ein Sprichwort, das so viel bedeutet wie: „Wenn du eines Mannes Willen brichst, besitzt du seinen Geist." Als ich mit einigen Männern sprach, die in der englischen Armee gewesen waren, war ich erschüttert, als ich erfuhr, mit welcher Brutalität ihr Geist von den sogenannten Vorgesetzten buchstäblich in Besitz genommen wurde. Wie kann ein junger Mann zu innerer Autorität finden, wenn er zu dem falschen Glauben umerzogen wird, dass er ohne Wert sei? Anscheinend wird beim Militär der Wert eines Menschen daran bemessen, wie viele sogenannte Feinde er getötet hat. Das ist eine missbräuchliche Philosophie, die der alten Ära des „Auge um Auge" angehört. Wenn wir die Seele vergessen, vergessen wir unsere Menschlichkeit und unser Geist wird zum Roboter und nur mehr re-agierend. Wir können dann leicht – zu leicht – gegenüber dem Leid, das wir anderen bereiten, immun werden. Institutionen, die mittels Angst zu kontrollieren versuchen, anstatt mit Mitgefühl zu führen, müssen im Licht dessen gesehen werden, was

akzeptabel und allgemein üblich war in früheren Zeiten, aber uns heute – Männern wie Frauen – nicht mehr dient.

Ein symbolisches Leben leben

Was heißt „symbolisches Leben"? Warum sollte man ein solches leben wollen? Wie macht man das?

Unsere keltischen Vorfahren glaubten, dass wir ein mehr symbolisches Leben leben, wenn wir unsere Tage in enger Beziehung zur Natur verbringen. Sie glaubten auch, dass wir lernen, symbolisch zu leben, wenn wir mit den Sterbenden wachen oder als Hebammen arbeiten. Auch mit Kindern zusammen zu sein bringt uns in das Reich der Symbolik. Wie kann das sein?

Wenn wir in engem Kontakt mit der Natur sind, passen wir uns ihren Rhythmen an, welche Schwingungen und Frequenzen beinhalten, die anders sind als unsere – oft unberechenbar und sprunghaft. Mit ihrer endlosen Geduld und Zentriertheit zeigt uns die Natur, wie wir mit Paradoxen leben und trotz Verwirrung und Konflikten zufrieden sein können. Sie weiß, dass alles seine Zeit hat. Wir haben das in unserer materialistischen Welt des Fortschritts und über die Orientierung an sogenannter Leistung vergessen. Die Natur offenbart in ihren stetig wechselnden Jahreszeiten auf liebevolle Weise Intensität und Integrität und gestattet uns, an ihrer Symbolik und ihrer tiefen spirituellen Beziehung mit allen Wesen teilzuhaben. Sie zeigt uns durch ihr Beobachten, Abwarten, Zulassen, ihr Öffnen in die Transformation und ihre Widerstandslosigkeit die Bedeutung des Lebens. Sie spricht kein Wort, aber unterrichtet uns wie kein anderer Lehrmeister, weil sie aus der uralten Weisheit von Sinn und Symbolik lehrt.

Ich finde dasselbe vertiefte, intuitive Lernen, wenn ich mit Sterbenden wache oder bei einer Geburt dabei bin. Beide Lebenssituationen zeigen mir, wie es möglich ist, mit Anfang und Ende und doch zentriert in diesem Raum natürlicher, feiner Symbolik zu sein, welche die Grenzen von Worten und Handlungen übersteigt. Es ist wie ein Tanz, der sich selbst in den Zellen des Körpers tanzt. Zellen, die mit dem Klang kommunizieren, dem natürlichen Klang des kommenden Lebens und des gehenden Lebens, das diese Form verlässt, um sich einem weiteren Tanz der Formlosigkeit anzuschließen. In beiden Situationen zeigt sich die Seele und wir müssen uns der feinen und öffnenden Veränderungen, Bewegungen und Zwischentöne in den inneren Landschaften von Mutter und Kind, von Sterbenden und mit ihnen Wachenden sehr bewusst sein. Solche Ereignisse im Leben verlangen eine Bewusstheit, die den Kopf und die Sprache außen vorlässt. Das Vernunftdenken muss sich dem tieferen, älteren Wissen, das uns lehren möchte, beugen. Dann sind wir für dessen Weisungen immer offen. Die Seele ist die Lehrerin, der Wissensvermittler. Und die Intuition, der unmittelbare und unzweifelhafte innere Tutor, der das punktgenaue Timing der Veränderungen im Tanz der Schöpfung und der Musik der Sphären kennt, nimmt immer die Informationen der Seele auf.
Wenn ich glaube, dass alles in meiner Welt zu meiner Bildung und Unterrichtung da ist, dann fange ich an, die Bedeutung der Symbole, die versteckten, nicht wahrgenommenen, rein erzieherischen Qualitäten in allem zu sehen, das mich umgibt. Ich lerne, die maskierten Botschaften und Lehren zu entdecken, derer ich mir meistens nicht bewusst bin. Wie ich schon sagte, ist Bewusstheit der Schlüssel zum symbolischen Leben. Symbolisches Leben führt zu einer Vertiefung des Bewusstseins und einem Erweitern der Erfahrungen unserer Seele. Zum Beispiel: Mein Blick wird auf

einen schönen Baum gelenkt. Ich sehe einen Stamm, sehe Blätter und Rinde. Wenn ich nur Stamm, Blätter und Rinde sehe und es dabei belasse, fehlt mir eine innere Bedeutung, ein Ozean an persönlicher Information. Der Baum informiert mich über sehr viel mehr als einfach seine physische Existenz, wie schön er auch anzusehen sein mag. Wir können beginnen, auf das zu hören, was der Baum uns persönlich sagt. Und darin liegt das Wunder symbolischen Lebens. Die Symbole sind für den Wahrnehmenden persönlich. Keine zwei Menschen sehen einen Baum auf genau dieselbe Weise. Jeder von uns erfährt den Baum auf die Weise, die für uns von innerer Bedeutung ist. Wir bringen in unsere Beobachtung alle unsere vergangenen Baum-Erfahrungen mit hinein. Wenn wir uns der vielen Facetten bewusst sind, die ein Baum offenbart, erwachen unsere inneren Sinne. Viele Menschen sagen tatsächlich, dass die Bäume zu ihnen sprechen. Natürlich meine ich das metaphorisch, denn ein Baum hat keine Stimmbänder. Was der Baum aber an Information und Weisung vermittelt, und das nehmen viele wahr, geschieht über eine Art Sprache, wie sie nur den Menschen zu entschlüsseln vorbehalten zu sein scheint. Wenn alle belebte und unbelebte Natur für uns Informationen über unser Leben bereithält, dann erscheint es nur natürlich, uns auf diese Form des Unterrichts einzustimmen.

C. G. Jung glaubte, dass unsere Seelen sozusagen in Symbolen sprechen. Seinen Feststellungen nach sind Symbole universell. Bestimmte Symbole tragen universelle Bedeutung. Der Kreis zum Beispiel ist ein Zeichen für niemals endende Kontinuität. Indigene Völker beziehen sich in der symbolischen Darstellung von Kreisen und Spiralen oft auf die Gottheit, wobei die Spitze der Spirale nach oben den höchsten Punkt des Aufstiegs darstellt. Auch keltische Christen verbildlichten das Göttliche in Form von Spiralen und verwobenen Knoten und Kreuzen. Gestalt war wichtig und das Dreieck bezeichnete den dreieinigen Gott, die drei Wesen in einem, jedes unabhängig und doch in spiraliger Form miteinander existierend.

Lebensspiralen

Aufgrund der sich außerhalb der Zeit fortwährend in Spiralen bewegenden Leben gibt es einen Teil in dir, der zuschaut – den objektiven heiligen Beobachter in dir, den wir Seele oder göttliche Natur nennen. Die Seele sieht, dass du schon geheilt bist. Du bist schon dein göttliches Selbst. Wenn du durch die Augen der Zeit auf die spiralförmige Zeitlosigkeit blickst, siehst du, was es gebraucht hat, was es diesmal braucht und was es brauchen wird, damit du an diesem Platz der göttlichen Liebe ankommst. Aus der Perspektive der Zeit heraus ist das schwer zu verstehen; es ist schwierig, das Mysterium zu begreifen – solche Selbstwerdung bist du, solch ein göttlicher Funke der Wirklichkeit, die wahre Liebe auf ewig. Es ist Gott selbst – göttliches Sein, das durch den Raum reist, sich selbst verwirbelt, beständig bewegt, sich selbst immer und immer wieder neu erfährt.

Wir sind in der Zeit gefangen; deshalb sind wir in begrifflicher Sprache gefangen, in der Sprache der Zeit und des Raums. So ist es eben und es muss hier und jetzt so akzeptiert werden, aber es ist nicht die Wahrheit, nicht die reine Realität, denn reine Realität oder Wahrheit hat keine Zeit. Wir sagen: „Ich weiß", aber wir wissen nur aus diesem winzigen Funken der Individuation heraus und glauben, dass Wissen etwas ist, das wir uns aneignen können. Echtes Wissen kann nicht erworben werden – man kann Zugang dazu finden, aber es nicht erlangen, weil es nicht ist ohne deine eigene Seele. Die Zellen deines Körper-Geistes bergen die Weisheit der Weltalter in sich und so wie das Buch der Akasha-Chronik ist das Buch des Lebens in der DNA aller Wesen enthalten. Wir alle halten in unserem Inneren unsere bestimmte Struktur des Wissens, das wir brauchen, um auf der Erde zu überleben, und wenn die Zeit reif ist, finden wir Zugang zu einem tieferen Wissen. Das ist Teil der Evolution. Der Organismus weiß, wann er zu seiner nächsten Stufe des Wachstums aufsteigt, so wie die Raupe weiß, wann sie aus der alten Form heraustritt und sich in das nächste Stadium hineinentwickelt.

Wir Menschen verlassen uns, wenn es um unser Wissen geht, hauptsächlich auf äußere Gegebenheiten, während in der Seelenstruktur unseres eigenen Lebens eine unerschöpfliche Bibliothek des Wissens liegt. Wir beziehen Informationen von außen und aus unserer Vergangenheit. Doch äußeres Wissen bleibt ein Teilwissen, solange wir nicht in die unglaublichen Tiefen unserer eigenen inneren Ressourcen eintauchen. Wir warten, bis jemand anderer uns das Abenteuer des Lebens erklärt oder uns Antworten gibt, weil wir es nicht gewohnt sind, sie für uns selbst zu finden.

Es klingt seltsam, zu sagen, wir wachsen täglich in das hinein, was wir schon sind. Der Samen des heiligen Lebens wirkt überall zur selben Zeit und für die Seele gibt es nur das Jetzt. Du sagst: „Ich wachse meinem göttlichen Selbst entgegen." Das ist wahr und nicht wahr. Du wächst in die Liebe hinein, die du bist, und in die Liebe, die du immer warst. Das macht im linearen, logischen Denken keinen Sinn, weil wir in Begriffen von Vergangenheit, Gegenwart und Zukunft denken. Doch innerhalb des Seelenatoms sind wir auf ewig Liebe und wachsen gleichzeitig hier und jetzt in die Liebe hinein. Zukunft und Vergangenheit sind gleichbedeutend mit der Seele.

Der Teil in dir, der ewige Liebe ist, spornt deine Erden-Liebe zu Größe und Ganzheit an und inspiriert sie zu ihrem eigenen Zustand der Unverfälschtheit. Bald wirst du in der Lage sein, in der symbolischen Sprache zu sprechen, mit der deine Seele in dir spricht. Deine Seele spricht immerzu in Symbolen, den Symbolen der Liebe. Um diese Sprache zu verstehen, muss der Erden-Geist durch Stadien der Reinigung gehen, bis er schließlich die Liebe finden kann, die er immer war und immer sein wird. Es ist schwierig, dies in Worte zu fassen.
Was wir sagen, ist:

In diesem Moment BIST du schon dein göttliches Selbst und WIRST zu dem, was du bist. *Das ist der paradoxe Ausdruck der Liebe. In diesem Moment wirst du, was du schon bist.*

Akzeptiere das!
Akzeptiere, was du schon bist und lasse das Werden zu.
Akzeptiere, was du schon bist und lasse dein Werden zu.

In diesem Augenblick deines Zeit-Rahmens bist du nicht nur *ein* Wesen, du bist viele Wesen. Du bist ein Bruchstück des Ganzen und in der Zeitlosigkeit lebst du viele Leben. Du lebst das Leben auf der Erdenebene und ebenso in anderen Galaxien. In anderen Räumen bist du andere Wesen. Das Erdenleben ist nicht die einzige Existenz, die du in diesem Moment hast. Jede/r von uns ist auch im anderen, wir sind Teil voneinander und werden ganz. Du bist Teil des kollektiven Bewusstseins, ein Teil der kollektiven Zusammengehörigkeit. Während du zum Individuum wurdest, bist du gleichzeitig Teil des Kollektiven geblieben – das ist paradox. Versuch nicht, es zu verstehen, höre einfach die Worte und lasse sie Teil sein von dem, was du bist. Lass die Worte Teil von dem sein, was du bist, und schließlich werden die Worte zu Wesen werden.

Ich bin individuell und ich bin ebenso das Kollektiv.
Ich bin eins und ich bin viele.
Ich bin der Anfang und ich bin das Ende.
Ich habe keinen Anfang.
Ich habe kein Ende.
Ich bin auf ewig im Werden.
Ich bin das ewige Werden.

Ich lasse die Liebe, die ich bin, tief in die Erde reichen, auf dass andere um mich herum und alle Wesen alle Reiche ausatmen mögen, während ich einatme.
Sie kommen ins Sein, während andere gehen.
Dieses eine Wesen nimmt Form an.
Dieses andere Wesen verlässt die Form.
Während eines die Form verlässt,
gehe auch ich.

Denn ich werde für immer eins sein in meinem Selbst und mit allem,
indem ich für immer ein Ewiges bin,
ohne Anfang,
ohne Ende.

Ich bin das Formlose in Form.
Ich werde das Sein meiner Individuation.
Ich bin das Sein des Kollektiven.
Ich bin ewig seiend.
Für immer.

Geh leichten Fußes über die Erde

Diejenigen, die ihre emotionale Reinigung noch nicht gemacht haben, finden es in dieser Zeit der spirituellen Evolution eher schwer, zentriert zu bleiben. Dazu gehören Menschen, die in ihrer Persönlichkeit noch an Bitterkeit, Bedauern über ihr Leben, Reue und unangemessenen Schuldgefühlen aus der Kindheit festhalten, die Scham, Eifersucht und angestauten Ärger (oft unangebracht als Wut ausgedrückt) herumtragen oder die passiv mit Wut und Ängsten jeglicher Art leben. Das wird so bleiben, bis sie ihre Heilarbeit getan haben. Wenn wir zum Ende dieser Jahre kommen, wird das, was versteckt ist, Transparenz fordern, und was nicht geklärt ist, wird nach Klarheit verlangen. Und auch wenn wir hier über ein Zeitraster sprechen, sind wir uns natürlich bewusst, dass es für die Seele so etwas wie eine Qualität der Zeit oder des Raumes nicht gibt. Weil wir uns aber das Gewand der Zeit angezogen haben, als wir mit unserer Geburt einen Erden-Geist annahmen, müssen wir in der Zeit leben und mit ihr umgehen, so gut wir können, ohne von ihr regiert zu werden. Wir müssen die Vorstellung von Zeit und die Zeitlosigkeit als Paradox voller Gnade annehmen.

Jetzt ist die Zeit des Sich-Sammelns, die Zeit, um uns selbst und unsere Umwelt zu heilen und um Mitschöpfer der Natur zu werden. Wenn wir den Punkt erreicht haben, an dem wir in Verantwortung gehen anstatt aus Verletzungen und Bitterkeit aus der Vergangenheit zu re-agieren (engl. „respond“ im Gegensatz zu „react“), dann werden wir fähig sein, uns ein Leben in Freude und Fülle zu erschaffen. Wir sind immer kreativ – selbst wenn wir uns dessen nicht bewusst sind – denn jeder Gedanke ist eine Schöpfung. Die Zeit wird für uns alle kommen, in der wir nicht mehr so mit den gröberen Schwierigkeiten in unserem täglichen Leben beschäftigt sind, nicht mehr so völlig versunken in die dichte, materielle Welt. Unsere Körper werden lichter (engl. „lightsome“: behende, wohlgemut, helllicht, hier als Wortspiel) – auch in Hinsicht auf ihre Form. Sie werden für die Energie unseres Herzens oder für die Erde keine Last mehr sein. Während wir in unseren Gedankenmustern lichter werden, nicht länger von den alten Dysfunktionen belastet, wird sich auch unser physischer Körper verändern. Gedanken erschaffen Realität und so erschaffen wir in jedem Moment entweder Wohlbefinden oder Unzufriedenheit, und Unzufriedenheit wird zu Krankheit. Wenn wir das wahrhaft verstehen und unsere emotionalen Dysfunktionen klären, werden unsere Körper lichter werden. Wir bewegen uns von den dichteren Farben des aurischen Systems zu den helleren, wir dehnen uns leichter aus, in das Universum hinein. Die Töne Violett, Blau und Türkis sind einige der Farben, die ich während meines Nahtoderlebnisses erfuhr. Kein Künstler könnte je solche Farben erschaffen oder nachbilden. Ich verstehe jetzt, dass solche Farben durch das Aura- oder elektromagnetische Feld eines Individuums erzeugt werden, das ohne den Körper lichter und mehr von Liebe durchdrungen ist.

Die Zeit wird kommen, in der wir fähig sind, durch das Medium der Aura über Schwingungen und Töne zu kommunizieren. Da Liebe eine andere Schwingung erzeugt als Hass und Angst, wird unsere Kommunikation einen schönen Regenbogen energetischer Muster erschaffen. Angst erfüllt uns und andere aufgrund der Farbe und Schwingung ihrer Gedankenmuster mit Schwere. Am Ende werden bei unseren Zusammenkünften nicht Worte wichtig sein, sondern Momente der Stille und des Austauschs von Energie. Stille erschafft ihre eigenen schönen Auramuster, und wenn wir still sind und die Schönheit von innerem Frieden und innerer Freude kennen, erzeugen wir diese Schwingungen, wohin wir auch gehen. Fang jetzt an, Freude und Stille zu üben!

Möge Friede sein in den Herzen aller Wesen.
Möge Freude aus den Augen aller Wesen strahlen.
Lasst unsere Worte solche der Freude und Liebe sein.

Wenn wir in Gruppen zusammenkommen, lasst uns zwischen den Worten Zeiten der Stille haben, sodass die Seele ihre Weisheit in und durch uns mitteilen kann.

Ein gesunder Geist in einem gesunden Körper

Zur Zeit bereiten wir uns auf Transformationen in unserem eigenen Wesen vor und es gibt dramatische Veränderungen von unserem gegenwärtigen Zustand der Unbewusstheit hin zu mehr Bewusstsein. Auch unser Nervensystem und andere physiologische Systeme des Körpers gehen durch eine Transformation, denn nichts geschieht isoliert. Lass dich davon nicht beunruhigen. Wenn du immer bei guter Gesundheit gewesen bist und die Selbstheilungskräfte deines Körpers gut funktioniert haben, du aber im Moment Störungen erlebst, mach dir keine Sorgen. Auf der Reise der Selbstheilung wird jetzt alles in dir aufgerührt, psychische und physische Veränderungen geschehen und das ist natürlich. Alles ist in Erwartung der neuen Geburt und bereitet sich darauf vor. So, wie sich deine Gedanken ändern, ändern sich auch deine Überzeugungen und mit den Überzeugungen ändern sich deine Taten. Das hat auf das gesamte Körper-Geist-System eine Wirkung wie durch einen Dynamo. Ich würde empfehlen, viel Zeit mit Freunden zu verbringen und gemeinsam mit ihnen den Geist vom Alltäglichen zu den lichteren Dingen des Lebens zu erheben.

Trefft euch zu Unternehmungen,
bei denen ihr gegenseitig die Freude in euch hervorbringt.
Unter der Schwere eurer Gedanken ist Freude versteckt.
Lasst Lachen und Weinen zu,
erlaubt den Ausdruck eurer Gefühle, ohne Urteil.
Tut natürliche Dinge, die euch guttun,
wie spazieren gehen oder tanzen.
Trainiert euren physischen Körper, genauso wie ihr neue Gedankenmuster in eurem Geist trainiert.
Singen hat eine stark heilende Schwingung.
Singt also – laut und mit Freude!
Wenn du nachts nicht schlafen kannst,
hole während des Tages etwas Schlaf nach oder ruhe dich für mindestens eine halbe Stunde aus.

Das ist wichtig, weil es dem Körper hilft, sich neu zu beleben, besonders in dieser Zeit, in der so viel passiert. Bitte sorge gut für deinen Körper. Viele haben noch nicht erkannt, *wie* wichtig es für das Nervensystem ist zu ruhen. Auch die übrigen physiologischen Abläufe funktionieren besser, wenn du dir Ruhe gönnst.
Vielleicht stellst du auch fest, dass deine Gemütslagen wechseln. Das Stimmungsbarometer wird für einige Zeit ziemlich sprunghaft sein. Du wirst einige Tage einen Zustand der Euphorie erleben und dann wieder tiefe Trägheit und Depression. Bitte sei dir gewiss, dass dies natürlich ist. Alles wird in Harmonie kommen und dann bist du in einem inneren Frieden, in dem nichts dich

erschüttern kann. Du gehst auf diese Zeiten zu, mach dir also keine Gedanken. Wisse, dass dies alles vollkommen natürlich ist. Die Transformationen der Seele verursachen im Moment große Bewegungen. Alles wird durch den großen Transformator genannt Leben transparent gemacht. Entweder re-agierst du auf das, was dir zu deiner Heilung begegnet, oder du gehst ohne Widerstand in Ver-Antwortung. An dem einen Tag fliegen deine Gefühle hoch und du glaubst, alle deine Ziele zu erreichen; am anderen meinst du zu erkennen, nichts habe sich geändert und du seist wieder am Anfang. Aber, meine Freunde, wir sind niemals wieder am Anfang, denn es gibt keinen! Jeder Schritt, den du gemacht hast, seit du entschieden hast, dich zu verkörpern, hat zu diesem äußerst kostbaren Moment beigetragen. Du bist für *diesen* Augenblick geboren worden, nicht für einen in der sogenannten Zukunft. Dein ganzes Leben ist dieser Moment, es ist stetig im Fluss, im Wandel, in Bewegung, und so veränderst und transformierst du dich ständig. Der Unterschied ist, dass du jetzt diese Veränderungen schneller bemerkst, weil das Ende einer Ära gekommen ist und sich alles gemeinsam transformiert. Aber du wirst niemals dein Ziel erreichen, weil es keines zu erreichen gibt! Das Ziel ist jetzt – hier und jetzt. Die Illusion des Erden-Geistes ist: „Oh ja, ich werde zum Ziel gelangen und wenn es mich umbringt!" Der Erden-Geist liebt es, Ziele zu setzen. Er fühlt sich wichtig: „Oh ja, ich habe Ziele, wie erstaunlich ich doch bin!" Und wenn du diese Ziele nicht erreichst, was dann? Dein Ego ärgert sich über dich und verurteilt deine Handlungen. Ziele sind Projektionen in die Zukunft. Angenommen, es gäbe keine … die Zukunft ist jetzt!

Obwohl es wahrlich kein Ziel zu erreichen gibt, gibt es doch ein kostbares Leben zu leben, jeden Tag, jeden Moment. Die Seele steckt dir keine Ziele, sie fordert dich auf, dein Leben zu leben – hier und jetzt, jeden Moment voll zu erfahren, ohne Urteil über dich selbst oder andere. Wir alle tun unser Bestes – keine Vorwürfe, keine Überheblichkeit. Spirituelle Arroganz ist eine Emotion und ein Seinszustand aus dem ungeheilten Erden-Geist oder Ego. Jeder erfährt seine eigene Erlösung auf die Art und in der Zeit, die für ihn richtig ist. Niemand steht höher auf dem Pfad in die reine Liebe. Hier und jetzt ist der Ort der Ewigkeit. Hier und jetzt ist der Weg. Er liegt nicht in der Zukunft.

Auf der physiologischen Ebene ist es also wichtig, sich auszuruhen. Beim Trainieren des Körpers solltest du darauf achten, ihn nicht zu Extremen zu zwingen, sondern vielmehr jede Sehne, jeden Muskel mit der Schwingung der Liebe lebendig zu tanzen. Du lernst nun auch, Maß zu halten und jenen Zustand der inneren Stille, den das Bewusstsein in die Psyche bringt.

Iss natürliche Nahrungsmittel, mit Bewusstheit und Dankbarkeit, aber sorge dich nicht, wenn etwas Bestimmtes nicht erhältlich ist. Trink klare Flüssigkeiten, die frei von Zucker sind, aber mach dir keine Vorwürfe, wenn du hin und wieder ein Glas Saft brauchst. Atme tief, sooft du kannst, reinige damit deine Lungen und geh während des Tages öfter an die frische Luft, aber mach dir keine Zielvorgaben.

Tu alles, um dir ein gesundes und be-geistertes physisches Immunsystem zu erhalten, aber beobachte, wie du über dich selbst urteilst, wenn es dir nicht gelingt, deine Routine beizubehalten! Wer zurzeit rotes Fleisch isst, sollte sich bewusst sein, dass auch im Tierreich Veränderungen geschehen. Manchmal ist es besser, nur zu essen, was direkt aus der Erde kommt, anstatt vom Fleisch der Erde. Das hilft dabei, in den Gedankenmustern lichter zu werden, und auch dein Körper wird leichter und lichter sein – selbst wenn er nicht so erscheinen mag. Das Fleisch von Tieren zu essen verursacht im Moment Störungen in der Verdauung. Bitte sei dir bewusst, dass die Veränderung deiner alten Systeme auch eine

Wirkung auf andere Wesen der Erde hat. Wenn du aber wirklich das Gefühl hast, es ist für deinen Körpertyp besser, Fleisch zu essen, dann tu es mit Demut, bitte das Tier um Vergebung und iss mit Freude! Es ist besser, mit Freude Fleisch zu essen, als darauf zu verzichten und schlechte Laune zu haben! Es wird eine Zeit kommen, in der auch das Tierreich in seiner Psyche, und daher auch in seiner Physis, verfeinert ist. So wie es jetzt keine Dinosaurier mehr gibt, werden die Tiere, die wir heute kennen, ausgestorben sein und andere, lichtere Wesen werden die Erde zusammen mit den Menschen bevölkern.

Wir haben noch nicht erkannt, welche Fülle an Pflanzen, Gräsern und Kräutern es für unsere körperliche Heilung gibt. In den kommenden Zeiten werden wir keine andere Medizin benötigen. Alles, was wir für unsere Heilung brauchen, finden wir in der Flora der Erde.

Wir werden ohne Angst leben, weil es nichts zu fürchten gibt. Denk daran, das größte Antidot gegen die Angst ist Liebe, Liebe, Liebe – reine, bedingungslose, nicht-emotionale Liebe. Wenn wir „nicht-emotional" sagen, sprechen wir natürlich von Emotionen, die der Vergangenheit oder einer Konditionierung anhaften. Klare Liebe, also Emotion ohne dysfunktionale Muster, bringt Freude, Erfüllung und tiefe, tiefe Harmonie. Die Energie oder die Gefühle solcher Emotionen sind bewusst und heilig.

Wenn das Ego auf solche Weise in die Seele geliebt wird, leben wir nicht länger aus den Verwundungen der Vergangenheit. Dann haben wir sie hinter uns gelassen und sind dankbar für jeden neuen Tag. Dann leben wir in Frieden und Liebe mit uns selbst und allen Wesen.

7.
Das universelle Herz

Das universelle Herz gegenüber dem emotionalen Herzen

Das über-emotionale oder re-aktive Herz ist das Herz des Kindes – das Herz des bedürftigen Kindes, das noch keine Verantwortung trägt, das jetzt und auf der Stelle etwas Bestimmtes haben will. Einem Kind entspricht dieses Herz tatsächlich, weil es noch keine tiefere Weisheit oder gedankliche Konstruktion für sich in Anspruch nehmen muss. „Ich will es sofort" und „Ich brauche es jetzt" haben Vorrang und das Kind braucht nicht an die Konsequenzen der Handlung zu denken. Das Herz des Kindes wächst in seiner Weisheit, wenn Erfahrungen es weiten, bis es zur Reife kommt. Darum geht es auch bei der Idee, als Erwachsene möglichst kongruent zu werden: Dass wir unserem Herzen erlauben, durch unsere Erfahrungen und Gefühle zu wachsen. Und doch ist es ebenso unreif, sich nur auf die Gefühle zu verlassen. Wenn wir unsere Emotionen mit der Weisheit des reifen Herzens vereinigen, dann sind wir mehr kongruent.

Lass uns einige Aussagen des über-emotionalen Herzens näher betrachten:

Ich will diesen Mann/diese Frau heiraten,
weil er/sie mich glücklich macht.

Ich möchte dieser Person helfen, weil sie ohne mich nicht auskommt.
Ich weiß, dass ich dazu bestimmt bin, eine große Sängerin zu werden, nur denken die anderen nicht so.
Ich muss allein sein. Menschen ängstigen mich. Mein Herz sagt mir, es ist besser, allein zu sein.
Ich muss unter Menschen sein, ich kann nicht alleine bleiben.
Zu trinken hilft mir, mit meinen Problemen klarzukommen.
Ich muss jetzt etwas essen, weil ich mir solche Sorgen mache.
Rauchen hilft mir, die Ruhe zu bewahren, deshalb rauche ich so viel.
Ich brauche einen Mann/eine Frau,
weil ich ohne Sex nicht leben kann.
Ich brauche einen Partner/eine Partnerin,
damit ich mich besser fühle.
Ich muss all mein Geld spenden,
weil ich die Not in der Welt nicht ertragen kann.
Ich liebe es, richtig schnell zu fahren, denn dann fühle ich mich gut und vergesse alle Sorgen.
Mein Herz sagt, ich sollte bekommen, was ich will. Ich habe es verdient.

Man kann den Schmerz des unreifen Herzens hier deutlich hören. Und sich vorstellen, welche Konsequenzen die Erfüllung mancher dieser Wünsche und Bedürfnisse mit sich bringen.

Wenn ich mich von etwas oder jemandem abhängig mache, um mich gut zu fühlen, dann höre ich nur auf das emotionale Herz des Kindes. Wenn die Person oder Sache, um die es geht, mich nach einiger Zeit nicht mehr glücklich macht, findet das emotional aufgeladene Herz immer einen Weg, um Anschuldigungen zu machen.
Er, sie oder es ist schuld. Sie sind schuld. Es liegt nie an meinen unreifen Entscheidungen.

Das universelle Herz hat eine andere Absicht – wie wir hier sehen:

Ich hätte gerne das und das, aber ich kann auch warten.
Ich hätte gerne einen liebevollen Partner, weil ich das Gefühl habe, es ist jetzt Zeit.
Es wäre schön, einer liebevollen Partnerin zu begegnen. Wenn nicht, bin ich auch so glücklich.
Ich bin wütend und nun muss ich schauen, wo meine Erwartungen mich verletzt haben.
Ich würde dieser Person gerne dabei helfen, sich in dieser Situation selbst zu helfen.
Ich muss sehen, warum ich mich so über meine Freundin/meinen Freund ärgere. Sie/Er berührt ein unerfülltes Bedürfnis in mir.
Ich mag diesen Mann/diese Frau, doch er/sie ist nicht frei. Ich verdiene einen Partner/eine Partnerin, der/die frei ist für mich.

Das universelle Herz ist das Herz, das Stürme durchlitten hat; es hat sich durch die überstandenen Prüfungen geweitet und ist durch innere Sicherheit und Frieden gestärkt. Es hat vieles von seiner Konditionierung aus der Vergangenheit geheilt. Dieses Herz hat viel Mitgefühl für sich selbst und kann sich deshalb ausstrecken und andere Herzen in Not berühren. Es braucht keine Bestätigung oder Akzeptanz und verübt keine „guten Taten", um etwas zurückzubekommen, sondern weil es natürlich ist, solche zu tun. Das universelle Herz dehnt sich aus, um das gesamte Universum zu umarmen. Seine liebende Energie reicht hinaus zur ganzen Schöpfung. Es fühlt sich in sich selbst vollständig und kann leicht andere Herzen ermutigen und erheben.
Das über-emotionale Herz ist mehr ego-zentriert. Hat es Schmerzen, ist es nur mit sich selbst beschäftigt und scheint das Persönliche nicht vom Kollektiven trennen zu können. Das passiert, wenn

es sich seinem eigenen Schmerz nicht geöffnet hat. Seine Grenzen sind noch nicht klar und es tendiert daher entweder dazu, mit anderen, die in Trauer sind, Mitleid zu haben oder sich zu überidentifizieren. Oder es schneidet sich selbst von anderen ab, die auch Schmerzen haben, weil es nicht genug Mitgefühl für sich selbst hat.

Unsere Absichten sind wichtig, wenn wir anderen helfen. Manchmal möchten wir einen anderen nicht abweisen, um nicht unfreundlich zu sein. Das führt am Ende zu Groll: „Nach allem, was ich für sie getan habe, und jetzt redet sie so über mich!" Uns unserer eigenen Bedürfnisse bewusst zu sein, die eigenen Unsicherheiten einzugestehen und uns durch die alten Botschaften hindurchzuarbeiten, hilft dabei, dass wir insgesamt bewusster werden.

Wenn wir einen anderen Menschen oder eine Substanz oder eine Sache benutzen, um uns glücklich zu machen, dann sind wir nicht bewusst. Wir fallen nur einfach zurück in den Zustand des kindlichen Herzens, in die bedürftigen, unreifen Gefühle des Kindes. Die Bedürfnisse des Kindes müssen in der Kindheit von den Eltern oder Ersatzeltern erfüllt werden. Emotionen und ihr Ausdruck in Gefühlen sind sehr wichtig, um das Herz zu öffnen und es offen zu halten. Doch ist es klar, dass wir nicht in die Bewusstheit oder in die Liebe wachsen, solange wir uns in unseren Entscheidungen ausschließlich auf Emotionen verlassen. Es braucht die innere Vermählung von Gefühlen und bewussten Gedanken, von Herz und Verstand, wenn wir Kongruenz in unserem Leben möchten und mit Klarheit und Liebe kommunizieren wollen. Wir können dann liebevoll auf unsere Handlungen schauen und sehen, warum wir eigentlich dieses oder jenes sagten oder uns auf diese bestimmte Weise verhielten. Es gibt keine Verurteilung, keine Schuld oder Selbstvorwürfe. Wir schauen nur liebevoll auf uns selbst und unsere Gefühle.

Mögen unsere weisen Herzen offen sein für uns selbst und alle Wesen.

Mögen unsere weisen Herzen singen vor schierer Freude am Atmen.

Möge das Herz des Kindes in uns in die Zu-friedenheit und Selbst-Liebe geheilt werden.

Möge das universelle Herz in uns weiter sein Bewusstsein ausdehnen, auf dass wir nur Liebe leben.

Vom Kopf ins Herz

Maria von Magdala war aufgrund ihres offenen Herzens und ihrer Bereitschaft, die tieferen Wahrheiten in den Worten von Jesus dem Christus zu hören, zur damaligen Zeit die wahre Deuterin seiner Worte. Ihre Geschichte ist niemals gehört worden, weil die Kirchenväter sie aus der Sammlung der biblischen Schriften im Jahr 323 herausstrichen. Zu jener Zeit wurden die Stimmen der Frauen nicht gehört und noch weniger wurde ihnen geglaubt. Der Rat des heiligen Paulus, dass Frauen in der Kirche still bleiben und ihren Ehemännern gegenüber untertänig sein sollten, wurde buchstabengetreu eingehalten und so waren „Das innere Licht“ von Maria Magdalena und andere Bücher sehr intelligenter Frauen aus der Zeit des Christus und später nicht zugelassen. Die Nag-Hammadi-Bibliothek beinhaltete viele der verbotenen Bücher und viele dieser Evangelien waren von Frauen geschrieben worden. Maria von Magdala sagte, wir müssten die Worte des Meisters als Code und

Symbole aufnehmen und mit den Ohren des Herzens hören, um wirklich zu verstehen, was er meinte. Wenn du den Verstand eines Kindes hast, wirst du wie ein Kind verstehen. Bist du in deinem spirituellen Leben erwachsen geworden, wirst du eine andere Botschaft hören. Du hörst die Botschaften in den symbolischen Worten von Jesus entsprechend deinem eigenen Wachstum. Wenn wir dies Geschenk annehmen und die wahrhafte Interpretation anwenden, bei der die Seele dabei ist, vertieft das die inneren Lehren und das innere Licht kann uns die Seelenbedeutung zeigen. Dieser Wissenspfad kann sich nicht durch gewöhnliches intellektuelles Bestreben eröffnen. Kein Buch könnte je innere Bewusstheit und wahre Weisheit lehren; es muss durch den innewohnenden göttlichen Lehrer geschehen. Das bedeutet nicht, dass wir nicht Informationen aus der Geschichte oder aus alten Dokumenten zusammentragen können. Informationen über die spirituelle Reise sind dann ein Beitrag von außen, der vom Herzen in lebendige Wahrheiten übersetzt werden muss, die jeden Tag gelebt werden können.
Es gibt viele Arten der Erkenntnis. Die alten Lehrer benutzten Schriftbücher und forderten uns auf, unseren Intellekt zu gebrauchen und uns Worte einzuprägen, um sie wie ein Echo wiedergeben zu können. Das war nicht die Art, wie Jesus lehrte. Er wollte, dass wir in unser Herz gehen und die Worte von dort aus verstehen. Er verwendete niemals Bücher, wenn er lehrte. Er vermittelte viel durch das Medium der Natur, er erzählte Geschichten, die jeder verstehen konnte, und sprach aus der Fülle des Herzens, nicht aus dem Intellekt. Er hatte einen erstaunlich scharfen Verstand und war sich der tieferen, versteckten Bedeutung in den Worten immer bewusst. Er befand sich immer in einem Zustand der Inspiration oder er war im Geist. Wenn er mit den Schriftgelehrten oder Sadduzäern sprechen musste, benutzte er deren Sprache, die Sprache des Tempels, der heiligen Texte und Schriften, die Spra-

che des Patriarchats, in der er ebenso bewandert war. Mit Hilfe unserer Intuition, die von Inspiration durchtränkt ist, gelangen wir zu den Wurzeln der metaphysischen oder transpersonalen Bedeutung seiner Worte und können sie in uns wirken lassen. Sie sind nicht einfach nur nette Worte, die der Intellekt abspeichern und analysieren kann; sie sind voller Symbole und haben mit innerer Wachheit zu tun.
Als Jesus sagte: „Niemand kommt zum Vater denn durch mich", was meinte er damit genau? Er war die Verkörperung des Geistes, die Manifestation göttlicher Liebe auf der Erde und auch wir sind eine Schöpfung göttlicher Liebe. Genau wie Jesus inspiriert war und durch das Medium seiner Physikalität mit dem Göttlichen in Berührung gebracht wurde, werden auch wir mittels unserer Körperlichkeit inspiriert, erweckt oder erleuchtet.
Jesus musste die Sprache der Persönlichkeit und der Beziehung verwenden, damit die Menschen damals begreifen konnten, was er meinte. Er sagte, manche würden seine Worte hören und manche nicht, und drückte damit aus, dass einige die verborgene Wahrheit in den Botschaften verstehen und andere nur eine nette Geschichte hören würden. Maria von Magdala erklärte, dass wir nur mit einem weisen Herzen, das vom Leben selbst geöffnet wurde, seine Worte wirklich erfassen könnten. Der Intellekt muss jedoch lernen, sich dem inneren Licht unterzuordnen, damit die Interpretation transformiert wird. Die Schönheit, das reine Wunder in den inneren Lehren von Jesus gehen denen verloren, die versuchen, seine Botschaft zu diskutieren oder seine Worte mittels einer feinen Sprache, die den Intellekt erfreut, zu manipulieren. Wenn du den symbolischen Pfad gehen kannst, dann können seine Worte in dir lebendig werden. Wir müssen über das geschriebene Wort hinaussehen, mit Demut über die Geschichten, die er erzählte, hinausschauen und die Wahrheit finden.

Wie brechen wir den Code?

Wir brechen den Code, indem wir im gegenwärtigen Moment leben und in die Weisheit der Worte hineinatmen, nicht indem wir mit der Bedeutung ringen. Die Bedeutung zeigt sich, wenn wir mit Freude und Offenheit den Sinn von Jesu Worten akzeptieren. Er lebte voll in jedem Moment – er lädt uns ein, dasselbe zu tun. Er fühlte jedes Wort und er sprach wie ein Dichter. Er gebrauchte die Sprache, um uns aus unserem gewöhnlichen, alltäglichen Denken heraus in ein inneres Universum wahrer Bedeutung und echter Verbindung zu holen. Er sagte, der Grund, weshalb er auf die Erde gekommen war, sei, uns zu zeigen, wie wir jeden Augenblick voll leben. Er sagte, Antworten kommen nicht aus der Theorie, sie kommen aus der Erfahrung, wie unsere Herzen sich für uns selbst und füreinander öffnen. Das ist die Arbeit unserer Seele – unser Herz in das Jetzt hinein zu öffnen. Jetzt ist Liebe und jetzt ist Freude und jetzt ist Freiheit. Der Code für die Erkenntnis liegt dann in unserer Bereitschaft, mit der Demut des Herzens hinzuhören und nicht aus vergangenen Informationen heraus zu interpretieren.

Das offene Herz kennt die Bedeutung von Sich-Verbinden und Teilhaben-Lassen. Das offene Herz ist bereit, von ringsherum zu lernen. Das offene Herz weiß, dass alles und jeder ein Lehrer ist. Je mehr wir unser kostbares Leben in Liebe und Hingabe an die Seele erfahren, desto mehr werden wir zu Liebenden des Lebens, anstatt Beobachter zu sein. Am Leben voll teilhaben zu können setzt voraus, dass wir uns der Freude und dem Schmerz hingeben – in dem Wissen, dass das eine den Schlüssel zum anderen enthält und letztlich das eine gleichbedeutend mit dem anderen ist. Bald werden wir sehen, dass alles einfach Erfahrung ist, ohne Beurteilung als gut oder schlecht, heilig oder sündig … alles ist Bewegung, alles gehört zum Tanz der Fülle. Wenn wir wirklich die

Botschaften hinter den Worten von Jesus verstehen wollen, aber keinen Zugang zu den gnostischen Evangelien haben, in denen seine wahre Weisheit offenbart wird, müssen wir ihn nur einfach im Geist und in Demut selber darum bitten, uns zu lehren.
Die Liebesbeziehung zwischen Maria Magdalena und Jesus muss auch sexuelle Begegnungen beinhaltet haben, denn sie wurde in den Schriften seine „Koinonos" genannt (griechisch für „wahrer Partner"). Die Kirche, das Patriarchat, war über derartige Lehren nicht erfreut und stempelte die gnostischen Evangelien als häretisch, d. h. verdammenswert ab. Jesus wurde das menschliche Abenteuer einer Beziehung mit einer Frau nicht zugestanden. Weibliche Freunde wie Maria, Martha, Veronika und Judith zu haben mochte harmlos sein, aber die Idee, dass ein göttliches Wesen etwas mit Sexualität zu tun haben könnte, war für die Kirche ein Gräuel. Deshalb wurde Maria Magdalena ins Abseits gedrängt und wir werden wieder einmal darauf aufmerksam gemacht, dass sie einem alles andere als spirituellen Beruf nachgegangen sei. Wenn wir uns nach innen wenden und das menschliche Herz der Lehren von Jesus berühren, können wir beginnen, die Schatzkammer der herzöffnenden und lebensverändernden Botschaften zu erkennen, die darauf warten, dass unsere Seelen ihre Freude an ihnen haben. Vielleicht können wir in diesem neuen Zeitalter unseren Enkelkindern die Geschichten von Jesus anders erzählen, damit sie auch ein Neues Halleluja leben können – frei von den Fesseln einer Religion, die die Heiligkeit des Körpers verneint.
Mögen wir alle den Schatz des inneren Lichtes finden, wenn wir es wagen, voll und ganz zu leben.

DIE CANYONS

„Wenn man die Canyons vor dem Wind schützt,
sieht keiner je die Schönheit ihrer Reliefs.

Wenn du dein Herz vor dem Zerbrechen schützt,
wirst du nicht die Schönheit deines Lebens sehen.

Wenn du deine Tochter davon abhältst,
das Haus des Vaters zu verlassen,
und schlingst dein Herz zu eng um deinen Sohn,
wenn du deine Kinder vor dem Fallen schützt
und so auch vor dem Wieder-Aufstehn,
werden sie nie die eignen Siege kennen,
die sie errungen haben.

Wenn du dich vor der Liebe zumachst
und damit auch vor dem Geliebt-Sein,
kannst du nicht erfahren,
wie Kummer und Freude eins sind.
Denn das Herz ist da, um sich zu öffnen.
Sonst wird die Seele erdrückt darin
und du hast die Erde verlassen,
lange bevor du stirbst."

(Phyllida Anam-Áire, „The Canyons", Lied auf ihrer CD „Celtic breath")

Neuer Wein in neuen Flaschen

Wann musstest du lernen, dass du umso spiritueller seist, je weniger menschlich du bist?
Hat man dir jemals die Wahrheit über das Mensch-Sein erzählt – dass deine Spiritualität tief in den Zellen deines menschlichen Selbst liegt? Du bist zur Erde gekommen, um deine Göttlichkeit

durch deine Physikalität zu leben, weil Gott sich in seiner ganzen Schöpfung manifestieren muss. Dir deiner schönen, verletzlichen Menschlichkeit völlig bewusst zu werden ist der Weg zur Vertiefung deiner Spiritualität.
„Oh!“, sagst du, „ich bin aber nicht sehr heilig und kein religiöser Mensch.“ Das, mein Liebes, ist ein konditionierter Reflex. Du hast gelernt, dich klein zu machen, aber das ist nicht dein natürlicher Zustand. Die gute Nachricht ist, dass du alles verlernen kannst, was du einmal gelernt hast!

Selbst Jesus musste lernen, der zu werden, der er war – der Christus. Er musste lernen, die göttliche Liebe zu erden, genauso wie wir. Auch er musste in die Christus-Energie hineinwachsen aus seiner Menschlichkeit, aus seiner Sehnsucht, aus seiner Verletzlichkeit, aus seinem Nicht-Wissen, aus seinem Schmerz, aus seinem gebrochenen Herzen, aus seiner Trauer, aus seiner Eifersucht, aus seiner Einsamkeit.

Das waren die Samen, die in ihm aufgingen. In ihm, dem spirituellen Führer, der er wurde. Dem größten Liebenden der Menschheit.

Wir wachsen ebenso in die Christusenergie oder universelle Liebe hinein. Wenn wir uns mehr und mehr unserer Menschlichkeit tief bewusst werden und jeden Teil unseres Selbst akzeptieren – unsere Eifersucht, unseren Starrsinn, unser Wissen und Nicht-Wissen –, dann werden wir erkennen, dass das Schlüsselwort einfach nur Bewusstheit lautet. Selbst-Bewusstsein ist alles, was je von uns als Menschen erwartet wurde. Und in diesem Gewahrsein unserer göttlichen Menschlichkeit projizieren wir ein neues Bewusstsein nach außen. Doch seinen Samen hat es innen. Was ich inwärtig für wahr halte, projiziere ich auf alle anderen Wesen in allen Welten.

Jeder und alles hält mir einen Spiegel hin. Ich muss hineinschauen und beispielsweise sehen, wie ich andere kritisiere oder in welcher Art ich über andere spreche, wenn sie nicht anwesend sind. Anders gesagt, mein innerer Zustand des Bewusstseins oder Unbewusstseins wird ständig im Äußeren abgebildet. Das Mitgefühl, mit dem ich mich selbst betrachte, spiegelt sich im Gesicht eines anderen wider. Auch die Überzeugungen, die ich über mich selbst festhalte, sehe ich in der Umwelt reflektiert. Wohin ich auch gehe – ich bringe mich selber mit. Ich schaue mich um – und da bin ich, in den Gesichtern und Herzen aller Menschen. Natürlich finde ich auch welche, auf deren Schultern ich Teile meiner eigenen uneingestandenen Lasten abladen kann … „*Er* ist eingebildet, nicht ich!“ Wenn wir das Bewusstseinsstadium erreicht haben, in dem wir überall um uns herum Freude und Frieden finden können, werden wir im Himmel auf Erden leben. Solange wir noch am „Anders-als-Ich-Syndrom“ leiden und überall Fremde sehen, leben wir ein fragmentiertes Leben, ein Leben der Trennung von unserem Selbst und von der Welt um uns herum.

Uns selbst in der ganzen Schöpfung erkennen zu können – im sogenannten Guten, im Schlechten oder im Hässlichen – heißt, aus der Seelenperspektive, ohne Schuldzuweisungen und mit einer Vertiefung des Mitgefühls für unser Menschsein zu sehen. Nur dann können wir sagen, wir verstehen etwas von der bedingungslosen Liebe – der Liebe, die einfach liebt, weil sie gar nichts anderes kann.

Seit den sechziger Jahren hat sich in unseren Bewusstseinswelten alles rapide verändert. Wir alle sind in dieser Zeit auf der Erde, um Teil eines sogar noch radikaleren Wandels zu sein. Der spirituelle Lehrer Jesus, der Christus, verkündete niemals, er sei auf die Erde gekommen, um zu leiden und einen gewaltsamen Tod für unsere Sünden zu sterben. Er sagte: „Ich bin gekommen, auf dass ihr die Fülle des Lebens habt.“ Er nahm einen Körper an, um einen Zustand des Himmels auf Erden zu errichten. Und dabei geht es darum, in freudvoller Fülle zu leben; es ist ein Zustand von absolutem Frieden, Harmonie, Gleichgewicht, Liebe, Licht und Mitgefühl. Diese Welt muss zuerst in uns wachsen, bevor wir sie mit anderen teilen können. Der Himmel ist ein innerer Ort, der Ort des Friedens, des Nicht-Getrenntseins, der Freude und des Einheitsbewusstseins. Denkst du, du seist aus einem geringeren Grund hier?

Unsere Väter und Mütter kamen, um uns einen Platz zur Verfügung zu stellen, an dem wir das erfahren konnten, was wir erfahren mussten, damit wir die Bestimmung unserer Seele erfüllen konnten. Tatsächlich haben wir viele Male die Hölle unserer Inkarnation gelebt: ein Ort, an dem wir Schmerz und Trennung erfuhren. Unseren Eltern war die Rolle, die sie in unserem Leben spielten, nicht bewusst. Bis zu den frühen Fünfzigerjahren war Deutschland für viele Menschen eine Hölle auf Erden und selbst wer während des Zweiten Weltkriegs noch nicht hier war, musste durch seine Ahnenreihe alles durchleben. Obwohl ich keine Deutsche bin, bin auch ich durch das kollektive Bewusstsein und die Linie der indirekten Vorfahren von dem betroffen, was damals geschah. Die Auswirkungen der dort begangenen Gräueltaten hielten lange an, weil die Schatten der Ahnenlinie sich mit den individuellen Schatten der Menschen vermischten. Auch Nordirland bot von den späten Sechzigern bis vor Kurzem ein kriegerisches Umfeld, in das meine eigenen Kinder hineingeboren wurden. Die ererbte dysfunktionale Energetik des Krieges schließt die angestammten Gefühle des Hasses, der Trauer, Wut, Angst, Hilflosigkeit, Schuld und Schuldzuweisung mit ein. Persönlich glaube ich, dass die schädliche Energie des Krieges bis zu vier Generationen anhalten kann.

Jetzt sind wir alle Teil davon, wenn aus der Hölle der Vergangenheit heraus ein Himmel erschaffen wird. Jetzt haben wir keine sogenannten Feinde, keine Schultern und keinen Ort mehr, wo wir die Schuld abladen. Die Hierarchie des „Die gegen uns" gibt es nicht mehr. Es braucht dich und mich gemeinsam, um ein Wir zu ergeben. Das ist die Energie, die wir an unsere Kindeskinder weiterreichen können.

Wir brauchen vor der Zukunft keine Angst zu haben. Die Energie des Heiligen ist mit uns bis zum Ende aller Zeiten. Ich wiederhole es in diesem Buch oft: Wir müssen das Heilige in unserem täglichen Leben wieder benennen. Es kann nicht mehr auf die Kirche oder die Religion begrenzt werden. Das Heilige ist nichts weniger als der Atem der Menschheit, den wir in Frieden und Segen miteinander teilen. Es ist die Mutter, die ihr Kind füttert. Es ist der junge Mann, der mit dem Segen des Vaters sein Zuhause verlässt. Heilig ist, was du so nennst, nicht was eine Kirche als heilig proklamiert. Wir müssen dem Heiligen noch einmal einen Platz in unserem Sprachschatz geben, im alltäglichen Vokabular gewöhnlicher Menschen, die ein gewöhnliches Leben leben. Caroline Myss, die amerikanische spirituelle Lehrerin, spricht über „Mystiker ohne Klöster". Das ist es, was wir sind, wenn wir an das Mysterium des Lebens und die Göttlichkeit in allen Wesen glauben. Denn wir alle sind das Wunder Gottes: die unermessliche Weite seiner Schöpfung und die Verletzlichkeit seiner Füße im braunen Erdreich des Lebens.

Das Fischezeitalter geht zu Ende, das neue Zeitalter hat sich noch nicht manifestiert. Wir befinden uns in einer Zwischen-Zeit, wir erwarten die Neugeburt. Das Zeitalter der Geheimhaltungen, des Hasses, der Hierarchien und Institutionen, der elitären Gruppen, der patriarchalen Kontrolle und Manipulation, des Sexismus und religiösen Missbrauchs, des Materialismus, der Arbeitslager und der legitimierten Kinderprostitution geht zu Ende und wir betrauern dieses vergangene Zeitalter nicht. Wir atmen mit einem tiefen Seufzer der Erleichterung auf, dass wir im Hier und Jetzt sind, dass wir durch die Hölle gekommen und nun zusammen sind, bereit für den Himmel auf Erden. Ja, wir mussten uns der Vergangenheit stellen, um sie zu integrieren. Doch dies ist das Zeitalter der Herzöffnung in die Vergebung für uns selbst und alle Wesen. Wenn wir wahrhaft von Herzen sagen können „Ich vergebe mir selbst für alles, was ich in die Welt projiziert habe. Ich lasse los in die Liebe“, dann werden wir die Energie haben, einander eine Hilfe zu sein. Lass dich in die Liebe fallen, denn Liebe ist der einzige Heiler.

Mögen alle Wesen in diesem Moment, mit diesem Ausatem, sich in die Selbst-Vergebung öffnen, denn es gibt nichts zu vergeben – es gibt nur die Unwissenheit.
Mögen alle Wesen ihre Verluste betrauern.
Mögen alle Wesen in die Liebe kommen.
Mögen alle Wesen wissen, dass alles seine Zeit hat.
Mögen alle Wesen wissen, dass es jetzt Zeit ist, sich in Liebe auszustrecken.

Aber strecke nicht deine Hand aus, wenn deine eigenen Füße nicht fest stehen. Steh zuerst selber sicher. Sorge dafür, dass dein spirituelles Immunsystem genauso stark ist wie dein physisches. Dann atme das Bewusstsein, das dir versichert: *„Ich lebe jetzt, in diesem Moment, im Himmel.“* Sieh die Welt, in der du leben willst. Sieh die Menschen, die du gerne um dich haben möchtest. Fühle die Liebesenergie zwischen euch fließen – in Heilung und Schönheit, in eurem Leben, in der ganzen Schöpfung. Werdet eins und zu vielen. Die vielen werden zu Tausenden, die auf dem Berg stehen

und rundherum auf die Pracht und die Gnade einer wunderbaren Erde und eines herrlichen Universums schauen. Höre, wie alle Stimmen sich in völliger Harmonie und in schönen Obertönen beim Singen eines Neuen Hallelujas vereinen, um durch alle Welten der Schöpfung hindurch zu klingen und alles zu einem neuen Leben in Fülle zu erwecken. Während du weiter mit anderen singst, erkennst du, wie nach einer Weile der Klang das gesamte Universum erfüllt und die Sonne und der Mond und die Sterne mit einstimmen und der Himmel mit diesem Lied erstrahlt, und das Neue Halleluja gleitet durch die Luft und wird zu *einer* Stimme, *einem* Ton, *einer* Schwingung, *einer* Frequenz, voll mit den Farben des Kosmos und der Klang wird LIEBE genannt.
Ich muss nicht spirituell werden. Ich bin nicht auf die Erde gekommen, um spirituell zu werden. Ich kam auf die Erde, um zuzulassen, dass meine Menschlichkeit bewusster wird, und diese Bewusstheit heilt meinen konditionierten Verstand in die Göttlichkeit. Denn alles ist möglich, wenn das Herz offen ist. Nichts ist möglich, wenn das Herz für sich selbst verschlossen ist.

Möge dein Tag mit Augenblicken des Himmels erfüllt sein.
Wenn diese Momente zu Minuten werden,
werden die Minuten zu Stunden,
die Stunden werden ganze Leben,
die du hinter dir lassen wirst
für die nächsten Generationen.

Intuitive Wahrnehmung und spirituelles Wachstum

Es scheint, dass religiöse Regeln und Vorschriften, Dogmen, Gebote, Anordnungen und Dekrete uns Sicherheit und ein Gefühl von Zugehörigkeit geben. So lange, bis wir in uns selbst hineinhorchen können, um Antworten auf Lebensfragen zu finden, ist solch externe Information wichtig. Die Religion hat auch das Gefühl von Gemeinschaft vermittelt. Sie bietet uns einen Führer, der uns, die Herde, zu der grünen Weide führt, die wir scheinbar selber niemals erreichen könnten. Der Priester oder Pastor, Rabbi oder Geistliche nimmt die Stellung des Vermittlers zwischen Himmel und Erde ein und wir legen unser Vertrauen in sein tieferes Wissen über Gott und seine weisen Instruktionen. Für einige von uns, die es vorziehen, in ihrer Beziehung zum Göttlichen autonomer zu sein, ist das problematisch. Wir würden auf unserer Seelenreise lieber dem inneren Selbst, dem inneren Tutor, der Intuition folgen. Das ist sicher, wie Scott Peck anmerkt, die „weniger befahrene Straß“.

Oft wird die Frage nach der Moral gestellt. Würden Menschen ohne religiöse Unterweisung noch moralisch handeln? Brauchen wir mehr als die natürlichen verinnerlichten Gesetze der Menschlichkeit, damit wir „gute Menschen“ sind? Vielleicht sind wir noch nicht so weit in der kollektiven spirituellen Evolution und brauchen deshalb äußere Kontrollen, um unser Verhalten zu reglementieren?

Selbst-Führung und Selbst-Bestimmung sind sicher ein wichtiges Stadium im spirituellen Erwachsenenleben. Wenn wir in unseren spirituellen Überzeugungen Kinder bleiben, kennen wir nicht den Geschmack des Wassers aus unserer eigenen tiefen und reichen

Quelle, sondern müssen es immer von einem anderen Brunnen holen, wenn wir durstig sind.
Obwohl Selbstbestimmung und eigene Führung für das unreife Herz oft in Chaos und Anarchie gipfeln, helfen sie Menschen auch, Verantwortung für ihr Verhalten zu übernehmen und psychologisch und spirituell zu reifen. In vielen indigenen Gemeinschaften ist Selbstbestimmung eine Regel. Diese besagt, dass eine Person, die mit ihrem Verhalten Schaden angerichtet hat, selber darüber entscheiden muss, welchen Beitrag sie zu einer ausgleichenden Gerechtigkeit leistet. Man scheint dort zu glauben, dass Mitmenschlichkeit insgesamt aus ursprünglicher Integrität heraus funktioniert und nicht aus ursprünglicher Sündhaftigkeit und dass jemand zum Wohl für das Kollektiv auch seine eigene Strafe oder Wiedergutmachung beschließen kann.
Jesus, der Christus, war die Erfüllung der alten Gesetze Mose – deshalb sind sie überholt und es gibt keinen Bedarf mehr für sie. Jesus erkannte, dass die toten Buchstaben der Schriften kein Balsam für das menschliche Herz sein konnten, das immer wieder der Verachtung ausgesetzt war. Er sprach an, dass die lauten Gebete, bei denen man „Herr, Herr!“ ausrief, nutzlos waren, wenn das Herz dabei verschlossen blieb. Wahre Ergebenheit dagegen lässt sich im Dienst an allen finden, sie steigt auf aus der Bereitschaft zu lieben.
Ich umschreibe die Worte Jesu so:

Ich bin gekommen,
um euch die freudvolle Mitwirkung am Leben zu bringen.
Doch ihr zieht es vor, zu debattieren und die Schriften zu erörtern.
Ihr hungert nach dem Brot des Lebens und doch gebt ihr euch mit altbackenen Brotkrumen zufrieden.

Lest nicht über Freude – lebt sie.
Studiert nicht meine Worte – lebt sie.
Lernt nicht die Regeln, wie man mit seinem Nachbarn auskommt –
liebt ihn.
Sorgt euch nicht darum, was ihr im Gebet sagen sollt –
öffnet euer Herz.
Träumt nicht vom Königreich der Heilung – seid es.
Sprecht nicht über die Freiheit – praktiziert sie.
Versucht nicht, die Liebe über den Intellekt zu verstehen –
lasst sie in euch Fleisch werden.

Welche sind deine „toten Buchstaben“, die deine Hingabe, deine Kreativität, deinen Überfluss des Lebens verwüsten? Welche toten Seiten müssen aus deinem Buch des Lebens herausgerissen und in den Feuern der puren Leidenschaft verbrannt werden? Tote Worte erschaffen Lethargie oder sogar Beklemmung. Sie können kein Leben spenden. Sie sind nicht kreativ. Sie können nicht inspirieren, sondern sind eine Folge der Manipulation des Menschen am Menschen. Viele Regeln, Dogmen usw. sind zu strukturiert, zu rigide und zu analytisch. Sie lassen den Fluss symbolischer Interpretation nicht zu. Die Intuition stirbt, wenn wir uninspirierten Schriften nachhängen. Ein Gedicht, das ich vor einiger Zeit schrieb, legt das nahe:

Worte können nicht töten,
aber die Seele zerreißen
und uns nackt zurücklassen
in der winterlichen Kälte.

Was ist eine uninspirierte Schrift?
Uninspirierte Schriften sind geschriebene Worte, die tot sind, die das Herz nicht öffnen können. Viele Bücher der Theologie, wie die Schwarten von Augustinus und Ignatius, um nur ein paar zu nennen, haben den Ruf, heilig zu sein. Hauptsächlich aber erzeugen sie Schuldgefühle, Scham und Selbst-Verachtung. Auch hinterlassen sie beim Leser ein Gefühl der Hoffnungslosigkeit. „Das innere Schloss" der heiligen Teresa von Avila ist ein ebenso herabwürdigendes Buch, in dem sie sich selbst als ein unwertes Wesen und voller Sünde beschreibt. Theologische Schinken sind für Gelehrte der Literatur, die über Gott philosophieren. Der spirituell bewusste Mensch braucht solch nutzloses Analysieren nicht, denn er oder sie kennt Gott im Herzen aller geschaffenen Kreatur.

Welche Schriften und Gebete haben dich berührt, haben dich dazu gebracht, dass du dich lebendig, geliebt, wertvoll und geehrt fühltest?

Bring die heilige Schrift aus deinem eigenen Herzen hervor – *du* bist das großartigste Buch, das je geschrieben wurde. Du bist das schönste Mantra, das je gesungen wurde – doch du lässt dich steuern von deiner traurigen alten Konditionierung auf die Indoktrination, die deine Seele, deinen Körper und deinen Geist des Reichtums schöpferischer Versdichtung beraubte. Glaube an deine eigenen inneren Geschichten, die authentisch und voller Mysterien sind. Dann lebe die heilige Schrift, an die du glaubst. Lebe die Religion, in der deine Seele kreativ sein kann. Erschaffe deinen eigenen Segen, deine eigenen Mantras. Erschaffe dir deine eigenen Tanzschritte im Tanz mit dem Schöpfer. Sing dein eigenes „Lied der Lieder", bis deine Seele, ekstatisch vor Freude, keuchend die Tür der Gnade erreicht und in die Arme der Liebe fällt. Das ist vollkommene Hingabe. Das ist Glückseligkeit, Nirwana, der Himmel.

Stell dir vor, das Göttliche sagt zu dir:

„Ich habe alle heiligen Schriften der Weisheit geschrieben – nicht in Büchern, sondern in den Adern deines Körpers. Öffne dich für die Musik, die in allen Formen schwingt, und finde darin meine Lehren für deinen Tag. Lest gegenseitig die heiligen Schriften in euren Herzen. Schließ die Bücher des intellektuellen Verstandes; bring aus dir jeden Grund hervor, warum du geliebt wirst – und wachse, Augenblick für Augenblick, in die Gegenwart hinein. Denn das bin ich."

Wenn die heilige Schrift dich nicht zu tieferer, reinerer und stärkerer Liebe inspiriert, dann mach das Buch zu und hilf deiner Nachbarin, sitze mit dem Sterbenden, hör dem alten Mann zu, spiel mit einem Kind, iss mit Freude eine wunderbare Mahlzeit. Das wird in dem Moment die Übersetzung der Schriften für dich sein. Heilige Bücher und Schriften waren in der Vergangenheit ein Weg der Menschen, um Gott zu erreichen. Doch es war der Weg anderer, nicht der des Lesers. Wenn das Reich Gottes in uns ist, dann brauchen wir keinen äußeren König „da oben", der uns regiert; unsere Führung kommt von innen.

Intuition und Entscheidungen

Eines der Merkmale der Intuition ist, dass sie hier und jetzt ist. Wenn du heute etwas intuitiv erahnst und danach handelst, ist das deine Führung für diesen Tag, die Gnade für diesen Moment. Wenn du dich entscheidest, aus der Intuition zu handeln, kann es sein, dass das keinen Sinn macht. Das ist ein Kennzeichen der Intuition. Es mag auch sein, dass du heute eine intuitive Entscheidung triffst und morgen feststellst, dass deine Entscheidung nicht mehr passt. War deine Intuition von gestern falsch? War es bloß dein Unbewusstes, das dich dazu verlockte? Zeit ist in der Welt des Geistes bedeutungslos, denn die Zeit gehört zur Form. Was das Göttliche betrifft, ereignet sich alles in dem gnadenvollen Atemzug der Gegenwart hier und jetzt. Die Intuition ist der spontane Tanz, der eine Bewegung für diesen Augenblick erschafft und der nicht für die Ewigkeit gedacht ist. Jemand könnte z. B. sagen: „Ich habe das Gefühl, ich sollte mein Haus verkaufen und woanders hinziehen." Alles ist geplant, der Käufer des Hauses gefunden, doch plötzlich nimmt er die Vereinbarung zurück oder die Mutter wird vielleicht krank und diese Person kann unmöglich umziehen. War dann Ihre Intuition falsch? Die Seele testet uns oft, um zu sehen, ob wir für eine Veränderung in unserem Leben bereit sind – bereit, über die Angst hinauszugehen und das „gewohnte" Leben zu verlassen. Die Tatsache, dass wir sagen: „Ja, ich will das tun, obwohl ich Angst habe!" reicht oft schon. Gewohnheit ist einer der besten Fluchtwege für den Erden-Geist, um Veränderungen, Transformation, Risiken und Wachstum zu vermeiden. Gewohnheit wird zu einem starken Behälter für unsere Energie. „Das war immer so und wird immer so sein!" ist unsere Sicherheit. Und es ist, was uns festhält. Was die Freude zunichte macht. Was Abhängigkeitsmuster erzeugt. Was die Kreativität erstickt. Es ist, was unsere Intuition blockiert.

Kein Risiko – keine Veränderung.
Keine Veränderung – kein Wachstum.
Kein Wachstum – keine Heilung.
Keine Heilung – Feststecken in vergangenen dysfunktionalen Gewohnheiten und Verhaltensmustern.

Angst braucht einen Verbündeten – und die Gewohnheit ist ein solcher. Alte Muster, die später zu Abhängigkeiten führen, werden durch unsere Biologie an die nächste Generation weitergegeben. Wir werden aus Angst zu Geschöpfen der Gewohnheit. Angst braucht einen Fluchtweg und in der Gewohnheit findet sie ihn.

Intuition und bewusste Imagination

Bestimmt sind wir bei all unseren Entscheidungen durch Informationen aus der Außenwelt beeinflusst. Können wir etwas kennen, das wir nie zuvor gesehen, gehört oder erfahren haben? Kann ein Blinder sich ein Bild von einem Stern machen? Kann ein Tauber sich Musik vorstellen? Sicherlich geschieht ständig im Gehirn eine Art subtiles assoziatives Erinnern, den ganzen Tag – jeden Tag und Jahr um Jahr. Wir häufen immerzu Informationen an. Die sogenannten gefilterten Informationen bringen wir in unser Bewusstsein. Das Ungefilterte bleibt als Information vorhanden, wird aber für die Wahrnehmung noch nicht zugelassen. Es schläft – bis ein andermal – oder bekommt vielleicht niemals Zugang zum Bewusstsein. Doch in Wahrheit ist nichts im Himmel oder auf Erden wirklich neu. Als ich vor einigen Jahren eine Nahtoderfahrung hatte, war ich beeindruckt zu erfahren: Wir können nichts lernen, das wir nicht schon wissen.

Das Wort Imagination bedeutet „bildhaftes Denken". Wir erschaffen also ein Bild. Indem wir unsere Imagination benutzen, sind wir kreativ. Kreativ zu sein bedeutet, den Geist des göttlichen Schöpfers selbst zu besitzen. Auch die Intuition ist kreativ, sie ist schöpferisch, anstatt zu kontrollieren. Sie führt, anstatt zu regieren. Sie schlägt vor, statt zu fordern und nimmt doch voll unsere ganze Aufmerksamkeit in Anspruch. Wenn wir ihr unsere Aufmerksamkeit geben und nicht dem Diktat unseres Egos folgen, das beharrlich aus Angst handeln will, dann lassen wir es zu, dass Gnade fließt, und das öffnet den Weg für spirituelle, göttliche Führung.

Intuition und die Zirbeldrüse

Die Zirbeldrüse war unter den alten Yogis als „der Sitz der Weisheit“ bekannt. Anscheinend ist sie die heilige anatomische Stelle für die Intuition. Sie liegt nahe an der kosmischen Antenne. Die Zirbeldrüse funktioniert wie ein Magnet für kosmisches Bewusstsein, was ein anderes Wort für Intuition ist. Zusammen mit der Thymusdrüse, die ihren Sitz früher nahe der Hirnanhangdrüse hatte, sich aber jetzt vorne auf der Brust befindet, ist die Zirbeldrüse die älteste und am meisten verkannte aller Drüsen des Körpers. In der medizinischen Wissenschaft glaubt man, dass die Thymusdrüse nur während der Kindheit eine Funktion hat und später bedeutungslos ist. Die moderne Medizin hat von den Medizinmännern und -frauen der alten Zeit viel zu lernen. Die Alten wussten auch, dass sich in der Zirbeldrüse der heilige Raum befindet, in dem der Heilige Geist wohnt. Man sagte, dass feinfühlige Menschen das Heilige in unserer Physiologie verstehen können. Schon immer wurde in der katholischen Kirche dieser Sitz der Weisheit im Körper gewürdigt, indem der Papst ihn mit einer kleinen weißen Scheitelkappe (auch Kalotte oder Zucchetto genannt) bedeckt. Im Judentum gibt es die Kippa oder „Yarmulke“. In anderen spirituellen Richtungen lässt man sich das Haar gerade dort in der Mitte des Hinterkopfs wachsen, um die empfindliche Stelle zu schützen. Das Bindu Chakra in der Yogaphilosophie, am Hinterkopf gelegen, hat Bezug zur Zirbeldrüse. Manche Orden katholischer Priester rasieren sich den Schädel in Anerkennung dieser heiligen Stelle, was als Tonsur bekannt ist. Die alten Lehren besagen, dass wir von diesem Fleck aus Zugang zur Weisheit Salomons gewinnen, und viele Schamanen, die in Trance gehen, um Informationen durch die Ahnen zu erhalten, verbinden sich mit dieser Stelle, dem Allerheiligsten. Derwische tanzen sie wach; Singen trägt ebenso zu ihrem Erwecken bei. Viele Schamanen gebrauchen dazu den Atem oder Pranayama. Mit einem besonderen Ritual wurde den Sterbenden geholfen, mit Leichtigkeit und Bewusstsein ihren Körper zu verlassen. Das beinhaltete das Herausziehen der Lichtenergie aus dem grobstofflichen Körper durch die Energiezentren hindurch bis in die Zirbeldrüse oder das höchste Chakra hinauf und durch die oberste Stelle des Kopfes. Es hieß, das sollte die Seele in die Vereinigung mit ihrem geliebten Geist bringen.

Intuition kann in unserer Zeit als das kollektive kreative Bewusstsein in der Welt angesehen werden.

Von hier aus können wir alle Führung und Segen für unser Leben beziehen. Wenn wir mit dieser Energie in Einklang sind, heißt es, sind wir in unserer ursprünglichen Natur, unserer ursprünglichen göttlichen, kreativen Natur. In diesem Zustand spirituellen Bewusstseins ist alles möglich. Unsere Entscheidungen sind bewusster. Deshalb sind die Konsequenzen aus unseren Entscheidungen freudvoll und positiv, nicht nur für unser eigenes Leben, sondern für das Leben aller Wesen und das Kollektiv.

Mit der Entfaltung unseres Bewusstseins tragen wir zum gesamten Bewusstsein bei. Selbst die Blätter am Baum sind gesünder; das Wetter wird durch unsere Entscheidungen beeinflusst. Das Tierreich kann in seiner Evolution ebenso voranschreiten, so dass es auch wieder zur Anhebung des Bewusstseins beitragen kann. Wir werden in den kommenden Jahren nur noch intuitives Wissen gebrauchen, aber wir müssen es jetzt und heute, mit diesem Atemzug üben. Die spirituelle Evolution unseres Planeten hängt auch davon ab, wie wir uns von externen Quellen der Führung auf inneres Hinhören verlegen. Je mehr wir das tun, desto fähiger werden wir und sind am Ende seelenvoll bewusst anstatt vom Erden-Geist gesteuert. Die Aufgabe der Seele ist es, das Ego zu verführen. Sie tut das mit Mitgefühl für den Erden-Geist in seinem Kampf um Macht und externe Information. Mitgefühl ist eine der Emotionen, die auch die Zirbeldrüse wachrufen. Es erschafft einen Raum der offenen Freundlichkeit, denn Liebe ist der einzig wahre Erwecker der Menschheit. Die Zeiten nahen, in denen wir die Komplexität unserer Menschlichkeit besser verstehen werden.

Jesus sagte, von mir umschrieben:

„Wenn du das Allerheiligste in dir selbst betrittst, wirst du Ohren haben zu hören und Augen zu sehen ... alles, was die Welt dir nicht zeigen kann. Und es wird ein Ende kommen für alles äußere Wissen – alle Information von außen wird dahinscheiden. Doch was andauert, ist dieses unschätzbare Juwel: die Weisheit der Liebe."

Und so werden alle Dinge, die bis jetzt vor unserem begrenzten Bewusstsein verhüllt blieben, wird alles, was noch auf Bewusstsein wartet, offenbart werden. Wir werden klar sehen, nicht durch den Schleier der Illusion oder wie durch verdunkeltes Glas.

Intuition und Instinkt

Wie der Instinkt, so ist auch die Intuition angeboren, doch sie stellt sich im Gegensatz zum Instinkt nicht von selbst ein. Sie ist keine konditionierte Erwiderung auf äußere Reize, wie die „Kampf-oder-Flucht-Reaktion" des speichelnden Pawlowschen Hundes, wie unsere instinktive Reaktion auf eine Flamme oder unsere spontane Selbstverteidigung bei realer Gefahr. Ein kleines Kind reagiert instinktiv auf laute Geräusche von hinten. Der Selbsterhaltungstrieb ist instinktiv und wir haben das mit allen

anderen Tieren gemein. Wir geben Acht, keine offene Flamme zu berühren. Das ist angeborenes Wissen und natürlich. Andererseits sprechen wir positiv auf ein Lächeln an oder gehen auf Blumen und schöne Dinge zu. Auch das ist angeborener Instinkt. Wir reagieren instinktiv bei Gefahr und sprechen positiv an auf lebensfördernde Phänomene. Hässlichkeit stößt uns ab und Schönheit zieht uns an. Das geschieht unwillkürlich.
Soweit ich es sehe, gibt es vier Aspekte der Intuition:

1. *Intuition ist Gnade für den Augenblick.*
2. *Sie bezieht Informationen aus dem kollektiven Bewusstsein.*
3. *Sie macht nicht immer Sinn. Vertrauen ist ein wichtiger Bestandteil – zu vertrauen, egal, wie lächerlich die Situation oder die Führung ist, dass alles am Ende spirituell Sinn ergeben wird.*
4. *Je mehr wir üben, sie anzuwenden, desto mehr beeinflusst sie unser ganzes Leben. Sie beschleunigt unser spirituelles Wachstum, weil sie von der Seele kommt.*

Intuition und Unterscheidungsvermögen

Wie wissen wir, dass wir tatsächlich unserer Intuition folgen und nicht unserem Erden-Geist, dem Ego? Intuition ist seelenvolle Führung und Anleitung. Jahrhunderte lang haben die Kirchen die Liebe Gottes gepredigt, aber nur Angst und Schuldgefühle verbreitet. Niemals wurde uns gesagt, dass die innere Stimme Gott im Inneren ist und eine Stimme purer Liebe, die uns niemals verurteilt oder verdammt. Wie hätten wir die Intuition als die Stimme der reinen Liebe und des Mitgefühls verstehen können? Wir wurden gewarnt, dass die Stimme des Egos die des Teufels sei und sie deshalb unterdrückt und überwältigt werden müsse. Das ist nicht die Sprache der Seele. Die Seele liebt den Ego-Geist und hat nur das tiefste Mitgefühl für seine Angst und Hilflosigkeit.

Weil die innere Führung seelenvoll ist, ist sie nicht von Zeit abhängig. Sie hat kein Interesse an der Zukunft, obwohl sie eine Wirkung auf unsere Zukunft hat. Die Entscheidung, die wir heute treffen, hat eine Langzeitwirkung auf unser Leben. Wenn du eine Entscheidung auf Basis der Wahrnehmung des Egos triffst statt auf intuitiver Wahrnehmung, kannst du dir sicher sein, dass es immer um Angst geht. Sei es, dass ich etwas aus Angst heraus zu tun wähle oder im Gegenteil entscheide, aus Angst etwas nicht zu tun – die Angst ist der „Ratgeber". So wissen wir, ob wir eine Entscheidung nur aus dem Kopf heraus treffen, aus dem Ego-Geist. Die Seele gibt Führung nicht aus Angst, sie kennt nur Liebe. Wie viele Menschen können bestätigen, von einer unbekannten Kraft geleitet worden zu sein, als sie beispielsweise an einem bestimmten Abend nicht mehr ins Auto stiegen, nur um später zu erfahren, dass sich auf der Strecke, die sie gefahren wären, ein schwerer Unfall ereignete? Die Seele hat für dich keine andere Absicht, als dass du das erfährst, was du dich zu erfahren verpflichtet hast. Sie unterstützt dich darin, über deine Angst hinauszugehen und für das Leben, für die Liebe, ein Risiko einzugehen. Die Seele ehrt jeden Schritt, den du in Selbst-Achtung gehst. Führung, die dir rät, zu re-agieren, zu urteilen, weiter Angst zu haben und dich zu verschließen, ist Führung durch den Erden-Geist.
Die innere Stimme der Seele ist immer eine des Mitgefühls und der Liebe. Es kann nicht anders sein. Selbst wenn du glaubst, etwas Schreckliches getan zu haben, wird die Stimme der Seele dich nicht aburteilen, sondern dich sanft zurück ins Zentrum deiner Selbst führen. Der Erden-Geist verurteilt, verbietet, ist hart und lässt dich Schuld und Scham empfinden. Das bedeutet nicht, dass die Seele uns nicht „diszipliniert". Das tut sie – mit fester, bedingungsloser Liebe. Sie kennt die Straße, die wir gewählt haben, und wenn wir uns entscheiden, wieder zurück auf die alten Pfade zu

gehen, kann uns ihr Helfer, die kollektive universelle Liebe, einen Stoß geben – manchmal in Form einer Krankheit oder einer Serie von Unfällen. Es *gibt* keine Zufälle und wenn wir das wissen, können wir auf die Information in allem hören, das uns widerfährt, und von der Seele lernen – bevor wir Konsequenzen erfahren, die nicht so erfreulich sind.

Die verschiedenen Stimmen innerer Führung zu unterscheiden ist immer wichtig. Wenn jemand erklärt, seine innere Stimme habe ihm gesagt, er solle sein Haus verkaufen und nach Amerika ziehen, kann das einfach ein Impuls der Angst sein, die da spricht. Vielleicht will die Person hier vor etwas davonlaufen. Andererseits, sollte dieser Mensch sich eingestehen, dass er schon immer gehen wollte, aber aus Angst gezögert hatte, sein Zuhause zu verlassen, und jetzt seine Angst überwinden und ein anderes Leben ausprobieren will, so ist das sehr wahrscheinlich ein Ruf der Intuition, tiefer ins Leben hineinzugehen. Wenn jemand deprimiert und selbst-zerstörerisch ist und sagt, seine Intuition habe ihm geraten, noch viel mehr Tabletten zu nehmen, weil das gegen die Depression helfen würde, ist das zwar eine innere Stimme, aber keine Intuition. Es ist eine Stimme der Selbst-Vernichtung, die eindeutig möchte, dass diese Person stirbt. Diese Stimme ist dann eine Akkumulation all der Stimmen, die diesen Menschen leiten. Es ist die Stimme des Selbst-Hasses, des Ungeliebtseins. Die Person ist nun nicht in einem Zustand, in dem sie einer inneren Eingebung folgen wird. Ihr Geist kann keine guten Entscheidungen mehr für sie treffen, also muss jemand anderer es tun, bis sie die Seelenkontrolle wiedergewonnen hat.

Manche Menschen scheinen wenig Unterscheidungsvermögen zu besitzen, was ihre inneren Stimmen oder die Führung angeht, der sie folgen. Viele behaupten, dass Engel zu ihnen sprechen und sie für andere Menschen Führung empfangen. Jesus sagte: „An

ihren Früchten sollt ihr sie erkennen." Mit anderen Worten: Wie bewusst leben diese Leute ihr Leben? Für andere Botschaften zu haben kann ein subtiler Weg sein, um der Arbeit mit sich selbst zu entkommen. Allerdings gibt es Menschen wie Sabrina Fox in Österreich, Diana Cooper und andere, die mit ihrer eigenen Heilung verbunden sind und deshalb auch anderen auf ihrem Weg helfen dürfen, indem sie ihnen Engelsbotschaften überbringen. Als ich Sabrina Fox in Österreich sprechen hörte, war mein Herz berührt und meine Seele sang, obwohl ich ihre deutschen Worte nicht verstand. Wenn mein Freund Mark Fox (der nicht mit Sabrina verwandt ist!) seine Gebete und Seelenlieder singt, gibt die Erde selbst Dank für jemanden, der sich verpflichtet hat, eine Fackel der Inspiration für andere zu sein. Solche Menschen bringen uns Inspiration, bis wir uns selber nach innen wenden und unsere Intuition finden können. Viele sprechen zu und mit Engeln, aber nicht mit ihren Nachbarn. Manche hören die Stimmen höherer Wesen, aber nicht die Stimmen ihrer Kinder, die um Hilfe bitten. Viele sagen, sie channeln die Erzengel, aber verachten andere, die „spirituell nicht entwickelt" sind. An ihren Früchten kannst du erkennen, wer wirklich Engel hört und wer die Stimme seines eigenen Bedürfnisses nach Aufmerksamkeit und Beifall.
Auch Menschen, die als schizophren diagnostiziert wurden, hören Stimmen. Das kann aufgrund von psychischer Krankheit geschehen. Je mehr man jedoch diesen Leuten zuhört, desto weniger kann man sicher sein, ob die Krankheit in ihrer mentalen Instabilität liegt oder in unserem kollektiven Missverständnis und der Unwissenheit über Phänomene von veränderten Bewusstseinszuständen. Vielleicht haben diese Menschen Zugang zu anderen Welten, in die wir unserer Skepsis und verschlossenen Herzen wegen noch nicht gelangen können. Mein lieber Freund Peter Häckl aus Bayern glaubt, dass wir niemals erkennen können, in welche Tiefen der Weisheit

die Seele uns bringt, solange wir in der Begleitung von Menschen mit Schizophrenie nicht mit der Seele arbeiten. Vielleicht sind auch sie gekommen, um uns darauf hinzuweisen, mehr nach innen zu hören als nach außen. Wir können von allen Menschen lernen, den sogenannten Kranken und den sogenannten Gesunden.

Beispiele für Führung durch Intuition

In Nordirland, wo ich sechsundzwanzig Jahre lang lebte, trug das kollektive Unbewusste die Energien von Wut und Fanatismus und das mündete in Krieg. Es war schwierig, mit solch starker Angstenergie zu leben. Die Soldaten handelten aus dem Instinkt „Töte, bevor du getötet wirst!“, denn Angst erschafft eine Umgebung dysfunktionaler Vorsicht. Sehr wenige Menschen können in solch gravierenden Situationen Zugang zur Intuition finden. Es gibt jedoch Geschichten von großem Mut. Die folgende ist eine wahre Geschichte eines jungen Soldaten während des letzten Weltkriegs in Berlin.

Die Philosophie des Krieges ist: „Erst schießen, dann denken – wer erst denkt, stirbt zuerst.“ Als der junge Soldat den oberen Raum eines alten Hauses betrat, meinte er, ein Geräusch zu hören. Er hatte sein Gewehr bereit zum Schießen, zum Töten. Später erzählte er: „Etwas in mir sagte: Warte – schieß nicht. Es machte keinen Sinn, aber ich schoss nicht. Ich verstieß gegen die Befehle meines Vorgesetzten. Und dann tauchte ein Mädchen auf, acht Jahre alt, mit ihrem kleinen Bruder. Sie hatten beide große Angst. Ich brachte sie nach draußen und übergab sie einem Nachbarn, damit er sich um sie kümmerte.“ Das war wahrhaft ein Handeln aus der intuitiven Führung heraus und nicht aus angstvollem Instinkt. Der junge Soldat riskierte sein Leben. Wenn wir aus der Intuition handeln, können wir eine Situation nicht proben. Wir treffen einfach aus der Seele heraus eine Wahl.

Intuition in den christlichen Schriften

Während der Hochzeitsfeier in Kanaa sagte Maria, die Mutter von Jesus, zum Diener: „Was immer Jesus dir zu tun aufträgt, tu es!“ Maria hatte keine Ahnung, was Jesus dem Diener auftragen könnte, aber sie wusste, dass er aus der Intuition handeln würde. Jesus war durch seine Intuition in die Wüste geführt worden, wo er vierzig Tage allein verbringen sollte. Dort befand er sich in Abgeschiedenheit, weit entfernt und losgelöst von der Gemeinschaft, nur mit seinem Seelen-Selbst. Jesus war sich bewusst, dass es für alles eine Zeit gibt, eine Zeit, mit Menschen zu sein, und eine Zeit, allein zu sein. Als Jesus Petrus fragte: „Wer bin ich?“, und Petrus antwortete, dass er der Sohn des lebendigen Gottes sei, sagte Jesus zu ihm: „Nicht Fleisch und Blut haben dir das offenbart.“ Mit anderen Worten: *Deine innere Führung hat dir das offenbart.* Als Maria der Erzengel Gabriel erschien und er ankündigte, sie würde die Mutter des Messias sein, antwortete Maria: „Wie kann das sein, wo ich doch von keinem Mann weiß?“ Dennoch sagte sie: *„Ja, ich will dieses Kind empfangen; ich werde den Willen Gottes tun.“* Es machte für Maria keinen Sinn, Mutter zu werden, da sie keine sexuelle Beziehung zu einem Mann gehabt hatte. Aber sie hatte den Glauben, dass alles gut wäre.

Als Joseph von einem Engel geweckt wurde, der sagte, er müsse mit Jesus und Maria fliehen, schien das lächerlich, doch er tat es: Er verließ Jerusalem und ging nach Nazareth. Das mochte absurd sein – mitten in der Nacht mit einem Säugling und seiner Mutter – doch Joseph gehorchte seiner inneren Führung und hatte recht. Es scheint, dass in den Erzählungen der Evangelien Engel oft die innere Führung und Intuition symbolisieren.

Die Art, in der Jesus lehrte, war rein intuitiv. Er erzählte Geschichten, die einfach im Moment zu ihm kamen. Wir hören niemals davon, dass Jesus einen Vortrag vorbereitete. Er sprach im Moment und befolgte die Anweisungen Jesajas: „Öffne deinen Mund und ich werde dir Worte geben.“ Anders ausgedrückt, die Lehren waren intuitiv und spontan. Man kann sehen, dass Intuition und Inspiration aus derselben Quelle kommen – dem Göttlichen. „In Spirit“ zu sein, also Zugang zur höchsten Energie zu haben, bedeutet auch, intuitiv (engl. in-tuition: in Unterricht, hier als Wortspiel) zu sein, das heißt von innen Unterweisung zu erhalten. Wenn wir dem Ruf oder den Eindrücken des höheren Guten in kleinen Dingen folgen, werden wir ein starkes spirituelles Immunsystem aufbauen, das der Intuition ermöglicht, in uns hinein und hinaus in das Kollektive zu fließen. Übung hilft, unsere Intuition zu wecken. Sie hilft uns auch, über unsere Angst hinauszugehen und uns dem Geliebten, der Liebe selbst, hinzugeben.

Intuition und das Chakren-Energiesystem

Die unteren oder erdenden Chakren sind wichtig, um uns mit der Materie zu verbinden. Wir müssen zuerst geerdet sein, bevor wir aufsteigen können. Tiefe Erdklänge und die Farben Rot, Orange und Gelb, die mit der Erdchakrenenergie assoziiert werden, ziehen uns tiefer in das Erdreich unserer Menschlichkeit. Diese Energiezentren werden durch das Eingebundensein in die Welt der Materie aktiviert. Körperliche Arbeit, besonders mit dem Land, Gemeinschaftsbildung, das Erfahren unserer Sexualität und Tanzen sind z. B. Wege, uns zu erden und diese Zentren zu öffnen. Damit die Kreativität fließen kann, muss sich das Herz öffnen und das vierte und fünfte Energiezentrum erweckt werden. Die Farben Grün und Türkis, zusammen mit den zugeordneten Klängen, helfen dabei. Wenn man das Herz einmal geöffnet und begonnen hat, sich nach anderen Menschen auszustrecken, wechselt die Farbe von Grün zu Rosa.

Um das Herzzentrum zu öffnen, ist es nötig, sich selbst und andere zu ehren, Ängste zu überwinden, Risiken einzugehen für die Liebe, Mitgefühl zu haben für sich selbst und andere, große Freude zu erfahren und anderen beizustehen. All das öffnet nicht nur das Herzzentrum, sondern aktiviert auch unsere Kreativität. Es öffnet uns in das sechste Chakra der Intuition und Inspiration, das Zentrum des dritten Auges oder der Zirbeldrüse. Die ätherische Energie, die vom zwölften Energiezentrum hinunter durch das elfte und zehnte Chakra fließt – durch die Farben Gold, Weiß, Magenta und Indigo – ruht in der Zirbeldrüse. Wenn das Schwarz der Transformation auf das Gold der Illumination trifft, findet die Vereinigung der Seele mit dem Geist statt. Bei Jesus scheinen alle zwölf Chakren aktiviert gewesen zu sein. Dadurch entstand der Heiligenschein über seinem Bindu-Chakra (Im Buddhismus wird das die Lotosblume genannt). Jesus war uneingeschränkt in Verbindung mit dem Vater, dem Geliebten, wie es auf Aramäisch heißt. Er sagte:

„Ich und der Geliebte sind eins.
Wer mich kennt, kennt den Geliebten.
Du kannst nicht zum Geliebten kommen denn durch mich."

Jesus sprach also symbolisch über die Weisheit der Intuition und Inspiration. Obwohl wir zunächst durch viel Transformation gehen müssen, bis wir geheilt sind, glaube ich, dass wir zur spirituellen Erfahrung der Öffnung der Zirbeldrüse in das achte und neunte Energiezentrum gelangen können. Wenn das geschieht, vollzieht sich die innere Hochzeit von Seele und Erden-Geist oder Ego. Möge es geschehen, bevor wir sterben.

Es ist nicht einfach, sich ein Leben gänzlich aus der Seele vorzustellen, nicht mehr angehaftet an das materielle Leben und die dichte Energie der unteren Chakren. Die kommenden Jahre werden denen unter uns, die dazu bereit sind, die Gelegenheit geben, durch alle Initiationen der Reinigung in die persönliche, kollektive, transformative, bedingungslose Liebe zu gehen – die Art der Liebe, mit der Jesus die Welt liebte. Die Seele wird der Fokus sein, nicht die materielle Persönlichkeit. Dann werden wir heilen können wie Jesus, weil wir das Bedürfnis nach Anerkennung transzendiert haben werden.

Was hilft uns, das „spirituelle Immunsystem" zu stärken?
Spirituelle Musik, die nicht in der C-Tonart schwingt, ist ein großartiger Herzöffner.
Außerdem:

1. *Die Farben der höheren Oktaven Magenta, Türkis, Violett und Gold.*
2. *Freude – viel Freude – und Lachen.*
3. *Gutes Essen und viel nicht-alkoholische Flüssigkeit.*
4. *Körperübungen und zügiges Gehen.*
5. *Kunst; kreatives Schreiben; sich mit Kindern unterhalten; sich mit Bäumen, Blumen und Vögeln verbinden; Sonnenuntergänge, Musik, Singen und Tanzen.*
6. *Töpfern, Schönheit feiern (wie meine Freundin Vera Bohlen in Findhorn).*
7. *Unter einem Wasserfall stehen, sich an Flüssen aufhalten, schwimmen.*
8. *Berg- und Waldwanderungen, Lagerfeuer.*
9. *Künstliches Licht und synthetische Stoffe meiden.*
10. *Das Sprechen verändern – von groben Worten hin zu einer Sprache der Heilung. Der Gebrauch von Poesie und Schönheit in unserer Korrespondenz.*
11. *Dankbarkeit für alles Leben, dankbar sein sich selbst und anderen gegenüber für das Leben, egal, wie es im Moment erscheint.*

12. *Einander ermutigen und gegenseitig in Liebe aufrichten.*
13. *Die Komik deines Lebens erkennen.*
14. *Alles in deiner Welt ist Information für dich. Sieh alles durch die Augen der Symbolik. Sieh das, was für das äußere Auge nicht ohne Weiteres sichtbar ist.*
15. *Kein Urteil, über niemanden. Jede(r) ist, wo er oder sie hier und jetzt eben ist, bis er oder sie, genau wie du, zu einer anderen Art finden, in der Welt zu sein.*
16. *Jeden Tag sterben: Uns von dem, was wir lieben, bewusst verabschieden – lieben und loslassen.*
17. *Sich die Zeit nehmen, Zeit zu haben.*

Eine Zusammenfassung

Intuitives Wissen ist unser natürlicher Zustand als Mensch. Es ist der Zustand der Gnade. Unsere Natur ist bewusstes Wissen. Unsere Natur ist Weisheit. Um uns unter den anderen tierischen Geschöpfen sicher zu fühlen, mussten wir unseren Instinkt benutzen, aber als wir uns weiterentwickelten und uns in jeder Inkarnation die Energiezentren weiter hinauf bewegten, begannen wir, auch die Oktaven der Spiritualität hinaufzusteigen, vom groben Leben und dem Instinkt über die Bereiche der Emotion bis schließlich zur spirituellen Bewusstheit.

Während wir das Ende des Fische-Zeitalters erleben und in das Zeitalter des Wassermanns eintreten, erreichen wir den Ort des mit-schöpferischen Lebens und sprechen auf alles intuitiv an, anstatt emotional. Wir sind bereit, unser Unterscheidungsvermögen einzusetzen, statt unbewusst Entscheidungen zu treffen. Wir sind Mit-Umwandler mit der Natur, sind die Früchte-Sammler, die Soulsingers, die Feuer-Entfacher und die Traumfänger. Wir – du und ich – sind die Wiederkunft des Christus, diejenigen, die die Christusenergie tragen. Wir sind intuitive Erkenntnis. Wir sind das kollektive Bewusstsein des Zeitalters der Göttlichen Offenbarung. Was Jesus Christus das „Königreich des Himmels auf der Erde“ nannte, wird in uns offenbart. Es ist an der Zeit, dass der „Löwe des Zorns“ sich neben dem „Lamm des Mitgefühls“ niederlegt.

Doch zuerst müssen diese Bewusstseinsstadien in der Erde unserer Herzen angesät werden.
Wir können nicht Wasser aus einem Brunnen verteilen, von dem wir nicht selber trinken.
Wie sollen andere den Unterschied kennen zwischen frischem Wasser und abgestandenem?
Wie sollen wir das Gesunde vom Ungesunden unterscheiden, wenn wir selber krank sind?
Wenn wir selber unseren Sinn für das Reine und Wahre – das Gegenteil vom Bedingenden und Illusorischen – verloren haben, können wir nicht in das Königreich der Liebe eintreten.
Jetzt ist es Zeit, es zu wagen und das Neue Halleluja zu singen.

Was zählt

Die Liebe hält das gesamte Universum – und *dein* Herz – in ihrem Fluss göttlicher Gnade. Sie ist die Bewegung grenzenloser Energie, das Ausgleichen von Ordnung und Chaos, von Anspannung und Entspannung, mit dem Universen zusammengehalten werden. Das formt ein energetisches Bündnis mit allen Wesen aller Welten, von denen du ein Teil bist. Die Harmonie, die sich daraus ergibt, wird auf der Erde im Lächeln eines Kindes widergespiegelt. Mit unentwegter Aufmerksamkeit, mit dem, was wir Menschen

vollkommene Präsenz oder Barmherzigkeit nennen, hält und enthält die Liebe alles. Dieser magnetische Impuls zieht alles an und verführt alles zu seiner göttlichen Schönheit.
Dass gerade *du* diese Liebe auf Erden widerspiegelst, ist wichtig, denn obschon du eine(r) von vielen bist, bist du doch einzigartig. Deine Einzigartigkeit liegt in dem Willen, diese Liebe auf deine subjektive und individuelle Weise sichtbar zu machen. Du hast es gewählt, Liebe auf der Erde zu sein, und das ist deine Größe.

Was macht deine Größe aus?
Wie sehr du dein Herz geöffnet hast trotz der Angst, die durch deine Knochen wogt.
Wie oft du ein Urteil loslassen konntest, wenn dein Ego „Schuldig! Schuldig!" schrie.
Wie sehr du dir selbst treu bleiben konntest, während du zugelassen hast, dass die Wasser der Läuterung dich reinigen und neu formen.
Wie viel du mit anderen teilen konntest, selbst wenn es dir so vorkam, als sei dein Beitrag nichts wert.

Deine Größe zeigte sich in den Zeiten, in denen du durch die Dunkelheit gingst und dabei einen winzigen Funken der Hoffnung in dir und anderen weitertrugst.
Es macht deine Größe aus, dass du einfach den Mut aufbringst, jeden Tag aufzustehen und mit Hingabe und Achtung dieselben langweiligen Dinge zu tun.
Deine Größe besteht auch darin, dass du über die äußere Realität hinaussehen kannst, um das Heilige, das in allen Dingen verborgen ist, zu finden.

Bemiss dich nicht daran, auf welche Art du etwas in der Welt „erreichst". Gib nichts auf die vielen Wege, besser als andere zu sein,

sondern zähle, wie oft du wieder aufgestanden bist, nachdem du „gescheitert" warst, und du weiter das getan hast, was du tun musstest, um an jenem Tag zu überleben.
Zähle die Zeiten, in denen du nicht zugelassen hast, dass dein emotionaler Zustand durch Einfluss von außen bestimmt wurde – die Zeiten, in denen du vertraut hast, als alle anderen sagten, es sei sinnlos.
Lass es etwas gelten, wie bereitwillig du Konditionierungen der Vergangenheit loslässt, die dich und andere verurteilen.

Fühle die Bereitschaft in dir, nicht weiter die Schuld der Vergangenheit oder deiner Ahnen zu tragen. Die Ahnen werden dich dann auf eine Weise unterstützen, die dir und ihnen zugute kommt.

Bald wirst du zu verstehen beginnen, was in deinem Leben wertvoll ist und welches deine besonderen Gaben sind, und du wirst sie annehmen und auf die Erde bringen.
Die Liebe, über die ich spreche, ist nicht die des Romantikers, sie ist die Liebe, die durch die Illusionen unseres täglichen Lebens hindurchsieht. Sie ist die Liebe, die dich aufweckt, damit du deine Ängste, deine Wut, deine Eifersucht, alle deine Gefühle anschaust und zur gleichen Zeit ehrst. Liebe ist erstaunliche Gnade, die dir hilft, die Reise zu dir selbst nicht als einen langen Kampf nach oben anzusehen, sondern als eine Bewegung von einem kostbaren Moment zum nächsten, Schritt für stolpernden Schritt dem Zentrum unseres Selbst entgegen.

Vielleicht bist du der Einzige im Kreis deiner Familie, der bereit ist, die verdammenden religiösen Überzeugungen loszulassen, die euch alle als Opfer festhalten. Sei diejenige, die es wagt anders zu sein, und tu es mit einem Gefühl der Freiheit. Du bist nicht länger bereit, ein halbes Leben zu leben. Du bist nicht mit halben Freuden zufrieden. Du bist willens, zu tun, was es braucht, um die ganze Reise zur inneren und äußeren Liebe, zu Wahrheit und Frieden zu machen.

Mögest du wissen, dass du auf unermesslich viele Arten geliebt wirst.
Mögest du wissen, dass du von der LIEBE selbst geliebt wirst.

8.
Psychologie und das neue Bewusstsein

Ein bisschen zu Freud … und darüber hinaus

Es mag sonderbar scheinen, dass im Jahr 2012 eine Frau etwas über Sigmund Freud schreiben sollte, und womöglich etwas Positives! Ich persönlich glaube, dass wir Freud vieles zu verdanken haben in Hinsicht auf seine Studien der Humanpsychologie und insbesondere auf seine Arbeit über die Verteidigungsmechanismen der Verdrängung, über sexuelle Dysfunktion oder die inneren Bewusstseinsstadien, um nur einige zu nennen. Laut Freud können wir ein volleres Leben leben, wenn wir die eigentliche Ursache für unsere mentalen Krankheiten finden. Freud ist der Vater der Psychoanalyse, aber von der heutigen, weiterentwickelten Stufe psychologischer Forschung aus betrachtet sind seine Auffassungen vielleicht zu reduktionistisch, zu linear. Sie lassen kaum oder gar keinen Raum für Spontanität und Autonomie. Es dauerte Jahre, bis diese in die Betrachtungen einbezogen wurden. Ganzheitliches Wohlbefinden braucht eher seelenvolle Anteilnahme als das schlichte Regime des Prinzips von Ursache und Wirkung.

Doch darf man die Studien, die Freud initiierte, nicht einfach abtun, denn sie entstammen einer Weisheit, die zu seiner Zeit innovativ war. Seine Wahrnehmungen haben, wie die aller anderen großen Denker, in unserem Selbstverständnis und unseren Beziehungen untereinander zu einem bestimmten Maß an Klarheit beigetragen. Roger Woolger, ein Jungscher Therapeut, sollte später sagen: „Wir sind multiple Wesen. Wir haben viele Persönlichkeiten in uns."

Einige davon sind überraschend nahe am Bewusstsein und können ganz leicht erweckt werden.

Die Art, wie wir dieses Bewusstsein erwecken, ist wichtig. Jedes Zeitalter definiert seinen eigenen Ausdruck kollektiven Wissens. Vielleicht ist es jetzt Zeit für eine tiefere, spirituelle Annäherung an die Psychotherapie und Psychiatrie und somit dafür, eine mehr integrale Psychologie des menschlich-göttlichen Wesens zu erschaffen und mitzugestalten.

Aus feministischer Sicht war Freud natürlich seiner Zeit gemäß in seinen Studien patriarchal ausgerichtet. Es gab den linearen Weg des Berechnens, ohne Raum für Vielfältigkeit; also waren klinische Interpretation und ein strukturiertes Modell die Norm und nicht eine Reise ins Erwachen. Auf dieser Stufe unserer kollektiven Evolution war das hilfreich.

Freud hatte offenbar zu seiner Mutter eine anhaftende Beziehung und betrachtete diese sein Leben lang als Schutz. Ich glaube, dass Psychotherapeuten von ihrer eigenen Subjektivität beherrscht werden, von ihren eigenen Interessen und Überzeugungen. Demnach betonen sie natürlich, was ihnen selber wichtig ist, wenn sie ihre neuen Erkenntnisse in die Psychologie einbringen. Meine eigenen Studien z. B. bezogen sich – wegen meiner persönlichen Geschichte rund um dieses Thema – auf Tod und Sterben. Aufgrund der Zeit, in der er lebte, mit ihrem Fundamentalismus in Religion und Psychologie, schien Freud unsere Psyche als grundsätzlich dunkel und unschön zu betrachten. Er sah sie als von Anfang an sündig, während Jahre später Matthew Fox sie als „Ur-

Segen“ bezeichnete. Dieser unansehnliche, melancholische Zustand des Seins, wie er von Freud unterbreitet wurde, barg keine großen Schätze in sich, sondern zeigte uns die Not der dysfunktionalen Zustände, die wir ererbt und angenommen haben, als wir inkarnierten.

In seiner Schrift „Die Zukunft einer Illusion“ sagt Freud: „Wenn es um Fragen der Religion geht, machen die Menschen sich jeder möglichen Art der Unehrlichkeit und des intellektuellen Fehlverhaltens schuldig.“ Vielleicht glaubte er, das moralisierende Über-Ich brächte einen am Ende auf den Pfad der Rechtschaffenheit. Freud glaubte, dass es Heilung geben könne, wenn wir zurück zu einer funktionierenden Psychologie gebracht würden, wobei das Über-Ich als eine Art Retter für unsere zum Opfer gewordene Unbewusstheit auftrat, ein Aufpasser, der uns in unserem gefallenen Zustand auf den guten und engen Pfad zum persönlichen psychischen Paradies führt. Über das Über-leben hinaus die Vorzüglichkeit eines Lebens in Kreativität und Fantasie zu schmecken war nicht Freuds Stärke! Wir mussten für eine mehr evolutionäre Psychologie, die transpersonal und selbst-enthüllend ist, auf C. G. Jung warten. Blicken wir heute auf die Freudschen Theorien zurück, können wir sehen, wie viele Fortschritte wir sowohl in den Anschauungen über die Psyche als auch in unseren ständigen evolutionären Seelenerfahrungen, also im Bewusstsein, gemacht haben. Und es ist dankenswert und interessant zu sehen, was Freud in das Gebiet der Psychologie eingebracht hat.

Freud und die Frauen

Freud zog viele traurige und einsame Frauen auf seine Couch an. Für die jüngeren Frauen war er eine Vaterfigur, ein aufmerksamer Mann, der ihre „freie, assoziative Rede“ schätzte und, wie es schien, Verständnis für ihre Träume hatte. Vielleicht öffneten seine Interpretationen ihrer Träume in ihrer Psyche Energiekanäle, die lange durch eine übermäßig strenge und starre religiöse Programmierung erstickt worden waren. Diese reichen Frauen, die die Aufmerksamkeit eines mächtigen Mannes brauchten, lagen auf seiner Couch und gaben ihm ihre Träume hin – allerdings auch den Inhalt ihrer feinen Portemonnaies. Ich bin sicher, dass viele von ihnen einfach dadurch große Hilfe erfuhren, dass sie seine absolute, ungeteilte Aufmerksamkeit bekamen, denn Ehemännern und Vätern des ausgehenden 19. Jahrhunderts mangelte es eher an diesen Fähigkeiten. Freuds zu jener Zeit fortschrittliche Theorien bezüglich der Sexualität gaben seinen Zuhörern, die voller gesellschaftlicher Tabus steckten, zumindest eine interessante Plattform. Über das Thema Sexualität wurde in der höheren Gesellschaft nicht gesprochen, schon gar nicht mit dem anderen Geschlecht! Freud versuchte auch, seine Patienten von dem religiösen Irrglauben jener Zeit zu befreien, durch den verkündet wurde, die Funktion sexueller Aktivität sei nur zur Reproduktion da. Er erkannte, dass in unserer Sexualität vieles verdrängt wird und sich später im Leben zeigt, indem es auf unangemessene Weise nach Anerkennung sucht.

Die absorbierende Psyche des Kindes

Freud legte dar, wie alles, was seit der Kindheit unterdrückt wird, im Erwachsenenleben wieder hochkommt, um anerkannt zu werden. Ich glaube, dass diese Theorie heute noch gültig ist. Ich würde sogar so weit gehen, zu behaupten, dass alles, was in einer Inkarnation unterdrückt wurde, in einer anderen zur Heilung wieder hochkommt, egal, wie viele Leben es dafür braucht. Das, so denke ich, geschieht in Übereinstimmung mit dem natürlichen Gesetz des Universums. Alles und jeder muss ein Stadium der Harmonie erreichen, innerhalb und außerhalb, wie oben so unten. Jedes Mal, wenn ich re-agiere, inszeniere ich etwas aus der Vergangenheit, das von einer inneren Aufladung begleitet wird. Im Gegensatz dazu ist Ver-Antwortung (engl. 'response' für Antwort, Rückmeldung, Resonanz; sinnverwandt mit responsibility, d.h. Verantwortung) ein klarer energetischer Impuls des Hier und Jetzt. Jedes Mal, wenn ich über etwas wütend werde, jedes Mal, wenn ich unangemessen über etwas Unbedeutendes weine, jedes Mal, wenn ich eine unbehagliche Aufladung in mir spüre, vielleicht ein beunruhigendes Gefühl der Verärgerung, der Angst oder Verletzung, würde Freud annehmen, dass ich aus einer verdrängten Szene meiner Kindheit heraus re-agiere. Anschließend unterdrücke ich sie, indem ich einen Verteidigungsmechanismus anwende – ich attackiere die Person, über die ich mich ärgere, ich bin übel gelaunt, handle entweder, als wäre ich überlegen oder unterlegen, oder ich verschließe mich völlig und fühle überhaupt nichts mehr.

Mein liebes Ego-Selbst, mein konditioniertes, sozialisiertes, religionisiertes, institutionalisiertes Selbst will alles tun, das in seiner Macht steht, um mich davor zu bewahren, den ursprünglichen Schmerz zu fühlen. Das ist die Aufgabe des Egos: Meine Vergangenheit zuzudecken und so zu tun, als wäre alles gut, damit ich überleben kann. Es kann die Rolle dessen annehmen, der beschuldigt, oder die Rolle des Opfers. Entweder „Du bist an allem schuld!“ oder „Es war meine Schuld. Ich habe es falsch gemacht.“ Letztere Re-aktion lässt sich schnell in sogenannten „guten Menschen“ entdecken, die immer als lieb und fürsorglich erscheinen wollen. Es ist für uns nicht einfach, zu akzeptieren, dass wir Mit-Schöpfer unserer eigenen Realität sind. Genau das, was sich vor unseren Augen befindet, wurde von uns angezogen. Diese Information gab es in unserem Studium der Psychologie oder Religion nicht, wir mussten warten, bis Jahre später dieses Wissen als

„Download“ zu uns kam. Jedem Zeitalter ist seine eigene Interpretation der Wirklichkeit gegeben.

Die Religion der alten Zeit

Die religiösen Lehren, die ich in den Fünfzigerjahren durch die Nonnen vermittelt bekam, waren natürlich inhaltlich und formell patriarchal geprägt. Freud sah die Religion als eine Kraft, die die Menschen begrenzte und unterdrückte. Für uns im Konvent war es jedoch mehr eine Tyrannei. Mit und für Jesus zu leiden war heilig, für die eigenen Sünden zu weinen war heilig, sich schuldig zu fühlen war heilig und sich immer Gottes Allmacht und Willen zu ergeben war heilig. Mit Sexualität umzugehen war für junge Leute nicht einfach. Ich selber musste in mir eine ganz neue Theologie über meine göttliche Natur aufbauen, die meinen physischen und sexuellen Ausdruck als Frau mit einschloss. Ich musste das Heilige in mir und allen Wesen neu benennen. Das Leben durch die Augen des Heiligen sehen zu können, bedeutet in Freude und innerer Ausgeglichenheit zu leben. Das ist es, was das neue Zeitalter uns allen verkündet.

Natürlich hat sich die Theologie, ebenso wie die Psychologie, durch die neuen Erfahrungen des Kollektivs weiterentwickelt. Kollektives Bewusstsein, wie es von C. G. Jung beschrieben wird, ist in der christlichen Sprache als die *Kommunion der Heiligen* bekannt. Der „mystische Körper des Christus“ ist eine andere Art, von der Christusenergie zu sprechen, die wir miteinander teilen. Wir leisten die Pionierarbeit für eine Spiritualität, die unseren Kindeskindern vertraut sein wird. Wir lernen, dass wir uns selbst und denen, die nach uns kommen, eine breitere, integrativere, mehr evolutionäre Spiritualität verwehren, wenn wir nicht unsere individuelle spirituelle Reise miteinander teilen, sondern in unserer jeweiligen Religion eingesperrt bleiben. Zusammen erschaffen wir alle eine neue Kraft in der Spiritualität und Psychologie. Es ist eine Kraft der vierten Dimension des weisen Herzens – die Weisheit des Herzens in der Spiritualität und die Weisheit des Herzens in der Psychologie.

Interessanterweise glaubten die keltischen Christen, dass wir mit jedem Gedanken und jeder Intention Mit-Schöpfer sind. Jesus sagte, auch wir könnten die großen Dinge tun, die er tat – sogar größere als er – und wir beginnen jetzt, diese Wahrheit zu glauben. Freud hatte recht, als er sagte, dass wir von der Illusion der Religion geheilt werden müssen. Unsere religiösen Überzeugungen müssen in die Heiligkeit des vollen Bewusstseins gebracht und geheilt werden.

Die erste Richtung der Psychologie

Die erste Hälfte des zwanzigsten Jahrhunderts erlebte die Entwicklung der Psychoanalyse und der Verhaltenspsychologie. Wir waren gefangen zwischen dem sogenannten biologischen Reduktionismus der Psychoanalyse und einem mechanistischen Bild vom Menschen, der mit konditionierten Reflexen auf seine Umwelt reagiert, wie es durch Verhaltensforscher wie Watson, Skinner und Pawlow verbreitet wurde. 1900 wurde Freuds Buch über die Interpretation von Träumen veröffentlicht. Auch die Anwendung von Hypnose und freier Assoziation sah er als mögliche Wege, um an das Unbewusste heranzukommen. Selbstverständlich fiel es den Menschen jener Zeit aufgrund ihrer Überzeugungen schwer, Freuds Psychologie mit Applaus zu begrüßen. Auch die Massenhysterie – das nationale Jubelgeschrei und die kollektive Trauer – war ein Anzeichen dafür, dass die Verdrängung von Emotionen die Norm war. Wenn es Gelegenheit gab, im Kollektiv Trauer oder Freude auszudrücken, wurde diese Chance wahrgenommen. Deutlich zu sehen war dies während der pathetischen Reden Hitlers und Churchills in Deutschland und England.

Die uralte Weisheit besagt, dass alles, was wir glauben, auch das Kollektiv beeinflusst. Weise Menschen von heute, wie der Nuklearphysiker Dr. Amit Goswami, Dr. Deepak Chopra, Dr. J. Kenneth Arnette und Dr. Malcolm Hollick sind sich nun darin einig, dass alles, was in den inneren Landschaften eines Menschen geschieht, das Kollektive beeinflusst – weil Bewusstsein überall ist. Es gibt auch heutzutage Situationen, in denen wir uns mit dem Kollektiv verbinden können, um unsere Gefühle auszudrücken. Der Tod von Prinzessin Diana war eine Gelegenheit, gemeinsam alle Verluste zu betrauern, die niemals ausgedrückt worden waren, und bei der Hochzeit von Prinz William und Kate Middleton konnten wir unsere Freude und Begeisterung ausdrücken. Freud würde also vielleicht beipflichten, dass alle zurückgehaltene Trauer und Freude der Kindheit die Chance bekommt, nach außen gebracht zu werden, wenn das Kollektiv beteiligt ist und die Kultur es zulässt.

Wenn wir uns darüber klar werden wollen, wie die Erfahrungen der Kindheit unser Erwachsenenleben beeinflussen, brauchen wir nur Alice Millers Buch „Am Anfang war Erziehung“ zu lesen, in dem sie ihre Einschätzung von Hitlers Kindheitstrauma darlegt. Die patriarchale Psychologie, die in Österreich und Deutschland in Mode war zu der Zeit, als Hitler ein Kind war, empfahl Eltern, die strengste Disziplin anzuwenden und völligen Gehorsam gegenüber dem Willen des Vaters zu fordern. Später wurde das übertragen auf den Willen des Führers. Da die meisten von Hitlers SS-Männern eine ähnliche Erziehung erfahren hatten, kann man verstehen, wie der Zorn irgendwann ein Ventil finden musste. Das heißt nicht, dass jeder Mensch, der als Kind Missbrauch erlebt hat, automatisch später ständig nach Opfern sucht. Hitler hatte offensichtlich als junger Mensch keinen emotionalen Halt und wurde von seinem Vater und seinem Schullehrer missbraucht. Später lebte er seine ungeheilte Wut an anderen aus. Er brauchte es, andere zu über-mächtigen. Man fragt sich, ob Hitler vielleicht nicht solche Brutalität entwickelt hätte, hätte es für ihn Unterstützung gegeben, mit seinen Gefühlen der Scham, Minderwertigkeit, Einsamkeit und Wut auf seinen Vater umzugehen. Die im Inneren zurückgehaltenen Schreie des Kindes, das von seinem Vater oder Lehrer geschlagen wurde, fanden vielleicht in den wütenden verbalen Ausbrüchen des Mannes Hitler Ausdruck. Man muss nur seine Körpersprache beobachten, um von seinem inneren Zustand der Erregung und des Wahnsinns einen Eindruck zu bekommen. Vielleicht war auch seine verdrängte und später unterdrückte Sexualität der Grund für die Beziehung zu seiner Nichte, die später Selbstmord beging.

Das Es, das Ich und das Über-Ich – Freuds Drillinge

Freud gliederte die Psyche in drei Instanzen. Das „Es“ stand für das Unbewusste, „Ego“ und „Über-Ich“ repräsentierten das Bewusste. (In einem früheren Modell gehörte dazu auch noch das Vorbewusste.) Sie stellten drei bestimmte Aspekte der Psyche dar und konnten im Idealfall zu einem ganzen Wesen integriert werden. Diese Zwei- oder Dreiteilung ist es, die die Zerrissenheit in uns allen erzeugt. Wenn wir einem Aspekt des Dreieinigen besondere Aufmerksamkeit geben, müssen wir daran denken, dass er nicht von den anderen isoliert besteht. Alle Aspekte unserer Persona zu integrieren hilft uns, mehr kongruent zu leben.

Das Es

Das Es wurde von Freud als der impulsive, unbewusste Teil von uns betrachtet, dessen einziges Interesse seine eigenen Bedürfnisse sind. Sein Verhalten ist vom Lustprinzip motiviert und es denkt nicht an Verantwortung oder Konsequenzen. Obwohl wir uns solcher inneren Strukturen überhaupt nicht bewusst sind, ist unser ganzes Verhalten scheinbar davon bestimmt. Freud entschied auch, dass wir durch einen Impuls gesteuert werden, der Thanatos oder Todestrieb genannt wird. Das Es kann als das Kind in uns gesehen werden, das überleben muss. Sein Leben hängt oft von der eigennützigen Fähigkeit ab, sich seiner Umgebung bestmöglich zu bedienen. Straßenkinder scheinen diese eingebauten Überlebenstechniken gut gelernt zu haben. Ich habe solche Kinder im tiefsten Winter auf der Straße erlebt, frierend und hungernd und doch einen unverdrossenen Geist an den Tag legend, der sie inmitten des ganzen Elends weiter antrieb. Ich habe auch mit Zigeunerkindern gearbeitet, die trotz der Misshandlungen durch die Gesellschaft ihren Glauben an das Leben lebendig hielten, ein Leben, das sehr wenig vom Lustprinzip hatte.

Wenn, wie Freud behauptet, das Es das instinktive Selbst ist, völlig ohne Bewusstsein (welches er meiner Meinung nach als das Gewahrsein oder die Präsenz eines beobachtenden Selbstes interpretierte), immer selbstsüchtig auf die Erfüllung seiner Wünsche und Bedürfnisse einschließlich der Lust bedacht, ohne Gedanken an Verantwortung oder Konsequenzen, dann ist das sicherlich eine natürliche und notwendige Komponente unseres Heranwachsens und Individuierens. Wenn wir die Kindheit überlebt und uns dann zu einem halbwegs integrierten Erwachsenen entwickelt haben, wurde dieses Es selbstverständlich in der ganzen Persönlichkeitsentwicklung mit einbezogen, einschließlich der sogenannten niederen und höheren Selbste. Wenn jedoch der Erwachsene den ungeheilten Missbrauch aus der Kindheit noch trägt und sich immer noch wie ein Straßenkind verhält, das sich aufgrund seiner existenziellen Ängste von jedem nimmt, was es braucht, wie ein emotionaler Taschendieb, dann muss er oder sie vielleicht das innere Straßenkind anschauen und sich einige Fragen stellen über die Gefühle der Kindheit, die nie zum Ausdruck kamen.

Wenn wir mit Mitgefühl und Geduld einen Blick in die Schatzkammer der unerfüllten Bedürfnisse in uns werfen, wenn wir unsere Herzen für das verletzte innere Selbst öffnen, kann vieles ans Licht kommen. Ich glaube auch, dass wir hier mit unseren Ahnen in Kontakt kommen – in dieser Höhle, wo ihre uralte Weisheit bewahrt wird, die selten das Bewusstsein erreicht.

Einen faszinierenden „kosmischen Trank" für die Seele bietet uns das Reptilienhirn an. Hier können wir von den „Ursprüngen der Spezies" in uns kosten. Und von dem reichen, dunklen Ort des Schlangen-Selbstes aus können wir Gnade zum sogenannten zivilisierteren vor-bewussten Selbst hinatmen. In diesem Lager, dieser Bibliothek uralter Weisheit in uns können wir durch Symbole und Klang zu Erkenntnis gelangen. Das Wissen stammt aus vorsprachlicher Zeit und findet deshalb klingend seinen Weg in unsere Psyche mithilfe des instinktiven Selbstes. Wir müssen mit Andacht und einem Gefühl der Ehrfurcht hier eintreten und uns vor einem tieferen, älteren Wissen verneigen. Das Patriarchat wusste nur zu bohren und das inwendige Selbst auszugraben. Das Weibliche hingegen ehrt die Räume der Höhlenfrau in sich selbst; sie ehrt auch die dunklen Orte der alten Wunden. Wenn die Zeit reif ist, wenn sich Vertrauen zwischen dem Unbewussten und dem beinahe Bewussten gefestigt hat, kann das Erwachsenen-Selbst für das innere Kind sorgen und es nähren. Die Arbeit mit dem inneren Kind ist keine lahme Ausrede, um uns nicht auf intelligente Weise unsere psychologischen Mängel anzuschauen und sie zu heilen. Sie bietet einen sicheren Raum, an dem vieles aufgedeckt wird, genesen und heilen kann. Die Innere-Kind-Arbeit ermöglicht uns, aus der Perspektive des Kindes Zeuge zu sein, und das ist überaus wichtig. Indem wir uns weigern, an den Ort zu reisen, wo sich die verletzten animalischen Gefühle und Emotionen befinden, verweigern wir auf eine Art auch den Segen, der von den Ahnen kommt. Ist nicht das animalische Selbst auch einer unserer Ahnen? Wir brauchen die Unterstützung eines anderen, weisen und offenherzigen Menschen, der keine Angst hat, uns dabei zu helfen, Zugang zu den tieferen Wirklichkeiten zu finden, die im emotionalen Herzen des Kind-Selbstes liegen. Ich bin sicher, Freud hätte das bejaht.

Wenn wir bloß mit Vernunft unseren Schmerz begründen, reden wir uns das verletzte Selbst aus und das Kind zieht sich in Wut und Angst zurück. Oft beschwichtigen wir dann das Kind, indem wir ihm das neueste und teuerste „Selbst-Entwicklungsprogramm" als Geschenk anbieten. So oft habe ich liebe Menschen erlebt, die sich von Tarot, Göttinnen-Gebetsketten oder Engelkarten abhängig machen, die ihnen helfen sollen, die Traumen der Vergangenheit zu heilen. Währenddessen schreit das verletzte innere Kind in ihnen nach der Nahrung des Gehörtwerdens, danach, seine Gefühle ausdrücken zu dürfen. Tarot und Engelkarten kommen viel später dran, wenn das Kind zu Wort kommen durfte! Doch solche Artefakte werden statt zur sanften Unterstützung oft als Heilmittel benutzt. Bis wir in der Lage sind, den Schmerz auszudrücken, spukt die Energie in unserem Inneren herum wie ein Gespenst im Schloss und taucht immer wieder auf, um uns zu erschrecken. In einer Therapiesitzung, bei der mit dem inneren Kind gearbeitet wird, kann und darf von dem kleinen Kind nicht erwartet werden, dass es nur mit Worten ausdrücken kann, was es fühlt. Das Erwachsenen-Selbst versucht, aus der Erwachsenenperspektive zu interpretieren. Malen, Tanz, Schauspiel, Töne u. Ä. sind hilfreiche Werkzeuge, um sich auszudrücken. Wenn derselbe emotionale Schmerz nach Jahren der Psychoanalyse immer wieder erscheint, erkennen wir, dass uns das Intellektualisieren darüber nicht immer heilt. Für die tieferen Verletzungen, die oft aus der Zeit stammen, in denen wir noch keine Vernunft oder sprachlichen Fähigkeiten zur Verfügung hatten, braucht es einen anderen Zugang, um zu helfen.

Obwohl ich das Externalisieren von Emotionen befürworte, glaube ich auch, dass dies nicht alles ist. Der nächste Schritt ist, uns selbst als Wesen der Liebe zu akzeptieren, die zu großen Einsichten fähig sind. Dann erreichen wir ein Stadium, in dem wir die volle Verantwortung für unser Leben und alle gemachten Erfahrungen annehmen, und wir erkennen die Ereignisse als Gnade auf dem Weg zum Zentrum unserer selbst. Doch das kommt später! Ich glaube zutiefst daran, dass es für alles die richtige Zeit gibt. In der Bibel heißt es im Buch des Prediger Salomo: „Ein Jegliches hat seine Zeit."

„Geboren werden hat seine Zeit. Sterben hat seine Zeit.
Bauen hat seine Zeit. Abbrechen hat seine Zeit.
Krieg hat seine Zeit. Frieden hat seine Zeit.
Liebe hat ihre Zeit. Hass hat seine Zeit.
Umarmen hat seine Zeit, Aufhören zu umarmen hat seine Zeit.
Alles unter dem Himmel hat seine Stunde."

Die Heilung von Missbrauch

Als ich mit Missbrauchs-Opfern arbeitete, musste ich immer im Gedächtnis behalten, dass die Geschichte des Missbrauchs lange zurückreicht. In manchen Familienstammbäumen scheint er fast endemisch zu sein. Es gibt niemals eine Entschuldigung für den Missbrauch an einem anderen Wesen, sei es Tier oder Mensch. Wir müssen jedoch in der Vergangenheit forschen und sehen, wo die Konditionierung für das missbräuchliche Verhalten erlernt und niemals geheilt wurde. Ich erinnere mich an die Hilflosigkeit, die ich empfand, als ich mit den Missbrauchs-Tätern arbeitete. Es wurde mir klar, dass die Verwundung sehr weit zurücklag und unsere persönlichen und kollektiven Ahnenreihen voll mit Geheimnissen des Missbrauchs sind. Die Geheimnisse werden im persönlichen und kollektiven „Es“ versteckt und ich glaube, dass auch unsere Ahnen heilen, wenn wir von dort aus heilen. Teilnehmer in meinen Workshops teilten mit, welche Erleichterung es war, die Gefühle der Kindheit ausdrücken zu dürfen, und dass diese geehrt und von anderen bezeugt wurden. Hier kann das uralte, glanzlose, prähistorische, instinktive Selbst „gesehen und gehört“ werden und seine Geschenke können für den Rest des Lebens von der Psyche als Gnade angenommen werden. Von hier aus können Macht und innere Autorität in die Ganzheit heilen.

Geschichten rund um das „Es“

Auch die christliche Kirche machte uns in Form des dreieinigen Gottes mit dem Mysterium der Dreiheit bekannt. In der keltischen Literatur sehen wir sie in Form der alten Frau, die Jungfrau, Mutter und Weise Alte in sich vereint, bzw. im alten Mann als Junge, Vater und Weiser Mann. Das Bild von der Integration der vielen Selbste oder der vielen Aspekte des Ur-Selbstes gibt es sowohl in der Historie als auch in einer guten Psychologie. Werden unsere üppigen inneren Bewusstseinsfelder als ein einheitliches Ganzes gesehen, zu dem sie alle jeweils beitragen, können sie unser Leben unterstützen. Wenn wir nur einen Aspekt der Dreiheit in uns selbst betrachten, versagen wir uns das reiche Weideland, das die anderen beiden Aspekte in ihren energetischen Feldern bereithalten.

Wann immer die christliche Kirche sich mit dem „Es“ befasst, wird es als die Ursünde, das Böse, der gottlose Teil eines Menschen gesehen, der zu seiner Erlösung ein Blutopfer braucht. Kein Wunder, dass Frauen jahrhundertelang Scham und Schuld empfanden, da sie diejenigen waren, durch die das Es auf die Erde kam. Durch den dunklen weiblichen Schoß kam das Leiden auf die Welt und die Menschen fielen in Ungnade. Die Botschaft lautete, Gott sei der Frau wegen erzürnt.

Wo das „Es" herkommt, ist auch das animalistische sexuelle Selbst beheimatet, das Selbst, welches niedrig, vulgär und zur Fortpflanzung da ist. Laut Freud war Sex der Grund für alle bestehenden Probleme, ganz gleich welche. Sexualität wurde als das tiefe, unbewusste Bedürfnis in Männern gesehen, zu erobern, zu besitzen und zu überwältigen. Auf der anderen Seite glaubte man, das „lüsterne Weib" brauche es, erobert, in Besitz genommen und übermächtigt zu werden. Manche sagten, es sei zu einfach, Sex für alles verantwortlich zu machen, weil das Leben mehr sei als sexuelle Probleme. Freuds Argumentation dagegen war, dass der Ödipuskomplex im männlichen Kind (seine Eifersucht gegenüber dem Vater, der die Mutter für sich gewonnen hat und das Verbot einer sexuellen Beziehung mit der Mutter) es Männern schwer machte, sexuelle Kontakte mit Frauen zu haben. Dasselbe konnte über das weibliche Kind und seinen Vater gesagt werden. Natürlich war Freud nicht geneigt, auf seine eigene sexuelle Beziehung zu Frauen zu schauen, denn er war zu beschäftigt, ihnen dabei zu helfen, mit ihren Ehemännern zurechtzukommen! Heute betrachten wir Sex als Intimität voller Kraft zwischen Menschen, als einen spirituellen Ausdruck der Vereinigung von Materie und Geist, männlich und weiblich, Yin und Yang. Als den Moment des Ausatmens, in dem Himmel und Erde sich vereinen. Wir sehen den Orgasmus als den Moment, in dem wir das Ego loslassen, die Form transzendieren und mit der Formlosigkeit verschmelzen.

Im Allgemeinen kann man sagen, dass das liebe Es ziemlich schlechte Rezensionen erhalten hat. Von der Kirche und der Gesellschaft sind wir angehalten, das niedere tierische Selbst zu übergehen und Engel auf Erden zu werden, körperlose Wesen, die nur ein höheres Über-Selbst haben. Wir haben gut gelernt, wie wir von der Kirche und unserem Stamm akzeptiert werden: indem wir für alle anderen sorgen, während wir uns selbst hintanstellen. Freud ließ uns glauben, dass unser niederes Es-Selbst die Wurzel aller Dysfunktion im Leben sei. Obschon er für Religion nichts übrig hatte, stimmte er ihr darin zu, dass wir alle potenziell selbstsüchtige Wesen sind, um jeden Preis auf der Suche nach Genuss.

Ich ziehe es vor, das Es als ein hilfreiches inneres Wesen zu betrachten, das bereit ist, für uns den Deckel von unseren allzu wohlerzogenen Selbsten herunterzunehmen, alle in unser Herz willkommen zu heißen und zu erkennen, dass sie das Wasser auf unseren Mühlen der Heilung sind. Ich sehe das Es als das artenreiche Dickicht, als den heilenden braunen Schlamm, den fruchtbaren Boden, in dessen Dunkelheit die Erdkreaturen wohnen. Ich sehe es voller guter Information für meine Heilung. Das Es steht einem Leben in Fülle nur im Weg, wenn es nie ans Licht darf, weil ich meine, es in den Einmachgläsern ganz hinten auf meinem psychologischen Kellerregal verschlossen halten zu müssen.

Das Gedicht „Wild geese" der wundervollen Dichterin Mary Oliver berührt immer wieder dieses lebendige menschliche Selbst in mir.

Wenn wir lieben, was wir lieben, ohne Scham und Schuld, aber mit freudevollem Bewusstsein – dann können wir anfangen, über bedingungslose Liebe für uns selbst und andere zu sprechen. Wenn wir jedoch das Lustprinzip missbrauchen und nur die schönen Seiten in unserem Leben suchen, geben wir all unsere inneren Schätze dieser Sucht preis. Wir verkaufen unsere Seele für vierzig Stücke Silber, dabei kann nichts außerhalb von uns den großen Hunger nach der reinen Freude stillen, die tief in uns selbst verborgen liegt. Diese Freude ist immer da, aber sie wird von Verletzungen und Verwundungen der Vergangenheit überdeckt. Es braucht keinen Antrieb von außen, damit sie sich zeigt – sie möchte nur aufgedeckt werden in unserer tiefen inneren Zugehörigkeit.

Das Ego

Ego ist der Name, den Freud dem Teil in uns gibt, der mit der Welt um uns in Beziehung steht. Es ist das interaktive Element der Psyche, sein „Sozialisierer". Es agiert sozusagen als der Vermittler und leistet den Balanceakt zwischen dem hedonistischen Es und dem über-moralisierenden Über-Ich. Kein besonders netter Platz – dazwischen! Das Ego-Selbst wird wieder einmal nicht gerne gesehen, denn es wird von seinem niederen Nachbarn, dem Es, genährt. Obwohl das Ego etwas höhergestellt ist als das Es, treibt es sich dessen ungeachtet im Vorbewussten herum. Durch das Ego wird das Verstandesdenken zum Feind, zu einem Eindringling in die Reinheit des Geistes. Es lenkt von allem ab, das meditativ oder kontemplativ ist. Im Buddhismus wird der Ego-Geist wegen seines ständigen Umherflatterns der Affengeist genannt, der nur Zerstreuung verursacht. Christen glauben, dass seinetwegen ein unschuldiger Erlöser auf die Erde kommen und leiden musste. Wir müssen nur auf die verheerenden Auswirkungen der Inquisition schauen, um zu erkennen, welchen Schaden solche Überzeugungen anrichten können. In den Köpfen des Patriarchats existiert eine große Angst vor dem Ego, eine Angst, die die Psyche zerstören kann, wenn sie ungeheilt bleibt.

Meine keltische Seele erkennt das Ego als eine feste, notwendige Basis an, einen starken psychologischen Grund, auf dem die Seele gedeihen und das Heilige zum Ausdruck kommen kann. Die traurige Verdammung des Egos lässt sich erkennen, wenn die Fantasie erstickt wird und die Säfte der Kreativität nicht fließen dürfen. Das Ego abzulehnen bedeutet tatsächlich, ein Stück des Lebens selbst zu negieren, denn Teil eines Stammes zu sein, dazugehören, sich anschließen und sozialisieren sind z. B. Aufgaben des Egos. Der heilige Paulus gibt in seinen Briefen an seine Schüler zu, dass er Dinge nicht tut, von denen er weiß, dass er sie tun sollte, und Dinge tut, die er lassen sollte! Das beschreibt in gewissem Sinne, was mit dem Ego gemeint ist – das, was mich vom rechten Weg abbringt. Dieses Schuldgefühl und diese Scham verfolgen uns von Generation zu Generation.
Vielleicht ist es Zeit, von jetzt an das gute alte Ego-Selbst zu akzeptieren und zu lieben und es als einen ganz realen und authentischen Teil unseres ganzen Selbstes zu integrieren. Aber das Ego sitzt nicht auf dem Kontrollknopf! Es hat in der Vergangenheit sehr gut auf uns aufgepasst, indem es um unsere Sicherheit besorgt war, uns zur Vorsicht mahnte und vor wirklichen als auch eventuellen Gefahren warnte. Vielleicht können wir einen Dialog mit dem Ego führen, ihm danken und ihm versichern, dass wir nun erwachsen genug sind. Dass wir wissen, was uns dient und was nicht, dass wir Verantwortung für unsere Entscheidungen übernehmen können und nicht mehr das Ego sie für uns treffen muss, weil die Seele das tut. Wir können ihm auch sagen, dass wir vielleicht einige Stammeswerte hinter uns lassen müssen, aber dass wir dankbar sind für alles, was das Ego uns über diese Werte beigebracht hat. Hier, im unterbewussten Selbst, liegt ein großes Potenzial für unser Erwachen. Die Informationen, die die Symbolik von Tanz, Malerei, Poesie, inneren Bildern usw. bereithält,

können hier gesammelt werden. Es ist das rote, warme Zuhause der Psyche, das so viele Möglichkeiten bietet, Kreativität zum Ausdruck zu bringen.

Das Über-Ich

Das Über-Ich folglich ist in Freuds Theorie der Teil, der unsere Handlungen beurteilt, der Moralist, der das „Es“ und das Ego in Zaum hält! Es ist der kritische Elternteil, der Richter und der Rat der Geschworenen, die alle nur darauf warten, ihr Urteil abzugeben, wenn unser Es oder Ego erscheint! Das Attribut „Über“ passt ausgezeichnet zu ihm. Das Patriarchat liebt Superlative. Um ein echter Moralist zu sein, muss das Über-Ich jedoch beide Seiten sehen und aus der Liebe heraus handeln, nicht aus einem Gefühl der Überlegenheit oder aus Pflicht und Schuldigkeit. Als Moralist sucht das Über-Ich immerzu in allen Dingen nach Perfektion. Es erinnert uns an unsere Unvollkommenheit und macht uns Vorwürfe, wenn wir nicht das Ziel erreichen, das es uns gesetzt hat. Ein Über-Ich mit Hang zum Religiösen ist erschreckend! Da schweben auf ewig Hölle und Verdammnis über einem und das Motiv „Es ist nur zu deinem Besten!“ dient als Entschuldigung für das Schlagen von Kindern und für kritisches Analysieren und Werten unserer Handlungen. Das Über-Ich ist nicht glücklich. Wer will schließlich solch einen Beruf haben? Mit seinen unermüdlichen Anstrengungen, uns anderen gegenüber als gut und akzeptabel zu präsentieren, sucht es vielleicht auch nur nach Anerkennung.

Die zweite Richtung der Psychologie

Verhaltensforscher glauben, man brauche nur sein äußeres Verhalten zu ändern und alles würde gut. Ihrer Meinung nach sind innere Bewusstseinszustände nicht verlässlich und schwer zu überprüfen. Weil innere subjektive Erfahrungen nicht nachweisbar waren, machte man viele Tierversuche. Kinder lernen individuell verschieden und Verhaltensforscher zeigen uns, auf welche Weise ihnen Wissen vermittelt werden kann, so dass es ihnen besser entspricht. Anscheinend gibt es zwei verschiedene Arten des Lernens: Die klassische Konditionierung – wie in dem Beispiel des Hundes, bei dem mit dem Speichelfluss der Verdauungsprozess einsetzt, sobald er das Fleisch sieht – und die operante Konditionierung, bei der wir bestimmte Verhaltensweisen belohnen und andere bestrafen. Letzteres wird oft in der Behandlung von Anorexie angewendet, wobei die Patienten belohnt werden, wenn sie essen, und bestraft, wenn sie das Essen verweigern. Auf J. B. Watson und später B. F. Skinner geht die Vorstellung zurück, dass die inneren Bedingungen nicht berücksichtigt werden müssen, wenn man versucht, bestimmte Verhaltensweisen zu ändern. Gefängnisinsassen sind oft Versuchspersonen für verhaltenspsychologische Intervention, um unsoziales Verhalten in ein akzeptables zu verwandeln. Sie lernen, dass jedes Verhalten Konsequenzen hat und dass sie nicht mehr leiden müssen, wenn sie ihre unannehmbaren Handlungsweisen ändern.

Die Umwelt hat natürlich großen Einfluss auf unser gesamtes körperlich-geistiges Wohlbefinden. Eine Umgebung, die dem kleinen Kind keine richtigen Anregungen bietet, behindert sein Wachstum. Obwohl der Meister der behavioristischen Psychologie wahrscheinlich J. B. Watson ist, haben auch Männer wie I. Pawlow oder E. Thorndike zu seiner sozialen Stellung beigetragen und sie als die zweite Richtung in der Psychologie bekannt gemacht. Tauchen wir tiefer in die frühen Arbeiten der Behavioristen ein, erkennen wir den Nutzen ihrer Theorien, aber auch die Grenzen, die sie auferlegen. Wir lernen, wie klassisch konditioniert wir in unseren Handlungen sind und wie diese Konditionierung benutzt

werden kann, um den Willen eines Menschen zu manipulieren. Dies war sicher im Nationalsozialismus der Fall.
Die Verhaltenspsychologie war einmal sehr innovativ, doch jetzt, da sich diese wesentliche Evolution in uns vollzieht, können die alten Flaschen den neuen Wein nicht mehr fassen. Wird ein unakzeptables Verhalten verändert – sei es ein zwanghaftes, eine Abhängigkeit von einer Substanz oder von einer Grundhaltung – heißt das nicht unbedingt, dass das alte Verhalten geheilt ist, sondern dass unter den neuen Umständen das Verhalten sozial eher annehmbar und es sowohl für den Patienten als auch die Gesellschaft leichter ist, damit zu leben.
Doch was ist mit den Gründen, der eigentlichen Ursache für das Verhalten?
Nachdem ich 25 Jahre auf dem Gebiet der Psychologie arbeite, scheint mir, dass wir nur vorübergehend Erleichterung erfahren, wenn wir nicht, wie schon Freud nahelegte, zur Wurzel des Problems gelangen. Wie der Abdeckstift auf dem Gesicht der jungen Frau, der einen Schönheitsfehler kaschiert, ist die Verhaltenstherapie ein Weg, um vorzutäuschen, dass die emotionale Akne nicht existiert. Das Verhalten hat sich verändert, alles scheint gut. Ich weiß natürlich, dass sie in vielen Fällen die einzig durchführbare Lösung ist, und auch, dass sie für viele funktioniert. Aber zu sagen, sie sei ein Weg, ein emotionales Problem aus der Kindheit zu heilen, ist, als behaupte man, der Genuss von Backpflaumen wäre die folgerichtige Lösung in der Behandlung von Verstopfung.
Heutzutage wird die Erkenntnispsychologie hoch angesehen, die unser natürliches Urteilsvermögen benutzt, damit wir unsere ungesunden Verhaltensmuster selbst regulieren. Diese Selbsthilfe fördert, dass wir die störenden Muster erkennen und eine kognitive Strategie anwenden, um sie loszulassen. Die Idee, dass die Integration des Unbewussten und Bewussten unumgänglich ist

– vorgebracht von A. Adler, E. Erikson, C. G. Jung u.a. – war erfrischend. Sie brachte unserer angeschlagenen Persönlichkeit in ihrer Verrenkung und Zersplitterung etwas Erholung und gab uns Grund zu glauben, dass vielleicht unser Unbewusstes eines Tages bewusst werden könnte, und alles wäre gut! In den siebziger Jahren, als ich Psychologie studierte, waren wir daran interessiert, mehr über die dritte Richtung der Psychologie zu hören, die ganzheitlicher in ihren Konzepten und Lehren war. Ich begriff sie auch als eine Psychologie mit Seele. Später, als mir dann meine keltischen Wurzeln bewusst geworden waren, erkannte ich, dass nach keltischem Glauben jedes Verhalten täuschen kann. Es handelt sich um eine äußere Erscheinung und wir dürfen nicht nach dem äußeren Anschein urteilen, weil wir „die Landschaft der inneren Geschichte" nicht kennen.

Die dritte Richtung: Humanistische Psychologie

Die humanistische Tradition kann bis zu den Anfängen der Psychologie zurückverfolgt werden. William James Definition der Psychologie als die „Wissenschaft vom geistigen Leben" deutet auf die Gewichtung hin, die er dem Bewusstsein und der Erfahrung als Themen darin gab. Für James war das grundlegende Kriterium für den Wert von Erkenntnis, wie bedeutsam oder dienlich sie ist – eine sehr humanistische Herangehensweise. Die humanistische Psychologie beinhaltet auch Bruchstücke der Psychoanalyse, da einige humanistische Psychologen ursprünglich Psychoanalytiker waren, wie beispielsweise R. D. Laing, Fritz Perls und Robert Assagioli.

Der Mensch ist mehr als ein mechanistischer Aufbau, der manipuliert, trainiert oder konditioniert werden kann, um auf eine bestimmte Weise zu handeln, sagt die humanistische Psychologie. Wir bestehen nicht einfach aus einer Menge verdrängter Dysfunktionen, basierend auf der Kindheit, voller Dunkelheit und grundsätzlich unbewusst. Abraham Maslow, Fritz Perls, C. Rogers, Rollo May, Gordon Allport und andere meinten, dass das kreative Selbst, das Seelenselbst, eine sehr reale Präsenz in der menschlichen Psyche hätte, zu der man Zugang finden könne durch Visualisierung, Meditation, Symbole usw. Anstatt die Person als externen Beobachter ihrer Welt zu betrachten und z.B. als „Extrovertierten" oder „Analfixierten" einzuordnen, lag der Fokus auf der subjektiven Wahrnehmung, darauf, wie man die Welt aus seiner eigenen Perspektive erfährt. Dies war bekannt als die phänomenologische Herangehensweise. Diese Psychologen glaubten auch, dass wir die Macht der Wahl besäßen – die uns offen lässt, das zu verändern, was uns nicht dient. Gipfelerfahrungen waren laut A. Maslow von jedem Menschen zu erreichen. Man musste nur loslassen und dem Lustprinzip – Freuds verbotener Frucht – erlauben, den Weg zu weisen. Ohne Zweifel beeinflusste der große seelenvolle Geist von C. G. Jung diese neue Psychologie stark. Für seine unendlich kreative Psyche schien alles auf diesem Planeten reich an Information zu sein, von der Astrologie bis zur Esoterik, von der uralten Weisheit bis zu buddhistischen Mandalas.

Es war wunderbar, in der humanistischen Psychologie zu lernen, dass die inneren Strukturen des Menschen allesamt hilfreiche Komponenten waren, die zur Selbst-Verwirklichung beitrugen, und nicht der Weg in die Hölle. Die Integration des Es oder des Schattenselbstes wurde als ganz wichtig angesehen, damit Menschen heil(ig) und gesund sein konnten. Maslow behauptete: „Wenn für die grundlegenden Bedürfnisse gesorgt ist, können die höheren Beweggründe hervortreten, die zur Selbstverwirklichung führen." Diese grundlegenden Bedürfnisse oder Metabedürfnisse erzeugen, wenn sie unerfüllt bleiben, in den Beziehungen im Erwachsenenleben eine Gegenreaktion. Egal, welchem Teil von uns wir die Liebe verweigern, er wird zu jeder möglichen Gelegenheit wieder erscheinen und um Aufnahme bitten. Ich glaube, solange wir dem inneren, verwundeten Kind den Eintritt in unser Herz verbieten, leben wir in Kälte und Isolation. Es wird dann immer einen Teil von uns geben, der im Inneren einsam durch die Straßen wandert und auf ein Stückchen Liebe wartet – wie in dem Lied: „Any kind of love will do."(„Jede Art von Liebe ist mir recht.")

Da meiner Auffassung nach das verwundete Kind und das „Es" gleichbedeutend sind, sind auch das freie Kind und die Seele das Gleiche. Wenn wir akzeptieren, dass unser Es, unser inneres Kind, uns alles vermitteln kann, was wir über unsere Traurigkeit, unsere Trauer, unsere Schuldgefühle und unsere Scham wissen müssen, dann sind wir fähig, liebevoll mit dem Teil in uns zu kommunizieren, der für unwert und unrein gehalten wurde. Dann ist das höhere Bewusstsein der Selbst-Verwirklichung, das für die dritte Richtung der Psychologie so zentral war, bereit, für uns zu singen.

Meine Schatten und ich

C. G. Jung war gewiss von den Symbolen und Erkennungszeichen der Seele inspiriert. Wie ich schon sagte, weitete das Einbeziehen der Seele das ganze Feld der Psychologie aus und nahm das Mysterium, den Symbolismus, das Paradox, das Ritual, die Kunst, die Selbst-Autorität und die Arbeit mit dem Schatten mit auf. Es ist interessant: Als Jung das Seelen-Selbst vorstellte, brachte das Konzept auch das Bild eines Schatten-Selbstes mit sich – den goldenen und den dunklen Schatten. Ob wir sie „Es" oder Ego nennen – es ist sehr wichtig, dass wir an diesen Komponenten der Psyche arbeiten, wenn wir ein ganzer, integrierter Mensch sein wollen. Das wundervolle dunkle Schatten-Selbst ist, wie Jung erklärte, nur eine Anhäufung von Teilen meiner selbst, die nicht leicht zu bejahen sind. Aus diesem Grund verstecken wir sie – zweifelsohne im Es! Wenn sie jedoch in der Form eines anderen Menschen auftauchen, re-agieren wir auf sie. Erkennen wir unsere dunklen Schatten als Teile von uns, die nach Liebe suchen, verändert das das ganze Szenario. Sie sind nicht schlecht, sündig oder etwas, wofür wir uns schämen müssen. Sie sind einfach Überlebensmechanismen, die verheimlicht wurden, weil sie vom Stamm oder der Kirche sicher nicht gutgeheißen wurden.

Als ich anfing, meinen sogenannten dunklen Schatten in mir selbst aufzuspüren, konnte ich es (Es!) nicht glauben! Es war doch eine Tatsache, dass mein Partner ein überheblicher Mensch war – das war doch deutlich zu sehen! Als ich meine eigenen Re-Aktionen auf ihn genauer beobachtete, erkannte ich, wie das, was ich an ihm verurteilte, genau das war, was ich bis zu diesem gesegneten Moment nicht in mir selbst gesehen hatte! Es war so viel angenehmer, *ihn* arrogant zu nennen, als diese Eigenschaft in mir selber zu finden. Das Problem mit dem dunklen Schatten ist, dass uns beigebracht wurde, er sei böse, schwarz und sündhaft. Tatsächlich hatte er zu viel Es und Ego in sich, um für das Über-Ich überhaupt vertretbar zu sein. Später lernten wir, wie unbeschreiblich reich das Schatten-Selbst an Informationen für uns ist. Es ist nicht schlecht und verdammenswert, sondern einfach das, was noch nicht aufgedeckt wurde!
Auch den goldenen Schatten verstecken die meisten von uns lieber, denn ihn einzugestehen würde bedeuten, die Tatsache zu akzeptieren, dass wir im Grunde gut sind! Das wäre natürlich für jede Religion unannehmbar, die das Gegenteil behauptet und lehrt, ausschließlich Gott sei gut und nur Stolz könne einen Menschen dazu verleiten zu glauben, er besäße einen Teil, der golden ist. Heilige und Engel zu verehren ist leicht – denn sie haben kein

Ego. Das Mantra „Herr, ich bin unwürdig!" hält uns Sterbliche an unserem rechten Platz. Dementsprechend haben einige von uns von jung an gelernt, sich vor dem dunklen Schatten zu fürchten und gegen ihn anzubeten, weil er uns in Form verschiedener Versuchungen anzuspringen pflegte, wenn man es am wenigsten erwartete. Der Teufel wurde stets als der dunkle Schatten dargestellt, der dunkle gefallene Engel, der uns wiederum dazu verführt, uns für wertvoll zu halten. Es ging nicht, an ein goldenes Selbst zu glauben. Also lebten wir eben in der „Nicht-zu-schlecht-aber-auch-nicht-gut-Straße" auf die Art, wie schon unsere Eltern lebten, und wir dachten, wenn sie damit zurechtkamen, dann können wir es auch. Das hielt uns in Sicherheit – innerhalb unseres Stammes und auch in unseren eigenen inneren Grundprinzipien. Das hielt uns auch klein, hielt uns davon ab, zu viel zu riskieren, und verhinderte, dass wir nach innen oder wirklich nach außen gehen. Wir wählten weiterhin die meistbefahrene Straße, weil wir möglichst unauffällig bleiben wollten.

An unser eigenes goldenes Selbst in unserem Inneren zu glauben gibt uns die Freiheit, in der Fülle zu leben, anstatt von der Geburt bis zum Tod nur ein halbes Leben zu führen. Die Sprache des „Neuen Halleluja" hebt uns hinauf, wo wir hingehören – wie es in dem Lied heißt – und das bedeutet: aus den Schatten der Vergangenheit heraus, hinein in den Glanz unserer eigenen Erleuchtung. Als C. G. Jung vom goldenen Schatten sprach, bezog er sich auf das Göttliche in uns allen. Laut der christlichen Kirche konnte nur Jesus sagen: „Ich und der Vater sind eins." Doch die Wahrheit zu bestreiten, dass Göttlichkeit der ganzen Schöpfung innewohnt, heißt, das Leben selbst abzulehnen. Niemals wurde uns gesagt, wir könnten etwas zur spirituellen und psychologischen Entwicklung unseres Planeten beitragen, weil das angeblich das Vorrecht von Priestern, Gurus und Psychologen war.

Das neue Bewusstsein oder die vierte Richtung der Psychologie

Ein neues Bewusstsein für eine neue Zeit ruft jetzt nach uns, ruft uns aus der Vergangenheit heraus und in den gegenwärtigen Augenblick. Das innere Kind kann hier heilen und die dunklen Schatten können als großartige Lehrer auf der Reise zum Zentrum unserer selbst enthüllt werden. Unseren Verteidigungsmechanismen kann an der Seite des Mitgefühls die Ehre gegeben werden, die ihnen gebührt, und vom goldenen Schatten aus kann Gnade uns zuflüstern: *Sei still und wisse, dass du ein göttliches Wesen in irdischer Form bist.* Das neue Bewusstsein offenbart, dass wir durch unser jeweiliges Geschlecht, in unserem Frau- oder Mannsein, das Göttliche zum Ausdruck bringen können, ohne Hemmung und ohne Bewertung. Das Es, das alte Reptilien-Selbst, das die ganze Weisheit der Ahnen birgt, ist Zeuge all unserer Erfahrungen. Und das liebe Ego-Selbst kann so wunderbar in die Tiefen des Herzens hinein angenommen und in die Seele hinein geliebt werden.

Die Zeit, in der wir alles, was wir sind, in die offenen Arme unseres goldenen Selbstes, unserer göttlichen Natur, unseres geheilten Egos freilassen können, ist jetzt. Es ist für uns alle, Männer wie Frauen, an der Zeit, diese Göttlichkeit in unserem physischen Selbst zu erden. Wir alle sind dafür verantwortlich, dies mit Freude und Integrität zu tun, im Miteinander und in sicherem Wissen. Welcher Teil in uns auch immer verletzt sein mag, sei es das liebe Ego oder das Es, eines ist sicher: Jeder schmerzende Teil in mir braucht meine Liebe, die Liebe meines Seelen-Selbst, das ohne Bedingungen liebt und das dient, ohne eine Belohnung zu fordern. Am Ende kann das Seelen-Selbst, dieses alles fassende Gefäß, in welchem wir leben, uns bewegen und unser Sein haben, sich mit dem Ego-Selbst verbinden und die beiden werden eins und das Eine ist das Bewusstsein der Einheit, ist Liebe.

Wir alle stehen in dieser Zeit der wesentlichen Entwicklung des Planeten vor einer persönlichen und kollektiven Herausforderung: Die alten Religionen und die alten Theorien der Psychologie zu integrieren und mit tiefem Dank ein neues Zeitalter zu gebären – das Zeitalter der vierten Richtung – und eine neue Psychologie, die das großartige Bewusstsein der Seele mit einschließt. Tief greifende Heilung für uns alle vollzieht sich jetzt. Quantenheilung geschieht. Wir brauchen nur unser eigenes Bewusstsein zu erheben, um das anzunehmen.
Unser kollektives Bewusstsein breitet sich aus, um jeden zu erfassen. Alles, was wir von unseren Ahnen und Lehrern gelernt haben, ist in der großen Über-Seele bewegt worden. Die kritische Masse ist erreicht. Das dritte Reich in Deutschland, Österreich und Europa ist vorbei. Das instinktive Selbst ist geheilt und die Dimension des Herzens öffnet sich weiter und weiter. Die nächsten Generationen werden nicht leiden müssen, wie die letzten litten. Wir sind frei, über die Vergangenheit zu sprechen, und frei, uns an sie zu erinnern; frei, von ihr zu lernen und ein Neues Halleluja ohne Angst und Urteil zu erschaffen.

Mögen wir alle unseren Part erfüllen, um diesem Bewusstsein der vierten Richtung der Psychologie zu dienen, die den Menschen als eine göttliche Manifestation der Liebe auf der Erde sieht.

Ein offener Brief an meinen lieben Erden-Geist, mein Ego

Liebes Ego-Selbst,
es wird Zeit, dass ich dir schreibe, denn ich habe dir viel zu sagen und vieles, wofür ich dir danken möchte – und auch, weil ich glaube, ich sollte dich wissen lassen, warum ich dir in den letzten Jahren nicht viel Aufmerksamkeit geschenkt habe. Dies ist kein Abschiedsbrief, Liebes. Vielmehr möchte ich dir erklären, warum unsere Welten mehr und mehr auseinandertreiben.
Weißt du, wir sind seit so langer Zeit Freunde und du hast dich wirklich gut um mich gekümmert. Ich bin dafür dankbar, denn ich war auf deine Führung angewiesen. Du hast mir seit meiner Kindheit geholfen, dass ich mich sicher fühlen konnte und keine Gefühle zeigen musste. Wenn alte Erinnerungen kamen – Erinnerungen, die für mich schmerzvoll waren – bautest du einen Zaun um mein Herz, so dass ich nichts fühlen konnte. Das war so aufmerksam von dir. Viele Male, wenn ich den Schmerz der Zurückweisung und der Verlassenheit spürte, kamst du und hast mich daran erinnert, dass ich doch eigentlich niemanden brauche, dass es für mich völlig in Ordnung ist, allein zu sein. Und so war es auch für lange Zeit – bis ich erkannte, dass ich doch auch andere brauchte. Aber es schien, als würde ich in meinem Schmerz andere Menschen vertreiben. Du hast mich gut davor bewahrt, um Hilfe bitten oder nach Heilung suchen zu müssen, indem du mir sagtest, ich bräuchte das nicht. „Du musst nicht noch einmal dahin gehen, wo es dunkel ist und weh tut, das ist doch so lange her!" Genau das waren deine Worte. Ja, lieber Ego-Geist, ich weiß – du hast alles nur zu meinem Besten getan. Und doch spürte ich irgendwann, dass es überhaupt nicht gut war für mich.

Dieses Gefühl tauchte immer wieder auf, wie sehr du auch versucht hast, es mich vergessen zu lassen. Ich gab nach und ich gab mich hin an zu viel Arbeit, zu viel Einkaufen und zu viel Schokolade. Ich erinnere mich an den Moment, in dem ich dachte, jetzt könnte ich vielleicht meine Angst überwinden und einmal „Nein" zu meiner Mutter sagen. Du hast mich ermahnt, dass sie mir böse sein würde und dass es besser sei, den Frieden in der Familie zu bewahren. Und viele Jahre lang habe ich das getan. Ich frage mich, ob ich deshalb vielleicht so oft Halsentzündungen und Erkältungen hatte als Kind und als Jugendliche. Ich frage mich, warum ich immer in einer anderen Welt war. Ich schätze, es war einfacher, mich selbst zu missbrauchen, als meine Mutter zu verärgern. Ich hatte es als Kind gut gelernt, zu verschwinden, so dass es mir als junge Frau leicht fiel, unsichtbar zu werden. Du sagtest, es sei besser, ich kümmere mich um die Bedürfnisse der anderen statt um meine eigenen, denn es ginge mir doch gut und eigentlich bräuchte ich doch nichts, jedenfalls nicht so viel wie andere. Du sagtest auch, dass die anderen mich für gut halten und mich lieben würden, wenn ich mich um sie sorge. Das ging eine Weile gut. Ich erinnere mich, dass ich mich wertvoll fühlte. Du hast mir gezeigt, dass die Probleme von anderen Leuten viel größer waren als meine und auch, dass alles einfacher würde, wenn ich mir Mühe gab, andere glücklich zu machen.

Als ich mich entschied, Künstlerin zu werden, sagtest du, das sei doch nicht wichtig und überhaupt würden Künstler doch nichts verdienen. Damals hattest du immer recht. Ich vermute, das ist der Grund, warum ich dir vertraute. Ich war überrascht, als du dann sagtest, ich soll es mit Unterrichten versuchen, weil ich eine gute Lehrerin sein würde und es ein sicherer Job war. Aber dann hast du mir Ziele gesetzt, die für mich total unerreichbar waren. Das war nicht einfach für mich, denn ich war nicht so gescheit wie die anderen in der Gruppe. Ich schien immerzu geistesabwesend und entweder mit der Vergangenheit oder der Zukunft beschäftigt. Du sagtest, es sei besser, in die Zukunft zu schauen und mich um meine Prüfungen zu kümmern, statt mich mit der Unordnung in meinem Leben zu befassen. Ich erinnere mich gut an die Vorgaben, die du mir gemacht hast. Ich muss das und das machen, bevor ich dreißig bin, und das und das erreicht haben, wenn ich vierzig bin …

Einige Jahre lang lebte ich in großer Angst, ich könnte diese Ziele nicht erreichen. Du sagtest dann, so ginge es schließlich jedem, und es sei normal, solchen Stress zu haben. Du sagtest, Stress bedeute, dass ich weiterkomme. Aber ich erinnere mich auch, wie ich dachte, ich stecke richtig fest. Ich hatte keine freie Zeit, war immer beschäftigt, tat alles, um mich von dem Schmerz abzulenken, der in meinem Herzen immer größer wurde. Ich versuchte, Beziehungen zu haben, aber sie waren katastrophal, weil ich mein Herz nicht öffnen konnte. Du sagtest, es sei gefährlich, ich würde verletzt werden, und du gabst mir den Rat, Abstand zu halten. Du sagtest auch, dass ich Männern nicht trauen könnte. Mein Lieber, du warst mit deinen Ratschlägen unermüdlich und wahrscheinlich hast du es einfach gut gemeint.

Der Tag, an dem ich mich entschied, in Therapie zu gehen, war ein schrecklicher Tag für mich. Du hattest mir erzählt, dass nur schwache Leute so was tun, und ich sei ja nicht schwach, ich sei stark und unabhängig und bräuchte es nicht, mich so gehen zu lassen. Als ich anfing, an meiner Kindheit zu arbeiten, warst du rasend vor Wut. „Was fällt dir ein?“, sagtest du, „Wie kannst du es wagen, zu denken, du seist etwas Besonderes, das bist du nicht!“ „Jeder hat eine unglückliche Kindheit. So ist es einfach“, hast du mir erzählt. Du sagtest auch, es wäre besser, das alles zu vergessen und für die Zukunft zu leben, dass die Vergangenheit aus und vor-

bei ist und es überhaupt nicht gut ist, alles wieder aufzuwärmen. Du sagtest, Therapie würde mich nur durcheinanderbringen, mehr denn je, und warum sollte irgendjemand, der einigermaßen vernünftig ist, gutes Geld dafür bezahlen, nur um sich schlecht zu fühlen? „Das macht doch keinen Sinn!", hast du geschimpft. Da dachte ich wirklich, ich bin blöd, und ging dir zuliebe eine Weile nicht mehr hin. Na ja, und dann erkannte ich, dass du nicht recht gehabt hattest mit deinen Befürchtungen, und ging wieder zur Therapie, wenn auch mit schlotternden Knien. Ich bin jetzt so froh, dass ich mich dir ausnahmsweise einmal widersetzte, mein Lieber, und getan habe, was ich für richtig hielt. Ich hatte viel mehr Mut, als du mir zugetraut hast.
Wenn ich nachts weinte, sagtest du, ich würde jetzt kindisch werden und zu empfindlich. Wenn ich wütend war und mein Therapeut mir erlaubte, die Wut rauszulassen, hast du mich gewarnt. Es sei sehr gefährlich – ich würde verrückt werden, und auch, dass ich andere mit meiner Therapie verschrecken könnte. Weißt du noch, wie du mir vorgehalten hast, ich würde allmählich für einige meiner Freunde ein Problem? Du meintest, sie würden mich jetzt hassen, weil ich mich zu sehr verändere. Sie könnten sich nicht mehr auf meine Hilfe verlassen und ich würde anfangen, selbstsüchtig zu werden. Das war hart für mich und trotzdem war etwas in mir, das mich weitermachen ließ, eine kleine Stimme, die sagte: „Geh weiter, die Wahrheit wird dich frei machen." Und so war es.
Liebes Ego, es gibt noch so vieles, was ich dir sagen möchte, aber eigentlich brauche ich es gar nicht. Ich möchte einfach klar sein mit dir und unserer Beziehung. Ich möchte, dass du siehst, dass ich zwar wirklich dankbar bin für alles, was ich von dir gelernt habe, aber dass ich anfange zu erkennen, wie du immer weiter versuchen würdest, über mich zu bestimmen, wenn wir mit unse-

rer Beziehung so weitermachen würden wie bisher. Aber dafür ist es jetzt zu spät. Weißt du, es gibt jetzt in meinem Leben jemand anders, der mich führt und für mich sorgt – jemand, der wirklich weiß, was gut für mich ist. Auch wenn ich manchmal am liebsten zu dir zurücklaufen will. Ihr kennt mich beide gut. Dieser andere ist meine Seele und mit ihr ist es etwas ganz Besonderes. Sie verlangt nicht von mir, dass ich die Vergangenheit vergesse, sie sagt, ich soll sie ehren und integrieren. Ob du es glaubst oder nicht, dich liebt sie eigentlich auch! Sie erzählt mir nicht, ich sei selbstsüchtig, sondern dass ich selbst-liebend bin, was wichtig ist, wenn ich wirklich andere Menschen lieben will. Sie erinnert mich daran, dass dieser jetzige Moment alles ist, was ich habe. Es wird dir nicht gefallen, liebes Ego, wenn ich dir die Wahrheit sage, nämlich dass ich mich voll dieser neuen Beziehung hingegeben habe. Wir machen so viele schöne Dinge zusammen – ich singe und sie liebt es, ich tanze und sie feuert mich an, ich weine und sie versucht nicht, mich davon abzuhalten. Ich bin wütend und sie erlaubt mir, es zu fühlen, ohne mich zu verurteilen. Und deshalb dient diese andere Beziehung mir wirklich – und auch anderen! Du, mein lieber Freund, bist voller Illusionen, aber ich verurteile dich nicht, denn ich ehre jede Erfahrung, ob sie schmerzhaft oder eine freudige ist.

Und so, liebes Ego, ende ich diesen Brief, indem ich dir sage, dass es auch für dich einen Platz in meinem Herzen gibt. Du kannst kommen und dich am Feuer meiner Liebe wärmen. Du bist ganz und gar nicht verlassen. In meinem offenen Herzen gibt es Platz für dich und alle sogenannten dunklen Schattenwesen. Du darfst in meinem Herzen sein, wie du bist – aber du musst wissen, dass du nie mehr an erster Stelle stehen wirst. Das ist traurig für dich, aber vielleicht bist du auch froh, dass du weniger Arbeit hast. Alles, was du jetzt tun musst, ist, darauf zu achten, dass ich ein natürliches Leben lebe, mit meinen wundervollen natürlichen Gefühlen und mit grade so viel Einsatz von dir, wie nötig ist, damit ich so lange auf der Erde bleibe, wie mein Vertrag dauert. Weißt du, mein Lieber, bestimmt wirst du bald ganz in dieses Seelen-Selbst integriert sein und ihr beide werdet miteinander tanzen und singen und die Freiheit genießen, völlig eins zu sein … endlich!

Mit Dankbarkeit und Liebe für dich,
mein lieber alter Freund.

Phyllida

9.
Jenseits der Furcht vor dem Weiblichen!

Patriarchale Religion und ihre Furcht vor dem Weiblichen

Auch in der Achsenzeit (nach Karl Jaspers die Zeitspanne von 800 bis 200 v. Chr., in der gleichzeitig in vier voneinander unabhängigen Kulturräumen die philosophischen und technologischen Fortschritte gemacht wurden, die bis heute Grundlagen aller Zivilisationen sind) wurde die weibliche Intelligenz der männlichen als unterlegen erachtet. In ihrem anerkannten Buch „Buddhism After The Patriarchy" schreibt die Buddhismus-Gelehrte Rita Gross: „Viele der Beschränkungen, denen Frauen in ihrer Entwicklung und Anerkennung als Dharma-Lehrer unterliegen, sind fest verwurzelt." Und in ihrem Artikel „Sind wir schon gleichberechtigt?" (Buddhadharma Practitioners, August 2010) lesen wir: „Männer dominieren die oberen Ränge, während Frauen überwiegend die unteren Reihen besetzen." Sie fragt, warum Buddha scheinbar mit der männlichen Dominanz seiner Kultur übereinstimmte, und fügt hinzu: „Doch es steht kaum außer Frage, dass es so war." Es sieht ganz so aus, als müssten viele Frauen auch heute noch „ihre Seele verkaufen" und ein Stück ihres kreativen Selbst aufgeben, wollen sie mit Männern mithalten – selbst wenn sie intellektuell genauso entwickelt sind und dieselbe Kompetenz besitzen. In der katholischen Kirche von heute ist Frauen die

Ordination nicht gestattet und sie werden noch immer als den Männern untergeordnet angesehen, sowohl intellektuell als auch spirituell. Seit Jahrhunderten ist die Furcht vor den Frauen im Patriarchat der institutionalisierten Kirchen präsent. Im 4. Jahrhundert zum Beispiel entschied der heilige Johannes von Antiochia (auch Chrysostomos genannt), dass „unter allen wilden Biestern sich kein gefährlicheres findet als die Frau". Im selben Jahrhundert traf sich Augustinus mit seinen Bischöfen, um darüber zu beraten, ob Frauen denn eine Seele hätten. Der große Begründer der westlichen Theologie, Quintus Septimius Florens, auch als Tertullian bekannt, verkündete in der Zeit 160-220: „Die Frau ist das Tor für den Teufel. Durch sie schleicht Satan sich in Geist und Herz des Mannes ein und verübt seine List, um ihn spirituell zu vernichten." Als Pajapati Gautama, die verwitwete Tante des Buddha, diesen bat, ihr den Eintritt ins Kloster zu gewähren, lehnte er das zunächst entschieden ab, obwohl sie ihn, wie es in der Geschichte heißt, dreimal anflehte, seine Meinung zu ändern. Die Vorstellung, dass heutzutage eine ältere, weise Frau darum bettelt, eine Chance zu bekommen, Erleuchtung zu finden, würde uns schockieren. Aber Frauen wurden als unwürdig betrachtet und verhielten sich demnach ergeben. Als der Buddha am Ende seiner Tante doch erlaubte, dem Kloster beizutreten, gab er ihr zusätzlich zu den allgemeinen Vorschriften für Mönche noch viel striktere Regeln.

Nachdem der Buddha jedoch gesehen hatte, wie gut die Nonnen die Regeln einhielten und seine Worte genau befolgten, lobte er ihre Tugendhaftigkeit und beschloss, dass sie den Mönchen als gleichgestellt betrachtet werden konnten. Er prophezeite, dass er nicht sterben würde, bis er genügend weise Mönche und Nonnen sowie weibliche und männliche Laienanhänger haben würde. Frauen mussten damals wirklich Ausdauer haben, um die gleichen

Wege zur Erleuchtung gehen zu dürfen. Viele Mönche des ersten Jahrhunderts gaben Frauen die Schuld für ihre eigenen sexuellen Begierden – das könnte einer der Gründe sein, weshalb die Gemeinschaft zum reinen Männerklub wurde. Der Buddhismus übernahm daraufhin eine patriarchale Haltung in seinen Lehren. In der Vergangenheit nahmen Frauen und Männer den Buddhismus oft ohne Kenntnis der sich abzeichnenden tieferen Verbindlichkeiten als einen Weg zur Erleuchtung an. In Ermangelung weiser Frauen, die sie hätten beraten können, übernahmen Frauen eine Philosophie, die ihnen, wenn sie sich strikt an sie hielten, ihre Weiblichkeit raubte. Eine solche Frau vertraute mir an: „Hätte ich erkannt, wie das Patriarchat Frauen wirklich behandelt, hätte ich das Kloster schon früher verlassen. Ich musste erst sehr krank werden, bevor mir das klar wurde." Der Preis für ihre sogenannte Erleuchtung beinhaltete, dass sie ihre Seele verkaufen musste. Mit anderen Worten, sie musste ihr eigenes inneres intuitives Wissen als Frau für eine männlich orientierte Philosophie aufgeben, die ihre Biologie ablehnte. Vielleicht war es die eigene innere Furcht vor dem Weiblichen in Buddha, die ihn zu Ananda sagen ließ, er solle in der Nähe von Frauen vorsichtig sein und möglichst nicht mit ihnen sprechen (Karen Armstrong in ihrem Buch „Buddha"). Buddha verließ seine Frau und seinen Sohn in der Nacht, in der dieser geboren wurde, ohne „Auf Wiedersehen" zu sagen. Vielleicht war Angst vor Anhaftung an seine Familie der Grund. Das war ein schwieriger Weg, um zu lernen, sich von Anhaftung zu befreien. Von vielen Männern wurde verlangt, ihre familiären Bindungen aufzugeben oder loszulassen, wenn sie Mönche wurden, damit sie sich besser auf die Schriften konzentrieren und disziplinierter sein konnten. Dies ist auch in christlichen Gemeinschaften von Mönchen und Nonnen die Regel. Man fragt sich, was passiert wäre, wenn Frauen ebenfalls beschlossen hätten, auf ihre eigene

Pilgerreise zu gehen und ihre Ehemänner zurückzulassen, damit sie für die Familie sorgen!

Erleuchtung ist laut Buddha ein Zustand, in dem wir frei von Ego und Lastern (was wir im Westen als frei von Sünde bezeichnen) in die Welt eingebunden sind. Mit uns selbst und allen Wesen in Harmonie leben zu können ist ein wunderbares Ziel, das wir eigentlich alle anstreben. Es ist jedoch wichtig, darüber nachzudenken, wie wir das anstellen. Sicherlich sollte Erleuchtung möglichst eine Fülle an Leben und Freude beinhalten, einschließlich der sogenannten gewöhnlichen häuslichen Sorgen und Freuden. Ein freudloser erwachter Zustand ist bestimmt kein heiliger Zustand. Es gibt viele lächelnde oder lachende Buddhastatuen, doch die scheinen weit entfernt von dem buddhistischen Mönch, der tagelang bewegungslos sitzt und nach Erleuchtung strebt. Ich kenne einen solchen Menschen – er erzählte mir, er sei täglich acht Stunden lang ohne sich zu bewegen gesessen, bis sein Rücken am Ende so sehr schmerzte, dass er Hilfe beim Aufstehen benötigte. Als ich sagte, dass dies für mich mehr nach Selbstmissbrauch aussähe als nach einer spirituellen Praxis, erwiderte er, dass es notwendig sei, über den Schmerz hinauszugehen und den Affengeist zu disziplinieren. Wenn solcherart körperliche Schmerzen provoziert werden, ist das keine heilige Übung, sondern eine Gefährdung, nach Selbstmissbrauch süchtig zu werden.

Auch der Apostel Paulus, der Begründer des Christentums, sprach davon, zwar *in* der Welt zu sein, aber nicht *von* ihr und dass er kleiner werden müsse, damit der Christus wachsen könne. Es gab jedoch kein Mitgefühl in seinen Worten, Selbst-Liebe und Selbst-Achtung hatten in der Paulinischen Theologie keinen Platz.

Die Einsicht, dass das Ego in die Offenheit des universellen Herzens geliebt werden muss, wo die sogenannte Dunkelheit und die Angst in die Liebe transformiert werden können, ist in der weiblichen Spiritualität tief verwurzelt. Weil die Lehren des Paulus sich nur an Männer richteten, musste seine Sprache auf sie passen und war daher eine des Kampfes und Krieges, die besser ankam. Paulus erklärte, es sei besser, wenn man Frauen nur zu sehen und nicht zu hören bekäme, in der Kirche sollten sie sich still verhalten. Er glaubte, dass sie so etwas wie ein höheres Bewusstsein nicht kannten. So wendete sich die Kirche des Paulus, die später die christliche Kirche werden sollte, dem männlichen Geschlecht zu.

Jesus und die Frauen

Es hat den Anschein, dass Jesus keine Furcht vor Frauen oder dem Weiblichen hatte. Tatsächlich waren es Frauen, die ihn nach Golgatha begleiteten, Frauen, die am Fuße seines Kreuzes standen, Frauen, die ihn versorgten, als er vom Kreuz heruntergenommen wurde. Und es war eine Frau, der er nach seinem Tod als Erstes erschien. Wenn Jesus von dem sprach, was wir Erleuchtung nennen, bezog er sich darauf, für sich selbst und andere Sorge zu tragen. Er sprach von gegenseitiger Vergebung. Jesus war ganz offen emotional, er trauerte laut und im Olivengarten zeigte er Angst. Sein Schweiß fiel zur Erde wie schwere Blutstropfen. Er war sicherlich menschlich wie wir, indem er dem Weg des Herzens folgte und den Mut hatte zu lieben. Was er über Erleuchtung lehrte, lässt sich am besten als „der Weg der Liebe“ beschreiben. Er riet dazu, nicht allzu ängstlich zu sein und erinnerte die Menschen daran, wie tief geliebt sie waren. Das waren keine Worte wie die eines strengen Bischofs, sondern Worte eines liebenden, mitfühlenden Wesens, das uns zeigte: Erleuchtet zu sein heißt, mit allen Wesen in Liebe zu sein, mit unseren sogenannten Feinden genauso wie mit denen, die uns nahe sind. Das ist kein leichter Weg, aber er ist mit der tiefsten Liebe erfüllt – Liebe zum Selbst und Liebe füreinander. Jesus mahnte uns auch, dass die Dunkelheit, die wir in einem anderen sehen, nur eine Widerspiegelung der Dunkelheit in uns selbst ist. Im Evangelium des Thomas, Vers 26, und in Matthäus, Kapitel 7, Vers 3, lesen wir von dem Splitter, den wir im Auge unseres Bruders sehen, während wir den Balken in unserem eigenen Auge ignorieren. Uns selbst lieben zu lernen ist die erste Stufe zu wirklicher Heilung. Es ist seltsam, dass wir in buddhistischen Lehren nicht viel über Liebe lesen. Wiederum könnte das an kulturellen Unterschieden liegen. Doch der Christus kam auch aus dem Osten und sprach davon, dem Herzen zu folgen … wir brauchen natürlich beides – eine tragfähige Philosophie *und* die Praktik des offenen Herzens.

Jeder Mann muss sich jetzt für das weibliche Herz in sich selbst öffnen und das kostbare Juwel finden, seine Seele, welches das Patriarchat ihm so lange verweigerte. Er muss zur Anima zurückkehren und sich von ihrem Geist nähren lassen, bevor er sich in die weitere Dimension des Mitgefühls und der Liebe für andere öffnen kann. Ich kenne viele wundervolle Männer, die es jetzt riskieren, ihr Herz zu öffnen. Sie sind Männer, die von Trauer und innerem Konflikt berührt wurden und sich auf die Pilgerreise nach dem inneren Gral begeben haben. Darin haben sie Heilung für sich selbst und ihre Söhne gefunden. Es ist die Aufgabe des Vaters, in die Wildnis seines eigenen inneren Dschungels zu gehen, sich mit seinem instinktiven Selbst auseinanderzusetzen und mithilfe seiner männlichen Freunde seine Wut auszudrücken. Wenn er das getan hat, kann sein Sohn von der Weisheit des Vaters genährt werden, statt die „Sünden der Väter" zu übernehmen.

Jetzt ist es Zeit für das Männliche, die Welt aus einer ganz neuen Perspektive zu fühlen. Aus der Perspektive der Kreativität, die nicht unintelligent ist, der Sanftmut, welche Stärke nicht ablehnt, der Demut, die keine Schwäche ist, und der Gnade, die nicht verdient oder erkauft werden kann.

Vielleicht war Jesus der erste spirituelle Lehrer, der den Wert des Weiblichen erkannte und eine Sprache gebrauchte, die auf das Weibliche innerhalb seiner eigenen Psyche einging. Vielleicht war Buddha der Wegbereiter für den Christus. Mögen beide wahre Bedeutung finden in den Leben der Menschen, die ihren Wegen mit Hingabe folgen, und möge das deren Seelen dienen.

Zeitalter des Erwachens

Ein Zeitalter muss natürlicherweise einem anderen Platz machen und das Zeitalter der Vernunft und des Verstandesdenkens gibt jetzt den Weg für das weise Herz der mitfühlenden Liebe frei. Wir bewegen uns auf der Energiespirale des Planeten und der Energiespirale in uns selbst nach oben. Alles beschleunigt sich, innen wie außen. Meinen Schülern in Deutschland sage ich, dass wir das dritte Reich der instinktiven re-aktionären Muster, den Machtmissbrauch und die patriarchale Kontrolle, geheilt haben, und wir treten jetzt in den Bereich des Herzens ein: in die vierte Dimension.

Wenn wir in alten Illusionen und Stammesüberzeugungen stecken bleiben, geben wir uns selbst auf und verbleiben in Isolation und Angst, auf immer das Rad der Polarisation von Schatten und Licht weiterdrehend, auf immer gefangen in der Täuschung, dass alles Leid, alles ein Kreuz ist, ohne die glorreiche Auferstehung der Erleuchtung. Dieses Erwachen geschieht. Selbstverwirklichung ist endlich nicht nur ein Traum; wir haben die kritische Masse erreicht und beginnen, die Dringlichkeit einer Geburt in eine ganz neue Welt zu spüren – die Welt, von der John Lennon sprach, wo es keine Religionen mehr gibt, keinen Hunger, keinen Besitz, keinen Krieg oder kriegerische Konflikte. Eine Zeit naht, in der wir in der Lage sein werden, eine ganz neue Welt zu erschaffen aus den Stücken zerbrochener Herzen, die es gewagt haben, sich

zu öffnen und in die Welt hinein zu weiten und Helfer zu sein für diejenigen, die noch immer in den alten Institutionen gefangen sind, die noch gehorchen und den Gott der Rache fürchten.
Alles, was das Herz in eine tiefere Erfahrung der Liebe öffnet, muss willkommen geheißen werden. Keine Philosophie kann das Herz so sehr öffnen wie eine tiefe, schmerzvolle Trauer oder eine tiefe, freudvoll ekstatische Erfahrung. Weisheit kommt durch innige Erfahrungen der Einheit mit allen Wesen, während unsere eigene individuelle Erfahrung der Liebe weiter besteht. Diese gegenseitige Verbindung muss authentisch sein und von Herzen kommen. Wenn wir uns mit anderen Wesen nur auf der Basis rationalen Denkens verbinden und das Herz nicht mit einbringen, sind wir, wie Goethe bemerkte, „nur ein trüber Gast auf dieser dunklen Erde“. Als Menschen, denen die Emotionen gegeben wurden, damit sie uns helfen, mit dem Leben auf der Erde umzugehen, wären wir dumm, sie nicht in Anspruch zu nehmen.
Ausschließlich aus den Gefühlen heraus zu leben ist natürlich genauso töricht, weil Emotionen ständig im Wandel sind und man ihnen nicht trauen kann. Sie sind kein echtes und wirkliches Barometer unserer inneren Zustände. Um tiefer und tiefer in unseren inneren Welten des Göttlichen zu forschen, müssen wir „das weise Herz“ einbringen, wie der zeitgenössische Lehrer der buddhistischen Meditation Jack Kornfield es in seinem gleichnamigen Buch nahelegt. Ich glaube, dass das Herz nur die zärtlichste Liebe für das Ego hat. Es ist der Schmelztiegel, in dem alles in Liebe aufgenommen wird. Es erkennt, was wahr ist und was nicht, was losgelassen und was genährt werden muss. Das unreife Herz ist das ungeheilte innere Kind, das irrationale Gefühlsausbrüche hat. Sich an Materialismus, an Familien- oder Glaubenssysteme zu klammern scheint nur Leiden und Schmerz zu bringen. Die Liebe, mit der Jesus liebte, hatte nichts mit der Persönlichkeit zu

tun, sie transzendierte den Erden-Geist. Heilung geschieht, wenn wir nicht mit einem Ergebnis verhaftet sind.
Wenn wir uns mit der Absicht mit einem anderen Wesen verbinden, mit innerer Freude und Liebe den Schmerz loszulassen, fließt Gnade ein und Heilung geschieht. Sagen wir, man dürfe überhaupt keine Anhaftung entwickeln, haben wir es wieder mit einem Aspekt des Egos zu tun, mit einem Urteil, einem Grundsatz. Das ist erneut eine Polarisation. So wurde der Begriff „Weder dies noch das" zum Ausdruck, mit welchem der Buddha später seine Wahrheiten verbreitete. Das war auch das Verständnis des keltischen Christentums, bevor die Sprache der Wertung und des dualistischen Denkens die Oberhand gewann.

Möge uns allen die Vergangenheit nutzen und mögen wir den Mut haben, die Philosophie des Nichtanhaftens mit dem Einlassen der Liebe zu verbinden, damit wir heilen.

Religion, Erleuchtung und das Weibliche

Der Ort der Erleuchtung, in buddhistischen heiligen Schriften meist als Nirwana bezeichnet, ist ein erwachter Zustand reinen Bewusstseins, der nicht vom Ego verfälscht ist. Buddha suchte einen Weg, in der Form zu sein und dabei die Formlosigkeit zu erfahren – Christen würden sagen, zwar in der Welt zu sein, aber ihr nicht anzugehören. Obwohl Buddha selbst viele Wege zu diesem Ziel ausprobierte, erkannte er schließlich, dass der Mittelweg der Menschheit am besten diente. Er sah, dass extreme Askese genauso egozentrisch war wie Zügellosigkeit. Buddha war nicht gegen die Vorstellung, dass die Befreiung des Geistes durch freudvolle Erfahrungen verwirklicht werden könnte, denn wenn man voller Freude ist, kontrolliert das Ego nicht mehr die Gedanken. Während die Vorstellung von einem gedanken-freien Zustand (engl. „no mind") recht radikal erscheinen und von vielen als eine Ablehnung unserer Physis angesehen werden mag, passt sie doch gut zur maskulinen, verstandesbetonten Denkweise. Für eine keltische Frau, deren Überzeugung es ist, dass der Körper die heilige Landschaft ist, durch welche wir unseren erwachten Zustand erreichen, wäre dieser Ansatz ziemlich fremd. Dennoch kann ich mich leicht mit dem Kern der buddhistischen Lehren verbinden, wenn ich die Sprache irgendwie transzendiere und einen Treffpunkt in der Herzmitte finde, dem einzigen Ort, wo die Dinge wirklich zusammenkommen können.

Buddha glaubte, dass der Ausweg aus dem Leiden in der Welt darin bestünde, es als Glauben an das Unwirkliche zu erkennen. Würde man sich von der Anhaftung an die Welt von Mara und Samsara, von Gier und Anklammern, lösen und die vielen Übungen praktizieren, die er entwickelt hatte, müsste man nicht leiden. Liest man den achtfachen Pfad des Buddha und die acht Seligpreisungen oder Segnungen von Jesus nebeneinander, scheinen sie einander zu stützen.

Buddha empfahl:

- *Rechte Anschauung (Das bedeutet vielleicht auch, eine klare Perspektive zu haben; das zu sehen, was nicht offensichtlich ist.)*
- *Rechte Absicht (Intention ist der erste Schritt in die Manifestation.)*
- *Rechte Rede (Unsere Sprache ist, wenn bewusst angewendet, Gebet.)*
- *Rechtes Handeln (An ihren Früchten können wir Menschen erkennen, nicht allein an ihren Worten.)*
- *Rechten Lebenserwerb (Das zu lieben, was wir tun, und Bewusstsein hineinzubringen.)*

- *Rechtes Streben, rechte Anstrengung (Wenn wir uns zu sehr verausgaben, achten wir unseren Körper und Geist nicht, Maßhalten in allen Dingen ist also wichtig.)*
- *Rechte Achtsamkeit (Bewusst sein, ein fokussierter Geist)*
- *Rechte Sammlung (Konzentration kann auch selbst-absorbierend sein, wenn nur das Ego beteiligt ist.)*

Indem man sich an diese Anweisungen hält – ohne die angemerkten Interpretationen von mir! – könne man, so Buddha, dem Rad des Lebens entkommen. Die genannten Punkte mögen recht simpel klingen, doch sind sie im täglichen Leben nicht so leicht bewusst umzusetzen.

Den Seligpreisungen Jesu zu folgen ist auch nicht so einfach:

- *Gesegnet sind die, die arm sind im Geiste. (Im Herzen übersetzt könnte das bedeuten, gesegnet sind diejenigen, die vom Herzen leben und nicht aus Konzepten des Verstandes.)*
- *Gesegnet sind die Sanftmütigen. (Wir brauchen Güte für uns selbst und andere.)*
- *Gesegnet sind die Trauernden. (Trauer öffnet das Herz und weitet uns in die Welt der Verletzlichkeit.)*
- *Selig sind, die da hungern nach Gerechtigkeit. (Es ist eine menschliche Eigenschaft, Gleichgewicht und Harmonie zu wollen.)*
- *Selig sind die Barmherzigen. (Erbarmen zu haben heißt, mich selbst in allen Wesen zu sehen.)*
- *Selig sind, die reinen Herzens sind. (Jene, die klar von einem Platz der bedingungslosen Liebe aus sehen.)*
- *Gesegnet sind die Friedfertigen. (Frieden zu erschaffen in unseren eigenen Herzen ist der Beginn des Friedens in der Welt.)*
- *Gesegnet sind die Verfolgten. (Integrität und Mut zu besitzen im Angesicht von Widrigkeiten.)*

All diese Lehren handeln davon, bewusster zu werden. Zur Zeit von Buddha und Jesus waren sie sehr radikal, denn das Bewusstsein der Menschen war nicht so entwickelt. „Auge um Auge" war üblicher als „Halte auch die andere Wange hin". Buddha wies auch darauf hin, dass man sein Leben mit weniger Anhaftung an die Welt der Form leben könne, wenn man sich einer Gemeinschaft Gleichgesinnter anschließt und gemeinsam meditiert. Jesus war ein wundervolles Beispiel eines Menschen, der der Welt nicht verhaftet ist. „Er hatte keinen Ort, um sein Haupt niederzulegen" heißt es in Matthäus 8, Vers 20. Er verbrachte eine Menge Zeit am Strand oder draußen im Boot allein mit seinem eigenen Geist (hier engl. ‚Spirit'). Doch die Idee der Sangha, der Gemeinschaft, war auch Jesus wichtig. Sein Ausspruch: „Wo zwei oder drei in meinem Namen zusammenkommen, da ist auch mein Geist" legt nahe, dass es im Kollektiv eine liebevolle, kraftvolle Energie gibt. Zum Alleinsein fähig und dabei Teil einer größeren Realität zu sein heißt, die Energie des Paradoxen halten zu können: Ich bin allein und ich bin nicht einsam. Ich bin eins vom Ganzen.

Frauen haben kein Problem damit, in der Welt des Paradoxen zu leben, denn sie können sich auf natürliche Weise darauf einstellen, einmal dies und einmal das zu sein, ohne sich daran zu klammern, *entweder* dies *oder* das zu sein. Beginnend mit der Pubertät erleben Frauen jeden Monat den Tod und Blutvergießen – indem das Ei freigegeben wird, das das Potenzial des Lebens enthält. So lernen Frauen schon früh, während sie voll im Leben stehen, dass es eine schmerzhafte Erfahrung sein kann, die innere Frau zu gebären, dass es wie Sterben sein kann. Von der keltischen Göttin Brigit wird gesagt, sie verkörperte die Schöpferkraft und das ganze Leben, was den Gegenpol – Tod und Zerstörung – mit einschließt.

Ein Gedicht, das ich vor einigen Jahren zu Ehren von Brigit schrieb, war eigentlich für mich selbst, nachdem ich erkannte, dass ich eine Fehlgeburt gehabt hatte. Es handelt davon, wie Leben und Tod zusammengehören.

„Ich bin
das Wasser der Meere,
das deine Haut
willkommen heißt.
Ich bin
dasselbe Wasser,
das deinen Sohn verschlang,
kaum dass er geformt war
in deinem Schoß."

(Phyllida Anam-Áire, „I am the water of the seas")

Obwohl der achtfache Pfad und die acht Seligpreisungen für alle Menschen allgemein gelten, glaube ich, dass Frauen diese Pfade leichter gehen als Männer. Es gehört von Natur aus zur Frau, zu nähren, Gefühle zu zeigen, loszulassen, Frieden zu stiften, mit weniger Konzepten zu leben als Männer, für Arme und Bedürftige zu sorgen. Es ist interessant, dass sowohl Buddha als auch Jesus gemäß der Kultur des Landes viele Männer um sich scharten; die Männer folgten dem Meister, während die Frauen sich um die Kinder kümmerten. Deshalb könnte man die Schlussfolgerung ziehen, dass Männer wirklich diese Botschaften brauchten. Frauen hatten sie vielleicht schon verinnerlicht.

Buddha befand, dass das ganze Leben nur Leiden darstellte: Alles ist „Dukkha" und jede Form führt zu Leiden. Diese Überzeugung ist kein glücklicher Bewusstseinszustand. Aus seiner Sicht, zu jener Zeit, führte jegliche Anhaftung an Form zu Leiden. Ich möchte betonen: *zu jener Zeit.* Es ist wahr, wir haben alle Probleme, unser Leben in Fülle zu leben, aber ich möchte glauben, dass die Menschheit sich seit Buddhas Zeit in allen Bereichen der Existenz dramatisch weiterentwickelt hat. Wahr ist auch, dass die Probleme des Menschseins sich nicht gelöst haben, aber sicher geht es im Leben darum, zu akzeptieren, was hier und jetzt ist – ohne das endlose Beharren darauf, dass alles Leiden ist und der Geist befreit werden muss. Als ich in die Augen meines wenige Tage alten Enkelsohnes blickte, war mein erster Gedanke nicht: *„Er wird leiden müssen, weil er sich inkarniert hat.“* Sondern: „Wow! Was für ein allmächtiges Wesen!“ So stark empfand ich in diesem Moment die Schönheit und das Wunder der Seele in Form. Ich spürte, wie dieser Gedanke mich der Wahrheit, der Freude, der Hoffnung und dem Herzen näherbrachte. Ich war von Ehrfurcht erfüllt in Anbetracht der puren Leidenschaft für das Leben in dieser winzigen, mächtigen Form. Das ließ mich der Gegenwart gewahr sein und ich dachte nicht an das Leid, das sein Leben für ihn bereit halten mag. Sollten wir wirklich Jahrtausende alte Methoden der Transformation anwenden, während unsere Psyche dabei ist, sich organisch weiterzuentwickeln? Egal, wie wirksam die Methoden zur Befreiung vom Leiden vor 2500 Jahren gewesen sein mögen, für einen sich ständig verändernden, evolutionären Planeten passen sie nicht mehr.

Die keltische Spiritualität versteht Leiden als unseren Weg, uns durch organische Transformationen noch mehr ins Leben zu vertiefen. Wir können die Veränderungen annehmen und wiedergeboren werden oder Widerstand leisten und stecken bleiben. So wie die Natur jede Jahreszeit willkommen heißt, weil sie spürt, dass die Zeit für Wandel und Erneuerung gekommen ist, können auch wir lernen, das Alte in Ehre und Dankbarkeit zu entlassen.

Jesus sah Leiden als das Ergebnis unbewusster Handlungen: *„Vater, vergib ihnen, denn sie wissen nicht, was sie tun.“ (Lukas 23, 34)*

Er lehrte auch Universalität, den unpersönlichen Aspekt der Liebe, welcher unser Leiden beendet, wenn er verwirklicht ist. Jesus stellte einmal die Frage: *„Wer ist meine Mutter, wer sind meine Brüder?"* (Matthäus 12, 34). Auch hier geht es, wenn wir an das kollektive Bewusstsein und das Einssein aller Wesen glauben, um das Thema Nicht-Anhaftung. Das keltische Bewusstsein führt auch aus, dass Leiden oder *bronach*, um das gälische Wort zu gebrauchen, in der Form des Urteilens über die Erscheinung der Dinge kommt. Wenn ich mich selbst oder andere beurteile, sehe ich nur die Persönlichkeit. Jesus rät uns, nicht nach der äußeren Erscheinung der Dinge zu urteilen. Zum Beispiel erinnert er uns daran, dass viele Menschen im Gebet „Herr, Herr!" ausrufen, sie aber mit dem Herzen nicht wirklich dabei sind (Matthäus 15, 8). Mit anderen Worten, wir müssen unser Herz öffnen. Das ist eine wahrhaft hingebungsvolle Übung. Die Worte „Liebe dich selbst" scheinen zunächst sehr einfach. Doch wir müssen unser Herz für uns selbst öffnen, sonst sind es einfach nur sentimentale Worte.

Ich glaube, dass wir in diesem Zeitalter eine neue Übersetzung der alten Lehren brauchen, eine subtilere, feinere Annäherung an die alten Wahrheiten – übersetzt in eine Sprache, die das Herz verstehen und die Seele leben kann. Wir müssen in Betracht ziehen, dass es ein sich ewig wandelndes Bewusstsein in einem sich ausdehnenden und ewig transformierenden Universum gibt. Wir müssen die Sprache der Symbole lernen, die Sprache der Seele. Die Befreiung vom Leiden durch einen ego-losen Nirwana-Zustand muss als eine Vorstellung gesehen werden, die hauptsächlich auf eine männlich orientierte Philosophie zugeschnitten ist. Wenn wir das Kruzifix weiterhin als ein Symbol für Liebe und Mitgefühl darstellen, bleiben wir mit der Ideologie des Leidens verhaftet. Der voll erleuchtete Jesus war der Christus, der starb und wieder auferstand, wie wir es eigentlich alle tun, wenn die äußere Form, die Erscheinung der Dinge stirbt. Wir müssen die Bilder loslassen, die wir von der Liebe, vom Leben, von Gott, von uns selbst erschaffen haben, das heißt, die Illusionen und Bedingungen, welche durch die Kultur, die Religion und das institutionalisierte Ego geschaffen wurden. Wenn wir die Schriften nicht wörtlich, sondern symbolisch auslegen, dann gehen wir über das physische Sehen und Hören hinaus, wie Jesus sagte. Gegenwärtig jedoch beharren wir noch auf dem Wort, dem Logos, der Intelligenz, dem Wortgetreuen, dem patriarchalen Ansatz. Die Betonung liegt noch immer auf dem Verstehen aus dem Intellekt heraus statt aus der Erfahrung im Herzen.

Das keltische Bewusstsein, das auf der Erde um etwa dieselbe Zeit herum erschien wie der Buddhismus, hat mit den buddhistischen Lehren etwas gemeinsam. Manchmal trennt nur die Sprache, während die Bedeutung dieselbe ist. Während die buddhistische Ausdrucksweise in der Argumentation und im Stil auf die männliche Orientierung besteht, ist die keltisch-christliche eine des Herzens und verbindet sich mehr mit der Seele und der Erde. Demnach spricht sie mehr die Frauen an oder die weibliche Seele im Mann. Aus diesem Grund sahen die keltischen Christen Leiden als das unglückliche Ergebnis von Entscheidungen, die aus der Unbewusstheit getroffen wurden. Wenn wir nicht die ganze Geschichte haben, treffen wir unreife Entscheidungen. Worte, die vor einigen Jahren zu mir kamen, als ich viel Trauer über eine Beziehung empfand, erzählen davon:

„Ich werde nicht richten über den Anschein dieses Verlusts,
denn ich kenne seine Geschichte nicht.
Doch ich werde heilen, was es auch kostet,
und die Pracht von gestern gebe ich hin.

Jetzt weitet sich mein Herz für meine Seele
und süßes Mitgefühl hält mich sanft."

(Phyllida Anam-Aire, „I will not judge the appearance of this loss",
CD „Touched", 2005)

Wie ich schon sagte, öffnet Leiden nach der keltischen Auffassung das Herz und reinigt den Geist, es wird als Katalysator gesehen. Das Problem jedoch ist, dass viele Menschen Leiden als eine Lebensart betrachten. Ich habe oft Katholiken sagen hören: „Gott hat mir dieses Leiden als das Kreuz gesandt, das ich tragen muss." Das ist eine gewalttätige Theologie. Das heißt so viel wie: „Gott sandte seinen Sohn, damit er leidet – wenn Gott dich liebt, wirst du also leiden." Vielleicht ist es an der Zeit, sich von diesem alten Halleluja zu befreien, das darauf beharrt, alles sei Leiden, und stattdessen das Mantra einzuführen: *„Alles ist Gnade."* Alles, was ich erfahre, ist für mich Information über mein kostbares, heiliges Leben und darüber, wie ich es heute zu leben wähle.

Physische Schmerzen führen nach keltischem Glauben nicht notwendigerweise zu Leiden, da man solche Beschwerden mit Methoden der Atemkontrolle und der Gestaltveränderung lindern kann. Mit dem Leiden des Geistes ist es eine ganz andere Geschichte, da es auch auf physischer Ebene das Gleichgewicht stört und die feinen Energien schwächt. Wenn wir dauernd unsere Entscheidungen auf der Grundlage alter Konditionierung treffen, hat das, wie wir wissen, die immer gleichen Folgen – wir leiden, sowohl geistig als auch körperlich. Bewusstsein heißt, aus der Vergangenheit herauszukommen und mit dem zu sein, was jetzt in diesem Atemzug ist.

Nach dem keltischen Glauben erfährt die Seele sich selbst durch das Medium der Persönlichkeit und in allen Erscheinungen der

Schöpfung. Es gibt keine Bewertungen dieser Erfahrungen, sie werden nicht als gut oder schlecht erachtet, sie sind einfach Erfahrungen. (Diesen Satz liest du in diesem Buch viele Male!) Wenn wir uns als menschliche Wesen auf der Erde weiterentwickeln, verändert sich natürlicherweise auch unser Bewusstsein.

Während Buddha das Alter als eine Zeit des Schmerzes betrachtete, eine Zeit der Abhängigkeit von anderen, was unser weltliches Wohl betrifft, sahen keltische Christen es als ein natürliches Phänomen, ein natürliches Entfalten des Lebens. Das Alter gab ihnen keinen Grund, sich zu fürchten. Natürlicherweise sorgten die Kinder für die Alten, wie diese vorher für die Kinder gesorgt hatten. Altern war eine Folge des irdischen Seins, das eine große Gnade und ein Privileg war. Der Tod selbst wurde geehrt und am Ende eines wohlgelebten Lebens tatsächlich willkommen geheißen. Ein Gebet aus meinem keltischen Herzen legt diese Freundschaft mit dem Tod dar – dem, der Seele und Geist am Ende vereint.

„Komm, Tänzer des Lebens.
Du, der uns zusammentanzt,
mich und meinen Geliebten.
Flüstere sanft meinen Namen – jetzt.
Und endlich werde ich hineinatmen in dich."

(Phyllida Anam-Áire, „Come dancer of life")

Dieser Tänzer des Lebens – die Seele – tanzt weiter, sowohl innerhalb der physischen Form als auch ohne sie. Das Leben wurde von unseren keltischen Vormüttern als von der Form unabhängig betrachtet und das Formlose beinhaltete alles Leben. So verbeugten sie sich tief vor der Sonne, dem Erhalter des Lebens selbst, und riefen die Mondmutter an, damit sie Klarheit und Zusammengehörigkeit brachte. Diese Herrlichkeit, genannt Leben – oder gälisch „Beatha", – war neutral und ohne einen bestimmten Plan. Man suchte nicht nach sogenannten Lösungen für das Leben, da das Leben selbst ein beständiger Fluss sich ewig transformierenden Bewusstseins war, und nicht ein Problem. Es ist eindeutig die soziale Stammeskonditionierung, welche die Probleme bringt. Unsere individuelle Persönlichkeit, unsere engen Traditionen mit ihren Vorurteilen und Bewertungen bringen die festen Vorstellungen vom Leben. Wie der Künstler seine Leinwand mit den Farben einfärbt, die er sich ausgesucht hat, färben wir unser Leben mit unseren eigenen, individuellen und kollektiven Erfahrungen. Wenn wir am Ende in die Liebe erwachen, die wir sind – wenn wir nur Liebe leben – werden wir das Bewusstsein leben, das Buddha Erleuchtung nannte.

Wie ich schon anmerkte, können religiöse Systeme oder Ideologien, die uns vor 2500 Jahren dienten, das heute nicht mehr tun, da sie frühere Stadien in unserer spirituellen Entwicklung waren, wenn auch wichtige. Eine funktionierende Spiritualität für dieses Zeitalter muss in der Psychologie, Technologie, Wissenschaft, Politik, Gemeinde, Medizin und Industrie unsere Evolution mit in Betracht ziehen und ebenso eine tiefere Wertschätzung von allem, das mit Gaia zu tun hat. Eine ehrlichere Einschätzung der institutionalisierten Religion und ihres Nutzens in diesem neuen Zeitalter der persönlichen und kollektiven Reife ist jetzt wichtig. Der zeitgenössische amerikanische Wissenschaftler und psychospirituelle Lehrer Ken Wilber behauptet, wir brauchen eine „Integrale Spiritualität", wenn wir Erleuchtung erfahren sollen (zu lesen in seinem gleichnamigen Buch).

Integrale Spiritualität oder Bruchstücke patriarchaler Überzeugungen?

Eine integrale Spiritualität muss auch das Weibliche mit einbeziehen, weil patriarchales Elitedenken und Hierarchie dem Weiblichen, der Seele, nicht dienen – weder im weiblichen noch im männlichen Bewusstsein. Theorien und Dogmen können nur Anweisungen geben. Meiner Meinung nach ist es im Buddhismus an der Zeit, auch weibliche Lehrer zu ehren und die Sprache des Weiblichen mit hereinzunehmen, damit das Herz geöffnet werden kann. Pema Chödrön, eine ganz wundervolle buddhistische Nonne, hat viele Bücher über das Thema geschrieben, wie beispielsweise „Awakening loving kindness" (dt. Titel: „Geh an die Orte, die du fürchtest"). Es ist für weibliche buddhistische Lehrer zunehmend wichtiger geworden, vom Herzen zu lehren. Die grüne oder weiße Tara und Quan Yin sind, obwohl sehr schön und wirkungsvoll als buddhistische Gottheiten, doch nicht aus Fleisch und Blut. Ihre Bilder können auf ewig an einer Wand hängen oder als leblose Statuen auf dem Altar stehen. Steinskulpturen weiblicher katholischer Heiliger und Märtyrerinnen, allesamt Jungfrauen, können nicht die Herzen der Frauen unserer Zeit berühren, die jetzt eine menschliche Stimme brauchen, die für sie einen Weg zur persönlichen und kollektiven Freiheit beschreibt. Wir brauchen es, dass unsere Geschichten in Fleisch und Blut verkörpert werden.

Meine Freundin Suzanne Dance aus Edinburgh, Schottland, ist Theaterschauspielerin und praktizierende Buddhistin. Sie nahm meine Einladung an, nach Deutschland zu kommen und für uns die Aspekte der buddhistischen Göttin Tara zu tanzen. Suzanne verwandelte Tara von einer Steinstatue in eine Frau in „Blut und Knochen" und wärmte sie an der Leidenschaft ihres eigenen inneren Feuers. Als Suzanne tanzte, konnten wir fühlen, wie Tara in unsere Körper einzog, unseren weiblichen Körpern wieder einen Namen gab, heilig und voller Kraft. Jetzt bereitet Suzanne sich vor, für uns Magdalena zu tanzen. Das ist die Art von Lehre und reiner Inspiration, welche die Seele des Weiblichen auf eine Weise erreicht, wie fade Doktrinen und Schriften es nicht vermögen. Das ist Seele in Aktion, Seele in Form. Danke, Suzanne für deinen großen Mut, deine Schönheit und Bereitschaft, die weibliche Form des Buddha, eines Christus in und für uns zum Leben zu bringen.

Wie ich es sehe, hat Meditation, was die Heilung unserer Psyche betrifft, ihre Grenzen. Denn wenn wir zu „Selbst-Aktualisierung" gelangen wollen, wie Abraham Maslow es in den achtziger Jahren nannte, muss der Schatten integriert werden. Weibliche Energie begrüßt diese Integration als Grundvoraussetzung für Selbst-Verwirklichung oder Erleuchtung. Sie besteht darauf, dass die Integration des Schatten-Selbstes absolut notwendig ist, wenn wir im psychisch-spirituellen Bereich heilen wollen. Mit anderen Worten, wir müssen in der Lage sein, mit unserer eigenen Dunkelheit in Frieden zu sein, wenn wir Erleuchtung erfahren sollen. Frauen sind mit der dunklen Seite des Mondes in sich selbst und in der Welt recht zufrieden, denn sie wissen, dass das Beharren auf externer-interner Gegensätzlichkeit die größte Dualität bedeutet. Tatsächlich wissen Frauen, dass sie das Patriarchat so sehr verinnerlicht haben, dass sie sich ziemlich leicht damit identifizieren. Nun machen wir uns von unseren eigenen Re-Aktionen auf das äußere Patriarchat frei und wir tun es, ohne die Männer zu verurteilen. Die heilige Hochzeit von männlichen und weiblichen Energien steht unmittelbar bevor und wir alle sind Teil dieser Hochzeit. In ihrem Buch „Unplugging the Patriarchy" kommt Lucia Rene zu dem Schluss: „Es hat niemals etwas außerhalb von dir gegeben, überhaupt gar nichts."

Ich glaube – wie ich in meinem Buch „Keltisches Totenbuch" darlege – dass wir von Systemen wie der institutionalisierten Religion, die auf Anordnungen beruhen, abkommen und nun eine mehr seelen-durchtränkte Art erschaffen, auf die Spiritualität zu blicken. Wir bewegen uns weg vom Bücherlesen, über Freiheit und Selbst-Annahme hin zu einem wirklichen Erleben dieser Realitäten in unserem täglichen Leben. Die Idee ist, jetzt das zu leben, worüber wir seit den Sechzigern lesen, es alles zu integrieren und mutig die ganz neue Welt der Erwachten zu betreten. In das Liebesbewusstsein oder die universale Liebe einzutreten, die laut zeitgenössischen weiblichen spirituellen Lehrerinnen wie Joanna Macy oder Joan Halifax eine sehr starke, erfahrbare heilende Energie auf der Erde darstellt. Diese Energie regt ein Gefühl der Verbundenheit mit der ganzen Schöpfung an, ein Gefühl des Einheits-Bewusstseins. Anders ausgedrückt: Wir sehen, dass reine Spiritualität oder spirituelle Essenz – die Energie, die das Bewusstsein ausmacht – eine unermesslich große, offene, alles abdeckende Energie und unbegrenzt, zeitlos und raumlos ist. Sie ruft uns alle individuell auf, ihre Kraft und Klarheit zu erfahren.

In dieser Zeit, die so voller Gnade ist, vertiefen wir auch die großartige Erkenntnis, dass Bewusstsein den Tod des Physischen transzendiert. Bewusstsein ist eindeutig das, was alle Dinge in allen Welten des Seins in Bewegung hält. Ich zitiere eine christliche Aussage: „In ihm leben wir, bewegen wir uns und haben wir unser Sein." Dies scheint sich auf eine mächtige Lebenskraft zu beziehen, eine Schöpferin von ungeheurer Weite und grenzenloser Kreativität, in der und durch welche die ganze Schöpfung ihren Ursprung hat.

Diese erweiterte Wahrnehmung des Göttlichen öffnet uns in eine universellere Erfahrung dessen, was diese Kraft ist, so dass wir ES weniger wahrscheinlich in einer bestimmten Religion beanspruchen oder ES auf ein bestimmtes Geschlecht, eine bestimmte Wahrheit oder ein Dogma beschränken. Indem sich unsere Demut vertieft, sind wir weniger geneigt, diese enorme Intelligenz auf unseren schönen, aber kleinen, denkenden Geist zu begrenzen. Vielleicht ist es Zeit, das Heilige wieder zu benennen, das Heilige wieder zu beanspruchen und das Weibliche und die Seele mit einzubeziehen. Das große Paradox des Bewusstseins ist, dass ES, obgleich ES grenzenlos ist und nicht auf Raum und Zeit beschränkt werden kann, sich in einem holographischen Muster in den winzigsten Zellen der dichten Materie niederlässt. Demnach müssen wir auf die Frage: *„Wo lebt Gott?"* die Antwort geben: *„In jedem Teilchen der Form und in der Formlosigkeit der Welt des Geistes."* Wir müssen also glauben, dass Form ein Symbol der Formlosigkeit ist. Und sie sollte nicht verworfen oder als weniger heilig erachtet werden als ihre Essenz, die pure Liebe.

Bei unseren eingehenderen Recherchen über verschiedene religiöse Grundprinzipien und Theologien erkennen wir, dass deren patriarchale Dogmen den Männern genauso wenig dienten wie den Frauen. Kontrolle, Übermächtigung, harte Disziplin, das Töten des Ego-Geistes und das Nicht-Physische im Buddhismus oder der hartnäckige Glaube im Christentum, dass wir jetzt leiden und später das Himmelreich erlangen, haben den Männern nicht geholfen, spirituell Fortschritte zu machen. Dieser emotionale Missbrauch hielt sie fest an einem Platz des Gehorsams gegenüber den Verwaltern Gottes auf Erden in Form von Päpsten, Äbten und Ähnlichen. Die sogenannte reine männliche Linie, welche durch den Papst Lehren an die christliche Kirche überträgt, soll angeblich direkt von Petrus kommen. Dass Petrus Frauen nicht besonders mochte, wird im letzten Dekret des Vatikans deutlich!

Psychologisch gesehen ist Individuation ein wichtiges Stadium, um die Kindheit loszulassen und ins Erwachsensein zu gehen. Von dieser natürlichen Entwicklung scheinen die christlichen Überzeugungen, was die Vater-Kind-Beziehung angeht, einen eher abzuhalten. Ungehorsam und Rebellion sind natürlicher Ausdruck dieser Individuation, in der das Kind auch die Beziehung prüfen und sehen kann, ob die Liebe der Eltern ihr standhalten kann. Die christliche Kirche erlaubt solches spirituelle Erwachsensein nicht. Gott, der Vater im Himmel, vermittelt uns ein Gefühl der Unverantwortlichkeit: Ich bin nur ein Kind, ich weiß nichts, deshalb habe ich keine innere Autorität. Heute sind die Regeln weniger streng, aber in der Vergangenheit und bis in die sechziger Jahre hinein mussten die Dogmen und Enzykliken in Klöstern und Ordenshäusern, wie streng und brutal sie auch sein mochten, fraglos befolgt werden. Es gab keinen Raum für Selbst-Ausdruck, für Intuition oder Selbst-Liebe.

Erleuchtung bedeutete in vielen Traditionen für Mönche und Nonnen ein Leben der Aufopferung für einen Gott oder eine Philosophie, was totale und radikale Ergebung in den Willen des Klostervorstehers oder der Mutter Oberin verlangte. Es betrübt mich, zu wissen, dass solche Rangordnungen heute noch in Klöstern existieren. Ich stelle mir vor, wenn es eine Nonne gibt, die Oberin ist, gibt es wohl auch „Unter-Nonnen“! Die Idee der Hierarchie ist im Christentum seit der Inquisition und sogar noch vorher Grund für viel Terrorisieren gewesen. Es ist merkwürdig, dass niemand in Frage stellte, wie das Ego in allen patriarchalen Religionen und Ideologien verteufelt wurde. Das lähmte das Herz, es unterdrückte und überwältigte die Fantasie und die Kreativität, in Männern wie Frauen. Wie anders ist da unsere keltische Sichtweise:

- *Der Mensch ist die Schönheit des Göttlichen auf der Erde.*
- *Menschlichkeit ist die Antwort auf die Sehnsucht der Schöpfung, sich selbst in Fülle und Freude zu erfahren.*

- *Die kreative Kraft in der Welt ist ein Ausdruck liebevollen Mitgefühls.*
- *Die Seele, der weibliche Ausdruck des großen Geistes, liebt uns in die Einheit, wenn wir die Erde verlassen.*
- *Die Erde selbst ist heilig und ein Ausdruck des Heiligen, ein Beispiel dafür, wie wir leben und sterben können gemäß den Rhythmen der Natur.*
- *Wir sind keine Sünder und waren es nie, sondern eine fortwährende Quelle von Segen füreinander.*

Diese Überzeugungen waren im keltischen Christentum keine Zukunftsträume, sondern Realität. Als wir die weibliche Energie – das Pendant zum Großen Geist – aus dem Auge verloren, verloren wir die Sicht auf die Liebe und auf das Mitgefühl, auf die reiche innere Wildnis und die Fülle unseres kostbaren Lebens, welches das Dunkle und Chaotische mit einschließt, dessen Tiefe und Reichtum Gefäße sind für Klarheit und Kreativität.

Die Seele ist der genaue Gegensatz zum Patriarchat. Sie bewegt uns auf eine Weise, wie Übermächtigung und Dominanz es niemals könnten. Sie bewegt uns in Richtung der inneren Selbst-Autorität und Intuition und dann mit erstaunlicher Gnade in Richtung der Heilung der Vergangenheit. Sie hilft uns, dass wir uns mehr auf unsere innere Weisheit verlassen als auf irgendeine autoritäre Stimme von außen. An diesem Ort der Selbstkenntnis beginnen wir Frauen für die innere Stimme der Liebe wach zu werden. Nur Liebe allein kann uns in den Zustand des Nicht-Urteilens über uns selbst führen. Diese Liebe wird dann auf alle Wesen projiziert und schließt niemanden aus, nicht einmal den sogenannten Feind – denn es gibt keinen und wird nie einen geben. Wir sehen jetzt das Patriarchat als das, was es war – ein Wachstumsstadium auf dem Weg der Selbstwerdung, das notwendig war, um die Polarisation zu verstehen, in der wir so lange gelebt haben, die uns aber nur Dualität und Leiden brachte. Der Archetyp des Weiblichen bringt den Männern und Frauen unserer Zeit Gleichgewicht und Ausgeglichenheit und die tief empfundene Mitwirkung in der Welt nahe. Jetzt erkennen wir, dass die Natur in Hinsicht auf Transformation und Timing unser echter Mentor ist.

Uns Frauen macht das Dunkle mit all seinem Reichtum keine Angst, eher ist es ein Ort von erstaunlichem Wachstum und Entwicklung. Die Sprache des inneren Patriarchats ist ganz anders als die Sprache des Herzens, wie wir schon gesehen haben. Männer entdecken die Sprache der Gefühle, anstatt bloß ihre Gedanken auszudrücken. „Ich fühle" wird deshalb zur neuen Redensart. In einem Vortrag während seines Besuchs in Amerika im Jahr 2008 sagte der Dalai Lama, dass es westliche Frauen seien, die dem Westen die Erleuchtung bringen werden. Und wir sind alle bereit, mit einem Neuen Halleluja.

Bei der Erleuchtung – das haben Frauen immer gewusst – geht es darum, sich mit der Dunkelheit anzufreunden, so dass wir klarer und mit mehr Licht und mehr Wissen sehen können. Es geht um die Rückkehr zur Unschuld, zur bedingungslosen Wertschätzung unseres Platzes innerhalb der Familie aller Dinge, als Männer und Frauen von großem Glauben in die Heilung unserer selbst und unseres Planeten Erde. Jetzt können wir wirklich durch die Schleier der Illusion blicken. Obwohl wir nicht zurück in den Garten Eden können, dürfen wir eine ganz neue Dämmerung begrüßen, in der alle Wesen ihre eigenen göttlichen Stimmen erheben und eine Ode an die Freude singen, rein und bedingungslos.

Es geht bei der Erleuchtung um ein wahreres Bewusstsein, um mehr Bewusstheit, mehr Gleichgewicht und größere Harmonie. Für die Frau ist es natürlich zu gebären und sie ist Gefäß. In diesem Wassermannzeitalter ermutigt die Wasserträgerin zur Selbst-Taufe, damit die maskulinen und femininen Energien sich vereinen können, indem sie ein Bewusstsein der Einheit erschaffen. Frau und Mann müssen kooperieren, weil Mutter Erde auf unser Miteinander angewiesen ist, damit wir mit ihr gemeinsam Schöpfer sind. Die Frau sagt zu ihrem männlichen Gegenüber:

„Komm mit mir, lass dich taufen durch deine eigene Anima.
Öffne dich in die Kreativität in dir.
Öffne dich in das Mitgefühl in dir.
Komm, wir kennen den Weg.

Unsere Tränen der Sehnsucht haben seit Langem die Erde bewässert.
Wir Frauen haben gehackt und geschürft und Samen gelegt zur Erneuerung.
Wir haben lange genug gewartet, wir haben uns danach gesehnt, euch einzubeziehen.

Unsere Kraft ist sanft und stark zugleich.
Wir wollen weder überwältigen noch kontrollieren.
Und verteidigen brauchen wir uns nicht.
Wir liegen nicht im Wettstreit mit euch oder mit uns selber.
Wir haben nun innere Autorität.

Wir zeigen einen Weg der Einbindung auf.
Wir eröffnen euch ein Zeitalter, in dem Waffen hinfällig sind, in dem die Sprache des Krieges ersetzt wird durch die Sprache des Herzens.

Komm und geh mit uns gemeinsam voran.
Bleib nicht länger ausgeschlossen vor deinem eigenen Herzen.
Komm jetzt oder bleib ein Sklave der alten Zeit.

Kein Grund zur Konfrontation, wir haben keinen Krieg.
Komm, wir wissen um die rechte Zeit.
Du hast die Wahl, lieber Mann, lieber Freund.“

Arbeit und Wert der Frauen

In matriarchalen Zeiten, vor ca. fünftausend Jahren, waren die Dinge rund um das Herdfeuer, die Familie, das Einander-Mitteilen, Zusammenarbeiten, Sich-gegenseitig-Unterstützen, Für-die-Kinder-und-Alten-Sorgen eine Lebensweise. Obwohl auch Hierarchien Teil der Kultur waren, gab es den Sinn für Integration und Respekt für die Ahnen. Die Menschen kannten ihren Platz in der Ordnung der Liebe. Sagen und Geschichten der Alten wurden erzählt und Gefühle zum Ausdruck gebracht. Man fand Vergnügen an Liedern und Tänzen als Teil von Zeremonien und Ritualen. Das Essen wurde als heilige Kommunion eingenommen, niemand kam auf die Idee, sich als eine Form der Selbstbestrafung zu Tode zu hungern. Tiere gehörten zur großen Familie aller Dinge und wurden als Quelle für Nahrung und Kleidung und als Gefährten der Menschen geehrt. Es war auch die Rolle der Frau, die Jungen über das Leben und das Sammeln und Erzeugen von Nahrung aus dem Reichtum der Erde zu unterrichten. Heilende Medizin von Bäumen, Gräsern und Pflanzen wurde von Frauen zubereitet und Kinder lernten durch das Zuschauen und die Erfahrung.
Männer ehrten die Art der Frauen und ihre Herzen waren für die weibliche Kraft und Gnade offen. Frauen waren die Hüterinnen des Herdfeuers und auch diejenigen, die im Kreis zusammenkamen, wenn ein Mitglied der Gemeinschaft bestraft werden musste. So sah die Macht der Frauen aus.

Schreckliches geschah den Menschen und der Natur, als wir das Leben auf und mit dem Land gegen das sogenannte fortschrittliche institutionalisierte Leben eintauschten. Etwas Grünendes in uns verdorrte, als wir die Schätze der braunen Erde gegen den sogenannten „Wohlstand durch Fleiß" tauschten. Leistung und Erfolg wurden zu Zielen und innere Zustände der Achtung und des Respekts für alles Lebendige wurden vernachlässigt. Die Seele wurde missachtet und unser Niedergang als spirituelle Wesen begann. Als im Patriarchat die Rollen der Frau nicht geachtet wurden, geschah auch etwas mit der kollektiven Seele. Männer überließen die herzöffnenden Angelegenheiten den Frauen und diese übergaben den Männern ihre machtvollen Funktionen. Am Ende waren Frauen gezwungen, die männliche Dominanz nachzuahmen, um das zu finden, was als Erfolg und Macht angesehen wurde. Dabei vergaßen sie, genau wie die Männer, dass weibliche Stärke nicht mit der männlichen zu vergleichen ist. Ihre Kraft ist subtiler und eine mehr imaginative, schöpferische, bei der es um innere Autorität geht und nicht um physische Härte oder geistige Hochleistungen. Frauenkraft beinhaltet intuitives Wissen über die Welt, die uns umgibt, das Bilden von Gemeinschaften, das Zusammentragen von innerer Weisheit aus geheilten Erfahrungen, das Bewahren alter kreativer Traditionen wie Weben, Geschichtenerzählen und das Verschönern aller Dinge.

Traurigerweise haben Frauen ihr inneres Wissen über die rechte Zeit, über Gebären und Sterbenlassen gegen vorgefertigte, sofortige Lösungen und die Wichtigkeit ständiger Produktivität eingetauscht. Anstelle von innerem Frieden und seelenvoller Verbindung mit allen Wesen wurde für sie finanzielle Entlohnung zunehmend zum erklärten Ziel, durch eine sogenannte fortschrittliche Welt, die ihren Wert oder ihre Weisheit nicht anerkannte.

Als die Frau ihre kreative Seele für eine Lohntüte verkaufte, setzte sie sich selbst an die falsche Stelle. Viele Frauen versuchen jetzt noch immer, in ihrer Lebensgeschichte ihren rechtmäßigen Platz wiederzugewinnen. Die Geschichte der Frau ist eine inwärtige, eine, die sich selbst ständig neu schreibt. Jede Frau stellt einen Teil, ein Kapitel der kollektiven Geschichte (engl. Her-story, als Gegensatz zu History) und eines Tages, wenn wir voll erwachen, werden unsere heiligen Schriften gehört und rund um den Globus gesungen werden. 1960 schrieb die Feministin Betty Friedan Folgendes: „Wenn jede Frau lernt, ohne Angst auf die Stimme in ihr zu hören, statt sie zu ersticken, führt das vielleicht mit größerer Sicherheit zum nächsten Schritt in der menschlichen Evolution als das Entsenden von Raketen in den Weltraum."

Ich bin eine Frau, die ihre eigenen inneren Schriften still lesen musste, wegen ihrer Angst vor Spott vonseiten des Patriarchats und anderen Frauen, die noch den verinnerlichten patriarchalen Botschaften anhingen. Ich freue mich auf die Zeit, wenn Frauen auf der ganzen Welt aufstehen können und gehört werden, wie sie ein Neues Halleluja singen – eines, das in allen sozialen Schichten ihre Größe und ihre Botschaft der Einschließlichkeit statt der Hierarchie würdigt. Dann wird die Stimme der Seele ihre Heilung über den ganzen Planeten erklingen lassen. Dann werden wir Frauen stark genug sein, wirklich der inneren Stimme zu gehorchen und sie nicht zu ersticken, indem wir eilig dem Ruf der sogenannten fortschrittlichen Gesellschaft folgen, die Männer und Frauen als Maschinen zur Entwicklung der Technologie und der multinationalen Konzerne benutzt.

Wir haben vergessen, dass das Zeitgefühl der Frau anders ist als das des Mannes. Ihre innere Uhr richtet sich nach dem Mond (engl. weibl. die Mond), der seine eigenen Phasen und Schwingungen hat. Wenn eine Frau ihre eigenen inneren Rhythmen, ihre eigene

innere Stimme missachtet, entehrt sie ihr Geschlecht und tauscht ihr natürliches Zeitempfinden gegen die Uhr an der Wand im Büro. Erleuchtung oder Erfüllung für die Frau wurde in früheren Zeiten in der sogenannten Freiheit gesehen, eine wirtschaftliche Einheit zu sein, außerhalb der Begrenzungen durch Haushaltsführung und Kinder, und eine Familie planen zu dürfen, indem sie Verhütungsmethoden anwendete. Sie bezahlte gerne eine Tagesmutter, um arbeiten zu können. Nun war sie zumindest in der Gemeinschaft respektiert und als „gute, hart arbeitende Frau“ bekannt.
Dieser neue Status für Frauen trug stark zur Fortführung patriarchaler Werte bei, denn üblicherweise waren die ihnen zugewiesenen Tätigkeiten gegenüber denen der Männer weit niedriger gestellt. Das ist in den meisten Teilen der Welt noch immer die Norm. Wenn eine Frau nichts ganz Natürliches, Lebendiges mehr erschaffen kann, wird sie depressiv und geht, wie in der Geschichte der Persephone, in den Untergrund. Obwohl physisch für ihre Familie und Freunde anwesend, ist sie für sich selber unsichtbar. Sie verliert ihr eigenes Gespür dafür, wer sie ist, und nach und nach entscheidet sie sich, lieber krank zu sein, als diese Dumpfheit zu fühlen.

Gemeinsam neu Geschichte schreiben

Der Archetyp des Patriarchalen, d. h. eine bedingende, von der linken Gehirnhälfte und dem Männlichen dominierte Realität, ist sozusagen der Startpunkt unserer Reise von den niederen instinktiven Energien unserer Psyche zum voll erwachten Zustand des Bewusstseins reiner Liebe. So sehe ich es: eine Reise vom verinnerlichten archetypischen Patriarchat zur reinen Liebe.
Wenn das Patriarchat die ersten drei Chakren in unserem energetischen Feld der Evolution darstellt, wo „Überleben durch Verteidigungsmechanismen“ und „Macht und Kontrolle“ die Themen

sind, dann ist das Liebesbewusstsein der Zustand des gänzlich Erwachtseins, der im zehnten Chakra seinen Sitz hat. Während wir uns aus dem Kriegführen und dem unangemessenen Gebrauch von Macht und Angst heraus entwickeln, beginnen wir, mit mehr herzoffener Energie für alle Wesen auf der Erde zu wandeln, und sind so weniger der Polarisation durch den Verstand zugeneigt. Es sind diese polarisierenden Denkprozesse, die uns an die Vergangenheit binden und damit unsere Gewohnheit verstärken, die Geschichte immer wieder neu zu erschaffen. Während wir uns spirituell weiterentwickeln, haben wir immer weniger das Bedürfnis, die alten Geschichten ständig neu aufzuwärmen, und erfreuen uns stattdessen daran, Kapitel für Kapitel ein neues Evangelium aufzubauen – eines, das all unsere Geschichten mit einschließt, so dass wir am Ende in das Mysterium eingewoben sind. Wir Frauen fangen an zu glauben, dass all unsere Bedürfnisse erfüllt werden, von Moment zu Moment. Es geht nicht nur um Über-leben, es geht um Über-fülle. Und mit dieser Fülle leben wir natürlicherweise mehr Wahrheit und weniger Illusion.
Die Themen rund um Geld, Politik, Wissenschaft, Religion und Terrorismus beanspruchen im Moment viel Energie und Nerven. Die Menschen werden davon über ihre ersten drei instinktiven Energiezentren in ihrer Psyche so eingenommen, dass sie keine Energie mehr für Freude, Lachen und Herzensdinge haben. Dem Patriarchat, der externen, männlich generierten Welt, die Schuld zu geben hilft nicht. Doch zu Beginn unseres Erwachens müssen wir unsere natürliche Wut gegen solche Institutionen ausdrücken dürfen. Sichere Orte zu finden, wo wir das tun können, ist ganz wesentlich für unsere psychologische und spirituelle Gesundheit. Bald werden wir erkennen, dass Vorwürfe eine Form der Unverantwortlichkeit sind. Das Zeitalter des Beschuldigens und Mit-dem-Finger-Zeigens ist ebenso vorbei, es gehörte der alten Ord-

nung an. Wenn wir jemanden beschuldigen, haben wir auch das innere Bedürfnis, ihn zu bestrafen. Das erschafft Terrorismus in der Psyche und die nächsten sieben Generationen werden diese Bitterkeit mit sich tragen müssen, wenn wir sie nicht lösen und zur Unschuld zurückfinden – zu deiner und meiner.

Wir kennen die Geschichte und werden jetzt unsere eigene Geschichte kreieren, indem wir Verantwortung für unsere Handlungen und Re-Aktionen übernehmen. Wenn wir uns aus unserer verinnerlichten patriarchalen Dominanz als Männer und Frauen herausbewegen, ziehen wir in die Seele ein.

An diesem Ort der Selbst-Kenntnis und des Selbst-Bewusstseins beginnen wir Frauen für die innere Stimme der Liebe wach zu werden. Nur Liebe kann uns in den Zustand des Nicht-Urteilens unseres Selbst führen. Wenn wir auf die mitfühlende Stimme der Liebe in uns hören, kommen wir langsam zu der Überzeugung, dass wir mit allem eins sind. Haben wir Mitgefühl für uns selbst, wird dieses Mitgefühl, diese Liebe ohne Grenzen, auf alle Geschöpfe projiziert.

Weibliche Sexualität und die Seele der Frau

In der christlichen Kirche sah man die Seele nicht als einen weiblichen Aspekt Gottes oder des Lebens, sondern als das, was uns „in Ordnung" hält und daran erinnert, dass wir nicht göttlich sind. Sie war der Gegenpol zum Ego und hielt uns Menschen in unserem sündhaften Zustand im Zaum. Irgendwie nahm der Geist den Platz der wahren Ehre ein und die Seele, der Aspekt mit der Erdverbundenheit, kam an die zweite Stelle. Man könnte sagen, sie war diejenige, die uns beim Chef verpfiffen hat! Sie verlangte von uns, dass wir das Knie beugen, uns auf die Brust schlagen und „Mea culpa, mea culpa, mea maxima culpa" intonieren sollten. Die Inquisition war ein deutliches Beispiel für religiöse Brutalität „im Namen des Vaters". Die Seele, so scheint es, versuchte ständig, den Menschen von der Sünde des Fleisches zu reinigen, diesem Stachel, den der heilige Paulus erwähnte. Das nagende, stets gegenwärtige Schatten-Selbst musste reingewaschen und durchgeprügelt werden, damit es bezwungen wurde. Teresa von Avila sprach von ihrer Seele als dem Reiniger ihres Egos. Die Betonung von Gewalt gegenüber der menschlichen Person war anscheinend in der Religion des Mittelalters beliebt. Wer sich physisch bis nahe der Grenze zum Tod marterte, wurde als der Heiligste unter ihnen betrachtet. Mönche und Nonnen unterschiedlicher Glaubensrichtungen wurden angehalten, ihren sündhaften Körper „aus Liebe zu Gott" oder als Mittel zur Kontrolle über den Geist fürchterlichen Qualen zu unterziehen. Man kann sich die Absurdität eines Vatergottes, der sich an den Leiden seiner Kinder erfreut, kaum vorstellen.

Solche Handlungen waren womöglich von Natur aus sexuell motiviert, aber die Nonnen beharrten darauf, sie seien heilige, reinigende Begegnungen mit dem gepeinigten Christus. Die heilige Margareta Maria Alacoque (1647–1690) vom Orden der Heimsuchung peitschte angeblich ihren Körper vor dem blutigen Bild der Kreuzigung Jesu. Als die anderen Schwestern sie fanden, soll sie in großer spiritueller Ekstase gewesen sein. Ich würde es eher einen Orgasmus nennen. Die Verdrängung der Sexualität ist natürlich eine der größten missbräuchlichen Verhaltensweisen im christlichen Glauben.

Während freiwilliges Zölibat als eine Quelle der Gnade und der Selbstentwicklung benützt werden kann, wird es in der Psyche von Männern und Frauen zu einer starken Dysfunktion, wenn es erzwungen ist. Die Folgen solcher Unterdrückung können wir heute in den überwältigenden Berichten über fortlaufenden sexuellen Missbrauch an Jungen und Mädchen durch Priester sehen. Es gibt eine enge Verbindung zwischen Verdrängung und Perversion, die die katholische Kirche zu ihrem Leidwesen jetzt erkennen muss. Vielleicht hätte sie hier den Rat Freuds annehmen sollen. Das finanzielle Loch in der Geldbörse des Vatikans aufgrund der Zahlungen an die Opfer klerikalen sexuellen Missbrauchs könnten ein Ansporn sein, die Gesetze des Zölibats rückgängig zu machen. Und somit Männern ihr natürliches Recht zuzugestehen, ihre Sexualität in einer Liebesbeziehung auszudrücken.

Die Neigung zu Zorn und Grausamkeit setzte in der Vergangenheit auch unschuldigen Schülern an Colleges und Ordenshäusern in meinem eigenen Land zu. Irland kann von diesem Fluch der unterdrückten Wut und Sexualität Zeugnis ablegen. Der Film über die Magdalenenheime (Dt. Titel: „Die unbarmherzigen Schwestern" GB, Irland 2002) erzählt eine wahre Geschichte. Sie ist ein Beispiel dafür, wie junge Frauen von Nonnen behandelt wurden – Frauen, die ihr Leben dem Gott der Liebe gewidmet hatten. Der Orden, dem ich beigetreten war, „Irish Sisters Of Charity", war ebenfalls in den Skandal verwickelt. Jetzt sind wir in der Lage, auszusprechen, was nicht länger hinnehmbar ist, und loszulassen, was uns als wunderbare Manifestationen göttlicher Liebe nicht mehr dient. Wir haben es weit gebracht und wir gehen immer noch weiter und weiter, während wir das Heilige für und in uns als Frauen benennen. Und einige Männer unterstützen uns darin.

Laut dem hierarchischen Status von Frauen in der christlichen Kirche der vergangenen Jahrhunderte und tatsächlich bis in die siebziger Jahre hinein waren Nonnen die reinste Spezies überhaupt: Sie lebten ein heiliges, „nicht"-sexuelles Leben und waren bekannt als die „Bräute Christi". Ich war in den Sechzigern eine solche Braut. Ich hatte mein junges Leben dem Gebet, der Buße, dem Dienst an allen, der Armut und dem Fasten bis in die Anorexie gewidmet. Selbstliebe und Achtung gegenüber unseren Körpern gehörten nicht zu den religiösen Praktiken. Mutterschaft, obwohl von der christlichen Religion scheinbar respektiert, verlangte doch von Frauen, dass sie nach der Geburt durch eine Läuterungszeremonie gingen. Erst nach diesem „Reinigungsritual" wurde ihr der Zugang zur katholischen Kirche, der sogenannten „Mutterkirche" wieder gestattet. Die heilige Maria Goretti, ein junges italienisches Mädchen (1890–1902) wurde als heilige jungfräuliche Märtyrerin verehrt, weil sie sich gegen die sexuelle Nötigung durch einen jungen Mann gewehrt hatte. Jungfräulichkeit wurde in Männern und Frauen gesegnet und ermutigt, Sexualität außerhalb der Institution der Ehe war eine Sünde. Es war eine doppelte Sünde, wenn das arme Mädchen oder die Frau schwanger wurde, denn es war immer ihr Fehler. Sie war die Gefallene, die Hure, die Schamlose, die mit List die Männer auf Abwege brachte.

Die Geschichten in den Evangelien, die von Männern geschrieben wurden, beziehen sich nicht auf die Heiligkeit oder Freude der Sexualität oder die Heiligkeit des Gebärens, sondern auf die Sündigkeit der Frau, die Ehebruch begangen hat, oder das vermutete lose Leben der Magdalena. Rein der Gedanke an Selbstbefriedigung war in den sechziger Jahren, als ich eine junge Frau war, eine Todsünde. Unwissenheit über den eigenen Körper verleitete viele junge Männer und Frauen zu dem Glauben, dass solch „abstoßende Gewohnheiten" sie in die Hölle brächten, würden sie ihnen nachgeben. Die Kirchenväter hatten große Angst vor allen Dingen, die mit dem physischen Körper zu tun hatten, wenngleich er in der Theorie als der „Tempel Gottes" bekannt war. Den Körper als heilig anzusehen war auch im Buddhismus nicht üblich. Wie

erfreulich ist dazu im Vergleich meine eigene keltische Tradition, wo der Körper als Instrument gesehen wird, um zu Befreiung und großer Freiheit zu finden. Wir glauben, dass Erleuchtung durch den Körper geschieht. Was für eine Erleichterung für viele, zu wissen, dass ihre sexuelle Energie heilig ist und sie, wenn es für das Paar passt, als spirituelle Übung ausgedrückt werden kann. Diese erstaunlich machtvolle Energie ist in ihrer Essenz zutiefst spirituell und eine Möglichkeit, zur Vereinigung mit dem Geist zu gelangen. Solcher Glaube ehrt unser Inkarniertsein.
Es scheint, dass der große Krieg zwischen Frömmigkeit und Vergnügen aus dem Mut einer Frau erwuchs, ihrem Vater nicht zu gehorchen und dafür „Ja“ zum Leben zu sagen. Selbst auf das Risiko hin, verleugnet zu werden. Das ist die Geschichte unserer ersten Mutter, Eva. Was für ein gutes Vorbild für ihre Töchter. Sie sagt:

„Sei als Frau voll und ganz in deinem Leben.
Dein Paradiesgarten kann dir nicht vorgeschrieben werden
durch ein männliches Programm.
Dich dem Vater zu widersetzen
ist eine natürliche Entwicklung in der Selbstwerdung.
Seine Bestrafung für dich ist traurigerweise
auch der Betrug an seiner eignen Seele.

Finde deine innere Autorität.
Finde das Heilige in allem.
Schüttle alle Schuld von dir ab.
Heiße das Symbol der Schlange willkommen,
die machtvolle Energie der Transformation.
Geh voran in Wahrheit und Freude.
Hab keine Angst, ich bin bei dir.

Ehre deine Sexualität als eine Facette deiner göttlichen Schönheit.
Im Angesicht großer Prüfungen verrate dich nicht selbst.
Denn was du bist, ist eine Reflexion der größten Liebe.
Wisse das, damit deine Töchter es wissen für alle Zeit."

Der Kessel, der Gral und die Seele … noch einmal die Dreiheit

In meiner alten mythischen, gälischen Sprache Seabheannach wird der Kessel „Caildran" genannt – „das, was ohne Urteil alles fasst", „das, was widersinnige Energien in gleichem Maße wiegt". Er war als der große Ausgleicher bekannt, der Harmonisierer allen Lebens, das kommt und geht. Die Form des Lebens entspringt dem Mutterschoß, heißt es, der gerundet und gewölbt ist wie der Kessel. Und wie der Schoß trägt auch der Kessel Leben in sich, mit innerer Ruhe hält er den Raum für die Transformation. Wie die Gebärmutter die Geburt eines neuen Lebens erwartet, so gebiert auch der Kessel in ewig wachsenden Spiralen fortwährend neues Leben, bis dieses nicht länger einem Körper anhängt. Bis solches Reifen geschieht, bringt der Kessel das Leben in ihm zum Ausdruck und liebt es, die Fülle dieses Lebens zu spüren. In keltischen Überlieferungen ist er auch als der Geheimnisvolle bekannt, der Mysteriöse, weil die große „Matair Mor", Großmutter Erde, im Kessel all die Geschichten ihrer Schöpfung rührt, die Geschichten der belebten und der sogenannten unbelebten Wesen.
Cerridwen, die walisische Göttin, soll von ihrem Vater den Kessel des Überflusses erhalten haben. Der Vater hatte keine Angst vor der machtvollen weiblichen Energie, die seine Tochter verkörperte und die durch den Kessel symbolisiert wurde. Er schenkte ihn

ihr in dem Wissen, dass sie das Überfließen des Lebens erfahren würde, den überschwänglichen Tanz allen Leben und so würde sie die tieferen Mysterien der Schöpfung durchdringen können.
Die Verantwortung des Vaters war es, der Tochter zu erlauben, das Leben zu erfahren – mit dem schützenden Gefäß seiner Liebe, um sie zu unterstützen.
Wenn wir sagen, dass der Kessel Gefäß für das Mysterium ist, meinen wir damit auch, dass das Leben die Geschichten jeder Inkarnation beinhaltet, von allem, was erschaffen wurde.
Im Tod, dem Übergang der Seele in den Geist oder Spirit, wird jede Geschichte dem Geist in der Form eines Kessels überreicht, der Form der Seele. So werden alle unsere Geschichten, unsere Geheimnisse, unsere Handlungen und Re-Aktionen im großen Kessel des Lebens gehalten. Schließlich, nach vielen Reisen auf die Erdenebene und in andere Dimensionen, nach Äonen voller Erfahrungen, wird alles zurück in die Liebe gerührt, in das göttliche Sein.
Der große Kessel des Lebens hält all unsere Erfahrungen, ohne zu bewerten. Das können wir uns schwer vorstellen, weil wir darauf konditioniert sind, zu glauben, sich ein Urteil zu bilden sei wichtig, sogar unerlässlich, um ein gutes, heiles und heiliges Leben zu leben. Die christliche Kirche, derweil sie uns lehrt, es sei Gott vorbehalten zu richten, schüttet ihr Urteil über ihre Kinder aus, wenn sie ihren spirituellen Standards nicht gehorchen. Im Beichtstuhl entscheidet der Priester darüber, wer von seinen Sünden freigesprochen wird und wer nicht, folglich hat er die Macht zu richten. Natürlich haben wir sichere soziale Regeln und Gesetze, durch welche man bei Vergehen auch bestraft wird. In manchen Gesellschaften ist es ein Privileg, darüber zu entscheiden, wer lebt und wer stirbt. Eltern urteilen oder treffen zumindest auf der Basis von Urteilen Entscheidungen, wenn sie ihre Kinder für

ein bestimmtes Verhalten entweder belohnen oder bestrafen. So ist tatsächlich die Vorstellung einer Bewertung, was richtig oder falsch ist, eine ganz alte und sie ist Teil unserer familiären, gesellschaftlichen und religiösen Konditionierung. Kein Wunder, dass wir es für undenkbar halten, ohne diese unnötigen Belastungen unangemessener Schuld zu leben – wegen unserer sogenannten Sündhaftigkeit. Es wurde uns beigebracht, Gott liebe den Sünder, aber hasse die Sünde. Das kann nicht sein – Gott hat keine Persönlichkeit und ohne die ist er keiner Gefühle fähig, also kann er auch nicht lieben oder hassen. Daraus müssen wir schließen, dass Gott, wer oder was auch immer dieses Große ist, nicht imstande ist zu urteilen.

Ich wiederhole es nochmals, Gefühle gehören nur zu einer Persönlichkeit, einem Erden-Geist mit menschlichen Eigenschaften. Wir reduzieren Gott oder das Leben auf unsere Konditionierung und können nicht glauben, dass es etwas außerhalb unserer kleinen Vorstellungswelt gibt. Es wurde uns auch gesagt, Gott sähe alles, was wir tun, und urteile darüber mit der Bestrafung durch das Höllenfeuer oder himmlischer Belohnung. Wir haben gelernt, uns selbst ohne Gnade zu beurteilen, und machen das mit anderen genauso. In alten schamanistischen Sprachen gibt es kein passendes Wort für Sünde oder Sünder. Wir machen Fehler, was bedeutet, wir sehen nicht klar, und das schmerzt uns. Wir kennen nicht die ganze Geschichte und urteilen – über den Teil davon, den wir sehen können.

Für ein Kind, das in den vierziger und fünfziger Jahren mit der katholischen Religion in Irland aufwuchs, gab es die Liebe zu Gott und die Angst vor Gott. Wenn du Gott liebtest, hattest du auch Angst vor ihm. Das war sehr verwirrend für ein Kind. Später wurden wir unterrichtet, vollkommene Liebe würde die Angst vertreiben, aber da wir nicht zur Vollkommenheit fähig waren, verwirrte uns das noch mehr und wir fühlten uns dumm, die Bedeutung nicht richtig verstehen zu können. Wie leicht es ist, die Unschuldigen zu beschämen, ihnen ein Gefühl der Schuld und Selbst-Abwertung auf ihre kleinen Schultern zu laden! Ich glaube, dass eine Religion, die die unschuldigen Kinder emotional missbraucht, weder heilig noch gut ist.

Noch einmal sage ich, dass die Zeit gekommen ist, in der alle Menschen in sich selbst bestimmen müssen, was heilig ist und was profan. Wir müssen das Heilige wieder benennen, um die ganze menschliche Erfahrung mit hereinzunehmen, von der Geburt bis zum Tod. Diese Reise muss unsere Gefühle und Emotionen mit einbeziehen und ebenso unser Recht darauf, für uns selbst zu definieren, was das Heilige in unserem Leben für eine Bedeutung hat. Vielleicht ist es auch an der Zeit, in all unseren Handlungen transparenter zu sein, so dass wir alle zusammenarbeiten können auf eine Spiritualität hin, die uns als Menschen mit göttlicher Natur dienlich ist. Vielleicht ist der Kessel, der Behälter des Lebens, der bedingungslos all unsere Geschichten aufnimmt, das Töpfchen Gold am Ende des Regenbogens, nach dem alle irgendwann einmal suchen, um den heilenden Balsam für unsere Heilung zu finden. Vielleicht ist der Kessel auch der Gral, aus dem das goldene Elixier des Lebens zu allen fließt, die auf ihrer Seelenreise nach Antworten suchen.

Der Gral

Die Legende vom Gral ist alt und den meisten Kulturen bekannt. Es heißt, dass der Gralskönig Amfortas durch einen Speer in der Leiste verwundet wurde (was symbolisch als eine sexuelle männliche Verwundung gesehen wird) und Heilung benötigte. Diese konnte nur mit dem Beistand eines vaterlosen Jünglings geschehen, der den heiligen Gral finden musste, aus welchem das heilende Elixier fließen würde. Des Königs Neffe, Parzival („Der bis zum Herzen durchstochen ist"), wurde ausgewählt, um auf die Suche nach dem Gral zu gehen. Doch der Junge war nicht sicher, ob er es richtig machte und wie er das Geheimnis des Grals bewahren sollte. Er hatte nicht genug Erfahrung mit den Wegen des Mysteriums und wie die meisten jungen Menschen war er ungeduldig. Doch schon auf der zweiten Reise war er erfolgreich. Er wusste die richtigen Fragen zu stellen – mit Hilfe von vielen Frauen, wie Genoveva, der Frau des Amfortas, und seiner eigenen Mutter Herzeloyde, deren Name „erbarmungswürdig" bedeutet. Er beschwor auch Sophia, die Göttin der Weisheit. Ausgestattet mit dieser weiblichen Weisheit, bekam er Zugang zum heilenden Elixier aus dem Gral. Und so wurde die Wunde geheilt und der König war frei.

Es ist interessant, dass dem König nur durch einen jungen Mann geholfen werden konnte, der bereit war, die Reise zu machen und den heilenden Balsam zu finden. Es heißt, wenn der Vater seine Reisen nicht vollendet, muss der Sohn das tun und so empfängt der Vater Heilung durch den Sohn. Aus Mangel an einem guten männlichen Vorbild war Parzival recht unbeholfen, aber das Weibliche, die Anima, führte ihn zum Gral. Das Männliche, der Animus, allein konnte ihn nicht an den Ort der Heilung führen. Die persönliche Wunde, die Parzival trug, war die des abwesenden Vaters. Diese Wunde konnte nur heilen, nachdem der König geheilt war. Der alte Mann muss zu innerer Kongruenz finden, zu einem Gespür für sein eigenes Geschlecht, seine eigene Kraft als Mann, bevor der junge Mann frei ist, seine maskuline Natur zu erfahren.

Das Weibliche brachte Parzival auch dazu, seine eigene Anima und sein Öffnen in die Empfindung des stechenden Schmerzes zu erfahren. Das geschah, indem er sein Herz öffnete und bereit war, verletzlich zu sein. Er war bereit, seine eigene empfindsame Natur und am Anfang auch Gefühle des Scheiterns zu erfahren, und bereit für die Erkenntnis, dass er Hilfe brauchte bei dieser großen Aufgabe, dem König beizustehen. Mit der rechten Frage dann, mit dieser Demut und der Bereitschaft, von seiner eigenen Anima zu lernen, wurde ihm der Zugang zur regenerativen Kraft des Grals gewährt.

Der König, auch bekannt als der Fischerkönig, gehörte dem Zeitalter der Fische an und war vom Patriarchat seiner Zeit beeinflusst. Dann verlor er seine Kraft und war sowohl physisch als auch mental impotent. Die Tatsache, dass nur ein Jüngling ihn retten könnte, war demütigend. Als er nur warten konnte, während der Junge einen zweiten Versuch unternahm, den Gral zu finden, lehrte das den alten König etwas über die weibliche Eigenschaft der Geduld. Er musste warten, bis seine Bedürfnisse erfüllt wurden … und durfte über den Jungen nicht urteilen. Auch musste die Jugend in ihm selbst geehrt werden. Parzival besaß die Weisheit, zu fragen, wie er dem Gral dienen könne, anstatt wie der Gral ihm. Das ist wichtig, denn Dienen ist ein Synonym für das Weibliche, das Nähren eines anderen kommt vor den Bedürfnissen des eigenen Ego-Geistes.

Wir sehen also, dass der heilige Gral auch als Symbol des Weiblichen, der Anima, des Kessels, interpretiert werden kann. Seit der Geschichte von Artus und den Rittern der Tafelrunde suchen Männer nach dem Gral und ihre Suche nach dem, was täuschend, aber wichtig ist, führt sie tiefer in die Welt. Obwohl uns das Geheimnis der entscheidenden Fragen Parzivals, mit denen er Zugang zum heiligen Gral bekam, nicht erzählt wird, können wir erahnen, dass sie tiefgründige Fragen über das Mysterium des Lebens waren. Vielleicht erkannte Parzival, dass man den Gral in sich selbst integrieren muss. Vielleicht ist der Gral eigentlich das

Gefäß für unsere Geschichten, das, was ohne Urteil unsere Lebenserfahrungen fasst.
Wenn das Männliche den weisen Rat des Weiblichen ehrt und ebenso sein eigenes Geschlecht achtet, wird es in sich selbst ganz und lässt sich vom Herzen und der Seele führen anstatt allein vom Intellekt. Dieser kann für sich selbst genommen die tieferen Fragen über das Leben nicht stellen, er hat nicht die kreative Inspiration oder die Intuition dazu.

Die Seele

Was ist die Seele? Theologen diskutieren diese Frage seit Jahrhunderten und wegen der theologischen Terminologie ist es schwierig, die wahre Bedeutung der Seele in unserem täglichen Leben wirklich zu begreifen. Man kann selbstverständlich sagen, dass die Seele das ist, was der Form Leben einhaucht, sei diese Form Mensch, Tier oder Pflanze. Die Seele erfüllt jede Form mit Sein, mit Lebendigkeit, mit Bewusstsein, wenngleich sie sich in verschiedenen Formen unterschiedlich manifestiert. Die Energie der Seele ist dieser weite Raum, in dem wir leben, uns bewegen und unser Sein haben. Sie kann als der Botschafter oder Vertreter des Geistes gesehen werden. Wenn wir vom Geist inspiriert sind, fließt die symbolische Bildsprache durch die Seele, und wir sind im wörtlichen Sinne „in Spirit", im Geist.
Die Kelten sahen die Seele als das, was in der Form das Göttliche erfährt. Die Seele findet sich im Irdischen ein, um den Geist zu erden, ihn in die Welten der Erscheinungen der Schöpfung hinein auszudehnen. Ohne Zweifel kennt die Seele auch andere Welten und Galaxien, in denen sie den Geist verankert, denn sie treibt von Anbeginn der Zeiten die ganze Schöpfung an.
Es scheint, dass wir in unserem Leben von Seelenverbindung eigentlich nur etwas hören, wenn jemand stirbt. In der Religion

sagt man uns, dass zum Zeitpunkt des Todes die Seele den Körper verlässt und in den Geist eingeht. Darüber, wann die Seele in den Körper eintritt – ob es während der Geburt geschieht oder vorgeburtlich, wenn der Fötus in der Gebärmutter heranwächst – werden wir nicht unterrichtet.

Wie der Kessel und der Gral wird die Seele von vielen esoterischen Richtungen als Symbol für das Weibliche verstanden, weil sie ein Gefäß für Leben und Geburt darstellt. In der keltischen Spiritualität ist sie auch das Gefäß für den Tod. Im Moment des Todes wird sie in den Geist, in reines Bewusstsein zurückgeatmet.

Das keltische Bewusstsein spricht von der Wildheit der Seele, ihrer Bereitschaft, immer im Leben zu sein, ob in Form oder formlos. Sie ist das Instinktive im animalischen Selbst und sie ist es, die im Menschen die Vorstellungskraft erzeugt und wilde Schönheit hervorbringt. Ihre Geschenke sind großartig, mit reinster Hingabe ergießt sie ihre Fülle über die Natur. Die Natur spiegelt das Verschwenderische der Seele in den Jahreszeiten wider. Von den wilden Stürmen und Verwüstungen des rauen Winters bis zum wonnevollen, farbenfrohen Wachstum des warmen Sommers wird alles im Überfluss gegeben.

Die Seele in uns fordert uns auf, unsere Erfahrungen als menschliche Göttlichkeit auszuweiten. Sie unterstützt uns in allen unseren Erfahrungen und verurteilt oder verschmäht uns niemals. Oft stelle ich sie mir als das Gegenmittel für die Schuld und Scham vor, die uns durch unseren konditionierten Erden-Geist oder das Ego auferlegt wird.

Wie Parzival auf die Suche nach dem Gral müssen auch wir uns auf die Suche nach der Seele begeben. Haben wir ein großes Trauma erlitten, sind wir unserer Seelenfülle beraubt und es sieht aus, als seien wir empfindungslos, unsere Gefühle und Reaktionen sind wie betäubt. Um unsere Seele zu finden, müssen wir es wie

Parzival machen und auf eine Suchwanderung gehen. Das ist keine äußere, sondern eine innere Reise, genau ins Zentrum unseres eigenen Selbst. Wir müssen mit unserer eigenen inneren Stimme in Kontakt kommen, unserer inneren Realität, unserem kreativen Geist. Wir müssen Fragen stellen und wir müssen Geduld haben und warten, genau wie Parzival. Das ist für uns nicht immer einfach, oft wollen wir Antworten über Nacht haben. Wenn es auf unsere schmerzvollen Fragen nicht sofort Antworten gibt, halten wir Ausschau nach anderen Mitteln wie Alkohol, Sex, Drogen und anderen Süchten, um den Schmerz wegzuschieben. Dadurch verspüren wir vorübergehend Erleichterung, doch dann werden wir in die Tiefen einer Depression geworfen, weil diese anderen Mittel uns nicht helfen, die Seele zurückzuholen. Parzival stellte wichtige Fragen und wir müssen das auch tun. Der Inhalt der Fragen ist nicht so einfach, wie es scheinen mag. Es geht nicht darum, einfache Lösungen für die Prüfungen in unserem Leben zu finden, es ist anspruchsvoller.

Wir finden die Antworten – wie Parzival – in uns selbst, im großen Kessel der Schöpfung. Das Elixier der Seele ist in mir, wie es im Kessel der Cerridwen war. Dieser urteilsfreie Balsam kann die Wunden der Schuld heilen und mich mit dem Reichtum des Lebens erfüllen. Ich kann heilen, indem ich Parzival – der Unschuld in mir – erlaube, die Fragen zu stellen, die mich zum heiligen Gral – zur Seele – führen.

Wenn ich das Ziel erreicht habe und aus der Seele lebe, habe ich die ewige Anima gefunden. Ich kann mein kostbares Leben in Fülle und ohne Wertung leben. Ich habe den heiligen Gral gefunden und den Kessel der Heilung, für mich selbst und für das Kollektiv.

10.
Loslassen – in meiner eigenen Zeit

Ein Kind lernt durch Trauer

Als du ein kleines Kind warst und du etwas falsch gemacht hast, was ist dann passiert? Was war die unmittelbare Antwort oder Reaktion von Mutter oder Vater? *„Mach das nicht noch einmal!"* Was tust du also stattdessen?
Angenommen, ein Kind haut ein anderes, weil es ihm etwas weggenommen hat. Das Schlagen des Kindes ist die natürliche Antwort auf Trauer. Es ist Wut: „Das gehört mir! Gib es mir zurück! Ich hab's zuerst gehabt!" Es ist dasselbe in Bezug auf die Trauer beim Erwachsenen, wenn wir erklären: „Das war *mein* Mann, *meine* Frau, *mein* Freund" oder „Das war *meine* Brust, die mir genommen wurde, das ist *mein* Kind, das gestorben ist." Das kleine Kind schlägt das andere als Folge von natürlichem Ärger. Das andere Kind wurde von ihm als der Täter gesehen, der kommt und etwas wegnimmt. Darf das Kind nicht schreien und laut sein Spielzeug zurückfordern und unterdrückt es daraufhin die Gefühle und sein Lautwerden, um „gut" zu sein, wird das zu einer angelernten Reaktion auf die Trauer. Die Person wird dieses Muster des Nicht-Ausdrückens fortsetzen, bis sie eine Chance hat, vielleicht Jahre später den Schmerz zum Ausdruck zu bringen.
Was wir normal nennen, *aber nicht natürlich ist,* kommt ausschließlich von unserer sozialen Konditionierung. Wenn die

Eltern im Ärger sagen (weil jetzt zwei Kinder weinen): „Hörst du auf, deine Schwester zu hauen! Und schlag nicht gegen die Wand! Mach das nicht kaputt! Sag jetzt Entschuldigung zu deiner Schwester und gib ihr das Spielzeug!" – kannst du erkennen, was hier vor sich geht?

Nicht nur darf das Kind seinen Schmerz und die Gefühle des Verlustes nicht ausdrücken, es muss den geliebten Gegenstand hergeben, es wird ihm abgesprochen, dass der ihm gehört, und dann muss es auch noch sagen: „Es tut mir leid." Kannst du die Saat erkennen, die in der Psyche des kleinen Kindes gesät wird? Sich entschuldigen zu müssen bei dem, der ihm etwas weggenommen hat, ist sehr verwirrend für das Kind und sein Herz. Ist es da ein Wunder, dass ein Erwachsener sehr frustriert ist, wenn er Trauer empfindet und nicht weiß, wie er oder sie diese natürlicherweise zum Ausdruck bringen kann? Wenn alle sagen: „Alles ist Gottes Wille", ist es schwierig zu trauern. Die Situation des trauernden Erwachsenen ist der Geschichte des Kindes sehr ähnlich. Beispielsweise kann ein trauernder Mensch sagen: „Gott nahm mir meinen lieben Partner und ich darf nicht wütend sein auf ihn oder die Ärzte, sondern soll ihnen dankbar sein. Ich soll Gott danken, dass ich meinen Mann 30 Jahre lang hatte." Oder: „Ich soll Gott dafür danken, dass mein Mann schnell gehen durfte und sich nicht lange quälen musste" oder „Ich muss Gott danken, dass er schon 58 war und nicht erst 40!" oder „Ich muss dankbar sein, denn ich kann ja noch mal ein Kind bekommen – aber ich will *dieses* Kind, das gestorben ist!" Es ist seltsam, wie unwohl wir uns mit jemandem fühlen, der einen Verlust betrauert. Wir hätten gern, dass er oder sie so schnell wie möglich heilt – in unserer Zeit, nicht in seiner eigenen.

Dies sind einige Beispiele dafür, wie Menschen mit Trauer in der Gemeinschaft umgehen. Der natürliche Ausdruck des Verlusts

wird uns noch immer nicht erlaubt, doch genauso wenig dürfen wir uns zu sehr freuen! Es ist anderen peinlich, wenn wir unsere Gefühle zeigen. Bei der Beerdigung von Prinzessin Diana berichtete ein Reporter, wie tapfer die beiden Jungen, ihre Söhne, waren, als sie am Grab nicht weinten. Ich kann mir vorstellen, was es ihnen abverlangte, die Tränen zurückzuhalten.
Können wir einem Kind die natürliche Wut oder Trauer erlauben – selbst wenn es in seinem Schmerz etwas an die Wand wirft – uns für einen Moment hinsetzen und einfach atmen und nicht re-agieren, dann hilft das enorm. Wenn wir einfach bei unserem Kind sein können und die verdreckte Wand oder das Ding, das geworfen wurde, nicht beachten, wird ihm das helfen, mit dem Schmerz umzugehen. Wenn wir die Gewichtung von dem, was im äußeren Raum gestört wurde, wegnehmen und dem Kind in seiner inneren Verstörung beistehen, wird es lernen, seine Gefühle zu ehren, und wird wissen, dass es durch sie hindurch immer noch geliebt wird. Später, wenn es älter ist, können wir erklären, dass es vielleicht eine gute Idee wäre, in ein Kissen zu boxen, Steine in den Teich zu werfen oder Ähnliches, wenn es wütend ist.
Einem jungen Mädchen, dessen Freund mit ihm Schluss gemacht hat, sagen wir oft: „Du bist jung und es gibt genug andere und bessere Jungs für dich!“ Aber zuerst muss sie ihren Verlust des Freundes betrauern, genauso wie das kleine Kind den seines Spielzeugs.

In der Trauer geht es darum, im Hier und Jetzt zu sein. Für die Zeit der Trauer gibt es noch keine klare und strahlende Zukunft. Trauer lehrt uns etwas über Präsenz und jeder kann von ihr lernen. Wir wollen, dass sie schnell vorbeigeht, doch sie braucht Zeit, Raum und ihre eigene Entfaltung. Und sie entfaltet sich in jeder Person anders. Wenn wir in der Trauer unseren Schmerz ausdrücken können, müssen wir nicht versuchen, den Tod oder den Verlust zu akzeptieren. Akzeptanz stellt sich auf natürliche Weise ein, nachdem wir die Trauer zugelassen haben.

Gehen lassen in unserer eigenen Zeit

Wenn ein älterer Mensch stirbt, der noch seine volle Geisteskraft besitzt, und er oder sie ausdrücklich betont, auf lebensverlängernde Maßnahmen verzichten zu wollen, sollte dieser Wunsch gewährt werden. Was er oder sie sagt, ist: „Ich möchte nicht am Leben bleiben mit der Unterstützung von Maschinen. Bitte lasst mich gehen und haltet mich nicht länger auf der Erde." Nun, was geschieht, wenn diese Bitte nicht gehört wird und die Krankenhausregeln eine künstliche Lebensverlängerung vorschreiben, obwohl die Person selbstständig nicht mehr weiterleben könnte?

Ich habe oft erlebt, wie alte Menschen aus ihrem Schlaf geweckt wurden, damit man ihnen Injektionen geben konnte. Als ich einmal nachfragte, woraus die Medizin bestand, wurde mir gesagt, es sei ein Antibiotikum gegen eine leichte Brustkorbinfektion. Als ich weiterfragte, ob es denn Anzeichen gäbe, dass diese dem Patienten Beschwerden mache, war die Antwort: „Nein, aber sie könnte schlimmer werden, wenn er die Injektion nicht bekommt." Sie wurde ihm acht Tage lang alle vier Stunden verabreicht. Der Arm des guten alten Mannes war blauschwarz von den schmerzhaften Einstichen in seine zerknitterte Haut. Es ist für das Betreuungspersonal so schwer, einfach das zu tun, was sie selbst für richtig halten würden. Die Schwester sagte mir: „Ich möchte den alten Herrn nicht mit den Injektionen plagen, aber so sind halt die Vorschriften."

In vielen Krankenhäusern sind die Vorschriften für das medizinische Personal immer noch wichtiger als die Wünsche der sterbenden Person. Viele Menschen, die dem Tod schon sehr nahe sind, werden intravenös ernährt – auch wenn Nahrung das Letzte ist, was sie brauchen. Andererseits passiert es oft, dass sie vergeblich den Rufknopf drücken, wenn sie Wasser benötigen, weil die Schwestern zu beschäftigt sind mit anderen Patienten. Das ist nicht die Schuld der Schwestern und man kann niemandem einen Vorwurf machen. So sind die Dinge, wenn die Institution vom Patriarchat und den alten Regeln bestimmt wird.

Die Verabreichung von Wasser, eventuell sogar über Tupfer, ist für den sterbenden Menschen überaus wichtig. Wenn er in die Phase kommt, in dem das Element Wasser sich zurückzieht, trocknen auch der Mund und die Zunge aus und das ist sehr unangenehm. Bittet jemand darum, auf keinen Fall wiederbelebt zu werden, und das medizinische Personal lehnt diesen Wunsch ab und bringt die Person wieder und wieder zurück in ihren Körper, ist das nicht akzeptabel. Das ist in meinen Augen eine missbräuchliche Medizin. Ich habe viele alte Menschen im Sterben begleitet und obwohl ich es nicht befürworte, aktiv Sterbehilfe zu geben wie in der Euthanasie, glaube ich, dass das einzig Wichtige ist, Mitgefühl für ihre Bedürfnisse zu haben. Wenn die Seele den Körper loslassen und sich mit dem Geist vereinigen will, und das Physische wird durch verschiedene Medikationen gestärkt, engt das die Seele ein.

Vielleicht müssen wir einmal die Themen rund um den Tod näher betrachten, die mit Nicht-wahrhaben-Wollen zu tun haben und mit unserer Weigerung, den Tod als das große Abenteuer zu sehen, das mit dem Loslassen des Erdelements beginnt (siehe auch „Das keltische Totenbuch", Phyllida Anam-Áire, Ennsthaler Verlag 2005). Ist der sterbende alte Mann bereit und willens, sich dem Geist hinzugeben, und kann er seine Lebenskraft nicht weiter ohne die Hilfe von Maschinen und Medikamenten aufrechterhalten, kann man die Frage stellen, ob es darum geht, das Leben zu erhalten, oder einfach um eine unnatürliche Praxis der Mediziner in ihrer eigenen unbewussten Angst vor dem Tod.

Auf die Seele Rücksicht nehmen

In vielen Krankenhäusern wird anscheinend auf die Spiritualität der sterbenden Person keine Rücksicht genommen. Leben wird als funktional und mechanisch betrachtet: Das Herz schlägt, der Atem fließt, die inneren Organe arbeiten. Die Heiligkeit des physischen Körpers wird in medizinischen Schulen nicht gelehrt und man befasst sich nicht mit dem spirituellen Leben des Patienten. Das Anliegen des medizinischen Personals ist es, die physische „Maschinerie" unter Zuhilfenahme von medizinischen Apparaten funktionsfähig zu halten. Der hippokratische Eid ist natürlich eine sehr ehrenwerte Erklärung der Nächstenliebe und viele Ärzte sind ihm treu. Das Problem liegt darin, wie wir Leben und Tod betrachten und definieren. Wenn wir mit Weigerung auf den Tod reagieren und ihn als Versagen sehen – etwas, das einfach nicht passieren sollte, wenn man ein guter Arzt ist – dann tauchen Probleme auf. Ist der Patient jung, besitzt starke Lebenskraft und kann sich erholen, muss alles begrüßt werden, was die moderne Medizin bieten kann, um das zu unterstützen. Vielen Leben wurde aufgrund moderner medizinischer Technologie wieder zu guter Gesundheit verholfen. Wir sprechen nur für die älteren Patienten, die auf Wiederbelebung verzichten wollen und diesen Wunsch ausdrücklich dokumentiert haben.

Die Seele eines alten sterbenden Menschen schwebt zwischen den Welten. Wird ein künstliches Programm angewendet, kann sie vom Körper nicht freigegeben werden, weil das elektromagnetische Feld der Maschinen eine andere Energiefrequenz als die Seele hat. Die Seele weitet ihre Energie aus, um die elektrischen Geräte um sie herum miteinzuschließen, und das beeinträchtigt ihre Fähigkeit, in Frieden und mit Leichtigkeit zu gehen. Der Körper kann im Tod das ausgedehnte Energiefeld der Seele nicht mehr halten und die Elemente Erde, Feuer, Wasser und Luft müssen natürlicherweise die Einschränkungen dieses sehr engen und begrenzten Raumes verlassen. Dazu muss man verstehen, dass, wenn man stirbt, sich das eigene Energiefeld beschleunigt, während die Lebenskraft den Körper verlässt. Wirken um das Bett herum zu viele unnatürliche mechanische Kräfte, ist die Aufladung für das Loslassen der Seele zu groß, sie muss in der Nähe des Körpers bleiben und hält somit die sterbende Person noch geerdet.

Die Seele muss sanft darin unterstützt werden, diesen Abschnitt ihrer Reise zum vollen Bewusstsein zum Abschluss bringen zu können, und obwohl die Seele nicht in der Lage ist zu leiden, kann sie dabei von einem Kräftefeld, das dem ihren sehr fremd ist, gebremst werden. Wenn ein alter Mensch darum gebeten hat, dass es keine Wiederbelebung oder Beatmungsgeräte geben soll, wenn er stirbt – warum kann dieser Wunsch nicht erfüllt werden? Angenommen, ich wäre 84 Jahre alt und dabei zu sterben. Ich habe mein ganzes langes Leben hindurch gute Entscheidungen getroffen oder auch nicht. Jetzt will ich über mein Sterben selber entscheiden. Angenommen, ich konnte ein gutes, volles Leben leben und ich besitze innere Autorität. Ich habe mit meiner Familie arrangiert, dass ich nicht wiederbelebt werden oder irgendeine künstliche Hilfe will, wenn ich sterbe, und habe diese Entscheidung bei gesundem Verstand, bezeugt von Angehörigen und Freunden, gefällt. Und angenommen, die Zeit käme – ich wäre dabei zu sterben. Und die Ärzte würden mein Leben mit Geräten und intravenöser Ernährung aufrechterhalten – wie würde ich

mich da fühlen? Ich denke, ich würde mich nicht geachtet fühlen, nicht respektiert und nicht gehört. Viele alte Leute in Kliniken haben mir erzählt, dass es ihnen so ging.
Es ist natürlich, einen alten Menschen, der nicht mehr bei Bewusstsein ist, in diesem Zustand zu belassen, ohne den Einsatz von Maschinen. Wie ich schon sagte, ist es die Anwesenheit eines Fremdkörpers in der Form von elektrischen Geräten, die die Seele in ihrer Absicht den Körper zu verlassen beschneidet. Wenn wir mehr über feine Energien verstehen, wird uns auch der Austausch von Energie bewusst, der während Leben und Sterben und tatsächlich auch nach dem Tod stattfindet.
Oft hört man davon, wie Familienmitglieder sich gegen die Wünsche ihres sterbenden Verwandten stellen. Das hat tiefere psychologische Hintergründe. Wenn jemand wünscht, nicht wiederbelebt zu werden, hat die Familie nicht das Recht dazu, das Gegenteil zu veranlassen. Es ist egoistisch, im Namen der Familie einen alten Menschen zurück ins sogenannte Leben zu bringen, wenn dieser darum gebeten hat, natürlich in seinem Bett zu sterben. Er oder sie „bleibt" vielleicht noch zwei Wochen länger. Hilft das dem Sterbenden oder den Angehörigen?
Während der Patient oder die Patientin nicht bei Bewusstsein ist, kann es sein, dass er oder sie wegen der umstehenden Gerätschaften sich energetisch an die Menschen anhaftet, die sich um das Bett versammelt haben. Weint die Familie laut und sagt Worte wie: „Geh nicht, Mutter!" oder „Kämpf weiter!" oder „Wir brauchen dich!", ist das nicht respektvoll gegenüber der sterbenden Person, die sich nach Befreiung sehnt.
Wir müssen mehr über die innere Reise der Seele lernen und nicht immer den Erhalt des körperlichen Lebens um jeden Preis betonen. Das ist ein Zeichen unserer Unwissenheit in Hinsicht auf den Wert des Lebens – oder vielleicht unser eigener Widerstand

loszulassen. Möglicherweise bestehen wir darauf, dass „das Leben“ es unter allen Umständen wert ist, erhalten zu werden, obwohl es sich unter den Maschinen quält und die Seele bereit ist zu gehen. Es kommt vor, dass ein Angehöriger beispielsweise sagt: „Ich bin froh, dass wir Mutter wiederhaben. Sie sieht heute viel besser aus und ich glaube, sie hat gelächelt.“ Wenn die Mutter ohne die Hilfe von Apparaten lächelt, ist das schön, ansonsten aber müssen wir davon ausgehen, dass jede Körperbewegung in diesem Zustand ein Muskelreflex und nicht freiwillig ausgelöst ist. Manchmal sagt man das Gleiche über Babies: „Sie hat mich angelächelt“ oder „Er hat seine Hand nach meinem Gesicht ausgestreckt.“ Das ist normalerweise die Folge von Muskelreflexen und geschieht unwillkürlich, es ist keine bewusste Handlung des Kindes. Natürlich muss man immer Raum für Wunder lassen, aber wir sollten erst prüfen, ob es sich um eine physische Reaktion handelt oder um die eigenen projizierten spirituellen Bedürfnisse nach Verbundenheit. Als mein Vater starb, war ich sicher, dass er mich anlächelte, und das ist das Bild, das mein Herz dankbar annimmt – obwohl das Pflegepersonal mir versicherte, es sei ein Muskelreflex gewesen. Unsere Gedanken sind sehr mächtig, besonders wenn wir verletzlich und bedürftig sind.

Stell dir vor, du versuchst loszulassen, und Maschinen halten dich zurück.

Was, glaubst du, geschieht innerlich mit dem Bewusstsein der Seele?

Wir müssen bewusster werden und einander dabei helfen, auf die Bedeutung des Lebens und das Abenteuer des Sterbens zu schauen. Unsere älteren sterbenden Verwandten können wir unterstützen, indem wir sie fragen, was sie sich wünschen, wenn sie sterben, und veranlassen, dass eine Patientenverfügung geschrieben wird, die nötigenfalls dem Personal in der Klinik gezeigt werden kann. Wir müssen im Namen der Sterbenden sprechen und die Ärzte ihre Wünsche wissen lassen. Hab Vertrauen und Mut, dich klar auszudrücken, wenn du den Eindruck hast, dass man sich nicht an die Wünsche des Sterbenden hält. Ein Freund von mir hat das vor einiger Zeit getan. Er fand es schwierig, darauf zu bestehen, dass man den Wünschen seiner Mutter folgte, doch die Ärzte gaben nach und gewährten ihr einen natürlichen Tod ohne die Geräte, die zuvor zum Einsatz gekommen waren.

Die Mediziner tun das, was sie gelernt haben – Leben retten, Leben erhalten. Das ist großartig und wichtig, aber auch sie müssen die Wünsche derer hören, die sich eines guten, langen Lebens erfreuten und immer ihre eigenen Entscheidungen trafen. Wenn Menschen dann auch die Verantwortung haben möchten über die Weise, wie sie aus diesem Leben gehen, gestehen manche medizinische Begleiter ihnen das nicht zu, weil sie die Kontrolle haben wollen. Ältere Menschen wissen um die rechte Zeit von allem, besonders wenn sie auf dem Land aufwuchsen. Viele haben eine natürliche Angst vor Krankenhäusern und wollen lieber in ihrer eigenen natürlichen Zeit sterben, als länger festgehalten zu werden. Ich kannte eine ältere Frau, die ihr ganzes Leben auf einem Bauernhof verbracht hatte. Sie ging ins Krankenhaus wegen einer Hüftoperation. Dort entwickelte sie eine Lungenentzündung und lag im Sterben. Das Jahr zuvor hatte sie zu mir in der Gegenwart ihres Sohnes gesagt, dass sie hoffte, ohne „all das Zeug um mich herum“ sterben zu dürfen, sollte sie je in eine Klinik müssen. „Ich will keine Apparate, die mich künstlich weiterleben lassen, Phyllida – ich will, dass man mir hilft, gut zu sterben.“ Ihre Familie und ich gingen zusammen zu der Ärztin, die entschieden hatte, dass sie intravenös ernährt werden sollte. Als die unsere Bitte im Namen der Frau hörte, sagte sie, es täte ihr leid, aber sie könne uns nicht helfen, weil die Vorschrift der Klinik bestimme, dass alle Patienten am Leben erhalten werden müssten. Das war ihre heilige Verpflichtung. Mir tat das leid für die Ärztin, denn sie hielt einfach nur die Regeln ein und durfte sie nicht ändern. Die alte Frau hatte in der darauffolgenden Nacht einen „Unfall". Sie fiel aus dem Bett bei dem Versuch, zum Schalter zu gelangen und die Geräte abzuschalten, und wurde tot auf dem Boden liegend gefunden. Vielleicht ist es mir aus diesem Grund so wichtig, im Namen der Sterbenden zu sprechen.

Mögen wir alle voll leben und auf die Art sterben, wie wir es wünschen, in Frieden und in völliger Übereinstimmung mit den Wünschen unserer Seele.

(Ich möchte noch einmal betonen: Auch wenn ich es vertrete, dass es alten Menschen gewährt werden sollte, in Würde ohne künstliche medizinische Eingriffe zu sterben, glaube ich ebenso, dass die Medizin vieles leistet, um Menschen zu helfen. Mithilfe von technischen medizinischen Geräten und großartigen Fortschritten in der Medizin wurden schon wirklich Wunder vollbracht und dafür bin ich sehr dankbar!)

Wir sind nicht allein

Vor einigen Jahren komponierte ich ein Lied, an das ich bis vor Kurzem gar nicht mehr gedacht hatte. Dies ist der Text:

„Ich bin Energie, die sich frei bewegt.
Ich bin lebendige, kosmische Energie.

Die ganze Schöpfung ist in mir.
Sie bewegt sich frei, bewegt sich frei.
Ich bin Körper, ich bin Intellekt.
Ich bin dahintreibende Kreativität.
Ich bin nichts und ich bin alles
und ich feiere meine Menschlichkeit."

(Phyllida Anam-Áire, „I am energy moving freely")

Wir sind Teil eines Ganzen, das ein tieferes Bewusstsein hat als das individuelle Selbst. Das ist ein mächtiges und verantwortungsvolles Konzept. Ich bin keine Insel und obwohl ich mich vielleicht sehr unabhängig fühle, bin ich nichtsdestoweniger Teil eines kollektiven Bewusstseins, das auf holistische und integrative Weise wirkt, um Harmonie und Gleichgewicht für alle Wesen im Universum zu erreichen. Es ist immer so gewesen, die ganzen Jahrhunderte unserer individuellen und kollektiven Evolution hindurch. Entwickelt ein Aspekt der Schöpfung sich weiter, tun es auch alle anderen Aspekte. Wie neue Sterne und Galaxien einen Namen erhalten, so bekommen auch wir Namen und wieder neue Namen. Während Wesen von der Erde gehen und andere, neue kommen, werden auch wir wiedergeboren.

In dieser entscheidenden Zeit der Mysterien der Menschheit werden wir auch aus unserer vergangenen Identität heraus in eine völlig neue Wahrnehmung dessen gerufen, was wir sind. Wir erkennen, dass unser Beitrag wesentlich ist, wenn wir uns aus unserer individuellen und kollektiven Konditionierung erheben und unser Potenzial als machtvolle menschlich-göttliche Wesen realisieren, die hier sind, um eine alte Prophezeiung zu erfüllen. Durch Brigit von Irland, Tochter des Hohen Druiden, wurde geweissagt:

„Eine Zeit wird kommen,
in der Angst sich tief
in eure schlaflosen Augen schleicht.
Die Knochen der Natur
werden die Grenzen ihrer Wasser brechen.

Bald darauf strahlen dieselben Augen heller,
öffnen sich weiter für ihr Feuer
und eine neue Stimme singt
das Lied ihres Verlangens übers Land."

(Ein Geschenk von Brigit für Phyllida Anam-Áire, 2004
Phyllida Anam-Áire, „A time will come when fear will creep")

Vielleicht haben sich unsere Augen nun geöffnet, vielleicht können wir beginnen, wieder auf die Weisheit der Natur zu hören, und zulassen, dass sie uns lehrt und an unseren neuen Platz in der Familie der Dinge führt. Dein und mein Beitrag sind wichtig und unsere Mitwirkung steht fest – wir sind eingebunden und können dem nicht entfliehen. Um in das Lied mit einzustimmen, das Lied der Liebessehnsucht, das Neue Halleluja, muss ich mit dir zusammen wach sein.

Es kann ohne individuelle Entwicklung und ohne die Mitwirkung des Einzelnen keine kollektive Evolution geben.

Wenn eine Zelle in einem Organismus sich in ihrer Entwicklung ausdehnt, sind davon alle anderen Zellen betroffen. Die Erde ist ein Feld großer, bewegender, transformierender Energie und genau wie der Mensch ein lebendiger, atmender, schwingender Organismus. Wir beeinflussen einander, ob wir uns dessen bewusst sind oder nicht. Jetzt *wird* es uns bewusst und das macht einen großen Unterschied.

„Könnt ich
einen liebenden Gedanken hegen?
Versteckt
in meiner eigenen Imagination?
Ohne einen Stern,
der mir anerkennend zublinkt?"

(Phyllida Anam-Áire, „Could I have a loving thought?")

Mehr und mehr sind wir überzeugt, dass Gedanken die Materie beeinflussen. Die kreativen Kräfte meiner Gedanken nehmen durch das Medium meines Herzens Form an und so wird meine Welt erschaffen. Folgt daraus dann, dass meine Gedanken auch auf meinen Nachbarn Wirkung haben? Was ich heute denke – hat das weitreichende Wirkung auf meine Zukunft? Versuche verschiedener Wissenschaftler (z. B. durch Vladimir Poponin, 1993) haben gezeigt, dass dem so ist. Weil es für das Bewusstsein oder die Seele keinen Zeitmaßstab gibt, sind Zeit und Raum irrelevant. Wir wissen, dass rund um die Welt kollektives Beten zur Heilung angewandt wird. Wenn wir annehmen, dass in den Gedanken von vielen größere Kraft liegt als in denen von Einzelnen, weil das Kollektiv mehr elektromagnetische Energie erzeugt (was nichts anderes ist als eine Akkumulation spiritueller Energie), dann werden wir in der Visualisierung tatsächlich die Zukunft sehen, die wir erschaffen können.

Wir schwingen vom Moment des Inkarnierens an in einer Frequenz, die unserer eigenen inneren Entwicklungsstufe angemessen ist. Das zeigt sich deutlich in der Kirlian-Fotografie. Diese Art

Fotografie macht die Aura eines Menschen in verschiedenen Stadien des Bewusstseins erkennbar. Ich war überrascht, auf meinem Foto den Unterschied zwischen dem Zustand vor dem Singen eines Liedes und danach zu sehen, es waren jeweils ganz andere Farben. Würden mehrere zusammen dasselbe Lied singen, wären das Licht und die Farben noch viel strahlender.
Obwohl das Bewusstsein unsere Hirnfunktionen gebraucht, um sein Leben und seine Bewegungen auf uns zu übertragen, ist es doch völlig unabhängig von ihnen. Es ist die Lebenskraft selbst. Menschen, die eine Nahtoderfahrung gemacht haben, können das bestätigen. Natürlich wird unser EMF (elektromagnetisches Feld) durch die Frequenzen, die unser Bewusstsein aussendet, beeinflusst, und während wir uns im Bewusstsein entwickeln, verändern sich auch unsere elektromagnetischen Felder. Das elektrische Element darin ist das der maskulinen Energie, das magnetische Element das der weiblichen. Wenn beide Felder in derselben Frequenz schwingen, fühlen wir uns in unserem Körper-Geist wohl. Das wiederum hat Einfluss auf andere Menschen und den gesamten Planeten. Gibt es in der Beziehung zwischen den elektrischen und den magnetischen Feldern Disharmonie, kann Krankheit entstehen. Sie beginnt in den Gedanken und der emotionalen Spannung, die in den Frequenzen gehalten wird. Daraus werden Einstellungen gebildet und Emotionen sammeln sich, um diese zu unterstützen. Die Einstellungen lagern sich im zellulären, endokrinen, lymphatischen und glandulären System an und manifestieren sich am Ende in einer Masse von Inkongruenz im physischen Wesen.
Ändern wir unsere Gedankenmuster, um sie mit den EMF unserer Seele oder dem Bewusstsein in Einklang zu bringen, sind wir wieder vollkommen im Gleichgewicht mit der pulsierenden Energie des Kosmos. Doch oft warten wir, bis die Disharmonie,

das Unwohlsein oder die Krankheit sich in den Zellen niedergelassen haben und sich auf viele Arten störend im Körper-Geist-System zeigen. Unsere innere Landschaft muss durch Hacken, Jäten, Wässern und Neu-Ansäen bearbeitet und geliebt werden, denn sie ist ein lebendiges Wesen.

Im Vorgang des Sterbens baut der Körper sich ab, das Gehirn verbindet sich nicht mehr mit der Welt, wie wir sie kennen, und wir ziehen uns vom Leben, von der Welt, an der wir teilnahmen, zurück. Auch in unserem Zustand des Abbaus beeinflussen wir die Welt der Materie um uns herum. Unsere Seele verlässt die Form und obwohl wir uns dessen nicht bewusst sind, können andere die Veränderung der Schwingung im Raum wahrnehmen. Es ist, als hätte das, was die Person im Hier und Jetzt gehalten hat, die Lebenskraft, die Lebendigkeit, den Raum verlassen. Das hat natürlich Wirkung auf das EMF des ganzen Raumes. In der Kirlian-Fotografie wird tatsächlich auch sichtbar, wie und wann der Tod eintritt, indem sie zeigt, wie die Farben den Körper verlassen.

Das Leben ist ein spiralisierendes Kontinuum, das aus vielen herrlichen elektromagnetischen Feldern besteht, die zwar individuell sind, aber sich in Wechselwirkung gegenseitig beeinflussen. Der Fortschritt in einem Bewusstseinsfeld betrifft auch alle anderen Felder, genauso wie der Verfall. Je mehr wir uns Gedanken der Bitterkeit und religiösem Hass hingeben, desto mehr sind wir verantwortlich für die Disharmonie und Unzufriedenheit nicht nur in uns selbst, sondern im Universum. Die Erde kann sich auf jede Unruhe und Veränderung der Frequenzen einstellen, doch wir Menschen sind nicht immer so anpassungsfähig. Ein Gedanke des Hasses führt zum nächsten und wenn zwei oder mehr mit diesen Gedanken zusammenkommen, wird die Angst übermächtig und der Hass multipliziert sich, bis es Krieg gibt. Bis wir wieder an einen Platz des Gleichgewichts zurückkommen, senden wir energe-

tische Botschaften aus, die ungesund und das Gegenteil von Liebe sind, sie erzeugen „spirituelle Umweltverschmutzung".
Die Erde hat Jahrtausende ohne uns Menschen oder auch Tiere existiert und kann das wiederum tun. Doch wir, als zerbrechliche Organismen, können ohne die Erde und andere planetarische Systeme nicht existieren. Lasst uns also daran denken, dass unsere Existenz, auch wenn wir als individuelle, einzigartige Formen schöpferischen Bewusstseins wundervoll sind, immer noch von der Erde und den Planeten abhängt. Ohne Wasser, Feuer, Erde und Luft können wir nicht leben, lasst uns deshalb achtgeben auf die Elemente, die uns so gut dienen.

Lasst uns auf unseren Planeten und aufeinander achtgeben, denn wir sind die göttliche Ausgießung, die wir selbst erschaffen. Und lasst uns auf unsere Gedanken achtgeben, welche Träger für die schöpferischen Formen sind, die uns selbst und alle Wesen beeinflussen.

Ein Segen für alle

Wie wäre dein Leben, wenn du wirklich geheilt wärst?
Wenn du wahrhaft geheilt wärst, würdest du nicht länger auf irgendetwas oder irgendjemanden in deinem Umfeld re-agieren. Du würdest in Gnade und Anmut über die Erde gehen und wärst ein Segen für das Tierreich, das Pflanzenreich, die ganze Schöpfung. Und die ganze Schöpfung würde vor Freude jubeln, weil du sie mit deinem Atem segnest. Kein Teil von dir würde in der schmerzvollen Vergangenheit leben. Deine Liebe würde in den Wassern göttlicher Gnade geläutert und du würdest sie bedin-

gungslos mit der ganzen Menschheit teilen. Du würdest keine deiner eigenen Handlungen oder der von anderen verurteilen, selbst wenn es lieblose Handlungen wären. Es wäre dir möglich, an der Ego-Angst eines anderen vorbei und den göttlichen Funken hinter seinem gequälten Geist zu sehen. Dein Mitgefühl wäre groß und nicht persönlich und deshalb spirituell durchtränkt. Du würdest frei von jeglicher konditionierter Angst leben. Das ist im Moment für uns schwer zu verstehen, denn unser Leben enthält viel re-aktive Emotion. Manchmal sind unsere Emotionen wundervoll und durch das geöffnete Herz können wir sie zum Ausdruck bringen. Auf diese Art kann dann selbst unser gerechter Zorn ausgedrückt werden.

Glücklich zu sein ist ein Gefühl, das von etwas abhängig ist, das außerhalb von uns liegt. Jemand macht uns froh, bringt uns zum Lächeln, wir sind voller Glücksempfinden. Doch wenn der Grund für unsere gute Stimmung weg ist – was dann? Mir scheint, dass es einen entscheidenden Unterschied zwischen Glück und Freude gibt. Ein Glücksgefühl wird durch äußeren Einfluss hervorgerufen. Es hat mit Bedingungen aus der Vergangenheit zu tun, es kommt sozusagen vom Ego. Wir sagen, etwas oder jemand „macht" mich glücklich. Freude jedoch ist ein mir innewohnendes Mitgefühl, ein innewohnendes Licht. Freude ist Liebe in uns, sie gehört zu unserer Göttlichkeit und kann nicht von uns genommen werden. Sie erfüllt uns mit Gnade, weil Gnade und Freude vom selben Wesen sind, sie haben dieselbe Energie. Voller Freude zu sein heißt, mit Inspiration und Kreativität erfüllt zu sein. Dieser Zustand ist immer für uns zugänglich, weil er von äußeren Reizen unabhängig ist. Kreativ zu sein ist überaus wichtig für uns, wenn wir an Körper und Geist gesund sein wollen. In dieser Kreativität lebt unsere Freude und andere spüren sie auch in uns, weil sie aus der Seele schöpft. Wenn unsere Freude zum Ausdruck kommt, wirkt sie ansteckend und kann sogar auf Pflanzen, Tiere und das Mineralreich wirken. Selbst Unbelebtes geht mit unserer Freude in Resonanz. Weil sie bedingungslos ist, strahlt sie auf alles gleichermaßen, genau wie die Sonne am Himmel auf alles ohne Bedingungen scheint. Weil wir alle im Grunde energetische Wesen sind, ist alles Energie, die sich frei in uns und in allem bewegt. Stell dir vor, du siehst auf dem Computer dein Bild. Vergrößere nun das Bild, soweit es geht. Was siehst du? Ein System von Punkten und Symbolen. Du siehst den Umriss deines Gesichts nicht mehr. Stell dir vor, du vergrößerst dein Bild, bis du dahin kommst, wo nur noch Teilchen von Energie herumfliegen. Diese elektromagnetischen Energiefelder kommen zusammen, um dir Form zu geben. Du bist im Grunde eigentlich Lichtenergie und aus dieser Energie heraus ständig schöpferisch. Du erschaffst vitale oder schlechte Gesundheit. Da die Zellkerne in unserem Körper Licht erzeugen, sind wir in Wahrheit Licht, Wesen voller Licht. Wenn wir wenig Lebensenergie spüren, sagen wir manchmal, wir fühlen uns matt – man kann das im wörtlichen Sinne auf das Licht beziehen, es leuchtet schwächer. Wir haben gelernt, wie es möglich ist, unsere Gedanken wieder „aufzuhellen“.

Was denkst du gerade, während du diese Seite liest? Du bringst viele Gedanken zusammen, gestaltest Vorstellungen und erschaffst etwas aus ihnen. Vielleicht unterbrichst du das Lesen und erinnerst dich an etwas Ähnliches, das du vor einiger Zeit gelesen hast, und du beginnst, daraus wieder andere Vorstellungen zu formen. Während sich Gedanke um Gedanke aufbaut, kommst du zu einer Schlussfolgerung. Der Verstand liebt Schlussfolgerungen, er liebt die Geschichten um seine Ideen herum. Und so geht es weiter und weiter, immer neue Informationen kommen hinzu. Wir sind selber Geschichten, um die große intelligente Idee des Schöpfers herum!

Denken wir nur an die Vergangenheit und die Fehler der Vergangenheit, fangen wir an, diese Gedanken in unserem täglichen Leben zu leben. Wenn Gedanken aus der Vergangenheit Freude in dein Herz bringen, ist das wunderbar und vermehrt das Licht in dir. Bring keine toten Botschaften hervor – sondern wesentliche, lebendige Impulse im Hier und Jetzt, so dass du in *dieser* Lebenszeit erleuchtet werden kannst. Erleuchtung heißt nicht, dass du kein menschliches Wesen mehr bist. Es bedeutet: Deine Menschlichkeit ist in die bedingungslose Liebe für dein Ego und auch für andere Wesen geheilt – für Tiere, Blumen, Gräser, Kräuter, Berge, Meere, Sterne, Galaxien, die Sonne und den Mond. Weil sie unendlich ist und ohne Grenzen, kann die bedingungslose Liebe sich zu allen Wesen in allen Welten der Schöpfung hin ausdehnen. Nur weil jemand nicht mehr auf der Erde ist, heißt das nicht, er kann von deinen reinen, liebenden Gedanken nicht berührt werden. Bedingungslose Liebe ist die stärkste Kraft im Universum und transzendiert Materie. Du bist immer mit allem eins gewesen, mit der Erde, dem Feuer, dem Wasser, der Luft. Am Ende, wenn du die Elemente der Erdenebene zurückgibst, wenn du stirbst, werden diese zu liebevollen energetischen Wesen, die der ganzen Menschheit dienen.

„Kein Gedanke
kann verloren gehn.
Eines Tages
werden wir es sehn,
bete ich.
Dass es der Gedanke ist,
der die Ewigkeit
erschafft."

(Phyllida Anam-Áire, „Thought cannot Go astray", geschrieben im Alter von 20 Jahren während meiner Zeit als Nonne im Konvent)

SAMMLUNG

„Die Liebe sammelt das Leben
ein in den Tod.
Ah! Leben!
Ah! Tod!
Eingesammelt.

Sammlung
in mir,
Sammlung
in dir.
Gesammelt.

Nicht einfach du
und ich.
Nicht du
mit mir.
Wir alle als eins.

Ganz geformt zum Adler
und zum Baum.
Ozeane atmen uns
gefahrlos ein.
Kein anderer Erlöser."

(Phyllida Anam-Aire 2010, „Gathered", geschrieben im Zug)

Kein anderer Erlöser

Es ist jetzt an der Zeit, dass wir all unsere verlorenen Teile in die Sicherheit unseres Herzens heimholen. Auf diese Weise wird Friede zu uns singen und alle Wesen werden jubilieren. Das innere Patriarchat lernt die Seele kennen und die heilige Hochzeit von Seele und Geist findet statt. Horus und Isis, Animus und Anima werden wieder in Liebe regieren. Der Buddha und der Christus können in der Sprache der Seele eine neue Zugehörigkeit des Herzens finden. Der Löwe legt sich neben das Lamm und das Patriarchat wird ins universelle Herz geliebt.

Vielleicht wird Magdalena dann, gefolgt von Christus und Buddha – dem Herzen und dem Intellekt – für uns die Alabasterdose mit dem Segen darin öffnen und uns alle mit einem neuen Lied der Lieder segnen. Und das Heilige wird umbenannt in „EIN NEUES HALLELUJA".

Bücher und Autoren, auf die ich verweise

Karen Armstrong, „Buddha", Claassen 2004

Louise B. Young, „Die Selbstschöpfung des Universums. Vom Chaos zum Kosmos", Goldmann 1993

Malcolm Hollick, „The Science of Oneness", O books 2006

Pim van Lommel, „Endloses Bewusstsein: Neue medizinische Fakten zur Nahtoderfahrung", Patmos 2011

Lucia Rene, „Unplugging the Patriarchy" Crown Chakra publishing, Dez. 2009

Rita Gross, „Buddha after the Patriarchy", State University of N.Y.Press, 1993

Jack Kornfield, „Das weise Herz", Arkana 2008

J.W. von Goethe, Gedicht „Selige Sehnsucht" aus „Der west-östliche Diwan"

Dorothy MacLean, „An Ordinary Human Mystic", 2010

„Trees for life" von Alan Featherstone B.S., Findhorn Press

J. Kenneth Arnette PhD., „The Mind Body Problem"

Amit Goswami, „Das bewusste Universum: Wie Bewusstsein die materielle Welt erschafft", Verlag Lüchow, 2007

Vladimir Poponins Versuche sind beschrieben im Buch von Gregg Braden: „Im Einklang mit der göttlichen Matrix: Wie wir mit allem verbunden sind" Koha Verlag, 2007

Neville Goddard, „Power of Awareness", 1952 Reprint by De Vorss Publishing, 2009

Phyllida Anam-Áire, „Das keltische Totenbuch“, Ennsthaler Verlag, 2005

Christopher Hitchens, „Der Herr ist kein Hirte: Wie Religion die Welt vergiftet“, Heyne 2009

Caroline Myss, amerik. spirituelle Lehrerin. Einige Bücher von ihr sind auf Deutsch erhältlich.

Mark Fox, Sänger und Seminarleiter, www.markfox.de

Ken Wilber „Integrale Spiritualität“, Kösel Verlag, 2007

Pema Chödrön „Geh an die Orte, die du fürchtest“, Arbor-Verlag, 2007

Roger Woolger, „Other Lives, Other Selves“, Doubleday, 1987

Alice Miller „Am Anfang war Erziehung“

Mary Oliver, Poem „Wild Geese“ aus „Dream Work“, Atlantic Monthly Pr., 1986

T.S.Eliot, Gedicht „Burnt Norton“ aus „Four Quartets“, Faber & Faber, 1998

Matthew Fox, Autor zu den Themen „Kosmischer Christus“ und „Schöpfungsspiritualität“

Mevlana Jelaluddin Rumi, Sufidichter und Mystiker des 13. Jahrhunderts

Bereits im Ennsthaler Verlag erschienen:

Phyllida Anam-Áire

Keltische Weisheit im Alltag

ISBN 978-3-85068-770-6; 14,8 x 21 cm, 288 Seiten, broschiert

Ist es möglich, die alte Weisheit der Kelten in unser heutiges Leben zu integrieren? Phyllida Ánam-Aires Buch lädt den Leser ein, tiefer in die Psychologie der keltischen Welt einzutauchen. Der Wunsch nach der Weisheit dieser alten Kultur ist vorhanden, die Sehnsucht, diese alte Kultur im heutigen Alltag zu leben und sie mit einer tiefen Wertschätzung für die Natur zu verbinden. Mit einem lebenslangen Eintauchen ins Geschichtenerzählen, in das gefühlvolle Ausdrücken von Liebe und in den Glauben, dass menschliche Gefühle der Weg zur Erleuchtung sind.